法律人三部曲

法律人的精神家園

法學傳統與無形學院

強世功 著

開明書店

目　錄
CONTENTS

第一部分　法学傳統

第二部分　無形學院

後記 / 372

第一部分

法学傳统

法律社會學的「北大學派」*

——追憶沈宗靈先生

沈宗靈先生去世已經好幾年了。時間越長，對先生的懷念也越深。也許是隨着年齡增長才意識到生命中有多少美好珍貴的東西，可當年卻是在不經意的輕慢中度過。好在，我沒有錯過。

一

1986 年秋，我考入中國人民大學法律系。那時的法律生真的可憐，無法可學，無法學書可讀。在經過大一的背書考試後，我就開始了逃課，喜歡泡在圖書館。用趙曉力後來的話說，我們都屬於「圖書館派」，區別於那些上課考試用功的「課堂派」。在讀書的黃金歲月，沒有任何人指導，我就這樣隨着興趣漫無目地漂浮在雜亂喧囂的思想潮流中。在「文化熱」的影響下，腦子裏裝了諸如「醬缸文化」「超穩定結構」「力比多」「超人」「國際大循環」之類形形色色的大詞。至於法學

---

* 原載《讀書》，2019 年第 8 期，發表時略有刪節。

理論，用的教材是《法學基礎理論》，其中除了法的階級性與社會性的討論，沒有什麼能激起我的興趣。

大約在大二時，博登海默（Edgar Bodenheimer）的《法理學》翻譯出版了。這本書概述了西方法理學各個流派的發展並提出了「綜合法理學」的主張。就是這樣一本在美國法學院都不算主流的教科書卻徹底改寫了當代中國的法理學，以至於相當長時間裏這本書一直被法學各專業的師生奉為啟蒙經典。這本書的最大貢獻是對二戰後西方法學流派的介紹，使我們第一次領略了法學思想的魅力。沈宗靈先生為這本書寫了簡單的序言。直到後來我才知道這是當時先生給研究生上課使用的參考書。相信當時有志於法理學研究但又不願陷入教科書窠臼的學生，都會從中找到研究的方向和靈感。我也因此萌生了讀西方法理學研究生的想法。

大約 1988 年底，我專程到北大中關園拜訪先生。在當時文化熱的背景下，一個年輕人自然會對法律價值之類的東西感興趣。那時，我已經在北京圖書館港台閱覽室翻閱了登特列夫（Alexander Passerin d'Entreves）的《自然法》一書，我就藉此談起自己對自然法的理解並希望投到先生門下來研究自然法問題。先生靜靜地聽，說話不多，但有一句讓我至今難忘：大意是不要僅僅關注自然法這樣抽象的東西，而應該關注法律社會學。我當時一下子懵了，雖然博登海默的《法理學》中專門講了美國的法律社會學，但我對這個概念似乎沒有什麼印象和感覺，我當時完全被「自然法」這個概念給迷住了。我忘了當時怎麼走出先生的家門，但我心中一直存留了一個問題：為什麼先生如此關注法律社會學？這個問題直到幾年之後投到先生門下讀博士時，才略有所悟。

　　1993 年我進入北大讀法理學研究生，雖未能如願投到先生門下，但至少在一個專業裏聽他講課。那時，趙曉力、鄭戈和我都修先生的課程，每次都到先生家裏上課。先生很隨和，但不苟言笑。我們很怕他，不敢和他討論學術問題，更不敢問起先生的學術傳承和生活背景。先生曾留學美國，那時美國法學的境況如何？聽說師母是先生的學生，每次去上課都是師母開門、給我們倒水，最後也總是師母送我們出門。他們是怎麼認識的？「文革」中北大教授內鬥厲害，聽說法律系是重災區，情況到底如何？齊海濱、季衞東的名字如雷貫耳，他們當年上學時是什麼樣子，目前都在研究什麼？這些問題無疑屬於「學術八卦」。目前，網上流傳着各種各樣關於老師們的類似八卦。有學生甚至告訴我，法學界就是一個娛樂圈。我想這種「八卦」多半是學生希望將老師從書本和講壇拉到現實生活中，希望近距離的言傳身教，其中自有一份尊敬和熱愛，更有一份人情和溫暖。先生本來就是一本豐厚的歷史書。解放前從大上海留學美國，回國之後遇上淮海戰役，建國後來北京經歷思想改造、反右、文革和改革開放。在先生沉默的背後，是現代中國最為波瀾壯闊的歷史。我們想理解的不僅是書本上的歷史，而且是先生身上活着的歷史，不僅是寫就的歷史，而且是未經書寫的歷史。可這樣的問題，先生從來不向我們提起，我們自然也不敢隨便去問。

　　記得有一次，他在課前給我們讀了法學院年輕老師樓建波從牛津大學的來信，我們這才知道他讀先生的在職博士，接着就留學英國。這封信向先生彙報他的學習情況。信讀完之後，就接着上課，沒有任何評論。我們當時也不敢猜測先生的心思。現在想來，先生除了用這封信鼓勵我們好好讀書，還包含了一份對遠在異國他鄉的弟子的想念。這種情感先生從來沒有公開流露，直到現在我才能真正體會到先生這份平淡中

的情感。就這樣，先生與我們僅限於課堂上的學術交往。君子之交，無所牽掛。我們只能通過琢磨先生的學術路徑來理解先生的精神世界。

二

先生開闢的第一個研究領域就是現代西方法理學，可以說是當代中國系統書寫現代西方法理學的第一人。這不僅開闢了一個新的學科領域，更重要的是為西方法律思想推動中國法治事業打開了思想通道，不僅改寫了中國法理學，也在改寫中國法治。在先生看來，西方法理學研究不過是副業，最終要服務於中國法理學研究這個主業。正是在西方法理學思想的推動下，中國法理學學科從「國家與法的理論」變成了「法學基礎理論」並最終變成了「法理學」，而先生主編的《法理學》教材中就吸收了大量西方法理學的內容，至今為學界所推崇。

這種取道西方法理學而豐富中國法理學的研究傳統被後來的學生們所傳承並發揚廣大。比如張文顯老師曾在先生課堂上系統地學習了西方法理學，但他撰寫的《當代西方法哲學》沒有像先生按照流派和人物來寫，而是按照範疇來寫。這樣西方法理學思想就直接轉化為「權利」「正義」之類的法律概念而引入中國。先生在法理學中最早倡導區分「權力」與「權利」，而張文顯老師進一步倡導「權利本位說」，已成為中國法學的主流話語。夏勇老師的學業和論文都受到先生的指點，不同於張文顯老師系統性的概念範疇轉化，夏勇老師的博士論文《人權概念的起源》專攻西方的人權概念，後來又在中國思想的語境中找到了「民權」概念，進而將西方人權思想融入到中國民本思想傳統之中。而信春鷹老師和劉星老師則延續先生的傳統，把西方法理學的研究推進到對後

現代法學的研究。

1980 年代以來，法理學領域一直是思想意識形態的主戰場。自由、人權、法治、憲政等現代話語的關鍵詞往往就來源於這個領域，但先生很少直接捲入這種思想意識形態的爭論中。先生最高明的一點就是用西方法理學話語來回答中國問題，這樣既不需要直接捲入意識形態爭論，又展現出超越意識形態爭論的學術水準。比如在法學界就「權利」和「人權」問題引發爭論時，先生接連發表了「對霍菲爾德法律概念學說的比較研究」和「二戰後西方人權學說的演變」等文，展示出在權利和人權問題上，西方法理學中的觀點及其研究水準。有時，先生也會不可避免地觸及到一些有爭議的現實問題，比如人治與法治、法律的階級性和社會性，先生的論述用詞謹慎、取道中庸、左右兼顧、客觀理性，不帶任何情感色彩。雖然我在本科時期就想跟隨先生研究西方法理學，然而到了研究生和博士期間，我的研究興趣卻轉向了法律社會學。直到留校任教並承擔西方法理學課程時，我才做了點功課，其中《法律的現代性劇場：哈特與富勒論戰》這本小冊子可以看作是給先生一篇遲到的作業。

三

我的興趣轉向法律社會學並非是由於先生當年的提點。在 1990 年代中國社會科學研究興起的熱潮中，我才能真正感受的先生當年的遠見。然而，先生在 1980 年代的「法律文化熱」中就提醒我研究法律社會學，他自己怎麼沒有開拓法律社會學領域呢？無論是先生自己的概括還是其他學者對先生思想的研究中，都認為先生的研究集中在中國法理

學、現代西方法理學和比較法研究這三個領域，因為每個領域都有專著出版。其中唯獨沒有提法律社會學領域。這個疑問一直困擾着我，幾次想問先生，但都未敢開口。有一次，我看到一篇文章，說有位日本學者想研究費孝通先生的社會學思想，就其中許多問題求教於費老。費老沒有給予直接回答，而是說一個好的研究者應當根據現有的文獻資料來摸索這個問題，而不該由當事人來回答這個問題。看到這段話，我一下子釋然，開始留意先生在 80 年代寫的論文，並試圖找出其研究思路變化的線索。

有一天上課，我偶然在先生的書架上看到一本《法律社會學》（山西人民出版社 1988 年），這本書甚至在北大圖書館中都沒有。我當即向先生借了這本書。這是由先生參與的一個學術研討會形成的會議論文集，其中不僅有先生的文章，而且有齊海濱、季衞東等人的論文。在書中，先生高屋建瓴，明確指出法律社會學研究是中國法理學的發展方向。這似乎意味着先生構想了一個宏偉的研究計劃，就是用法律社會學思想來系統地改造中國法理學的內容。需要注意的是，這不僅是先生個人的研究興趣，而且是北大法律系的一個研究團隊的合作，其共同的研究目標就是法律社會學，我們甚至可以稱之為法律社會學的「北大學派」。

先生無疑是這個團隊的靈魂。他熟悉西方法律社會學。早在 1984 年就翻譯出版了美國法律社會學家龐德（Roscoe Pound）的《通過法律的社會控制》，使得「社會控制」也成為當時法律社會學的關鍵詞之一。這個團隊最核心的成員是季衞東和齊海濱這兩位年輕的學生，季衞東本科畢業去日本留學，而齊海濱跟先生讀研究生。他們兩人早在 1987 年就合作撰文，從系統－功能的視角探討法學研究方法，明確提

出：「馬克思主義法學應該是實踐的法學，當前我國法學理論的突破口是大力開展法社會學的研究。」兩位在讀的研究生就能在《中國社會科學》這樣的權威刊物上發表法理學研究的綱領性文章，其影響不言而喻。

事實上，年輕一代的北大法律學人的確把法律社會學作為一個共同的研究方向。在 1988 年北大法律系創辦的《中外法學》創刊號上集中展現了他們的主張。比如石泰峰批評法學界往往強調法律應當是什麼，給公眾描繪了一個法治的烏托邦藍圖，「忽略了法律的實際運行及法律可能怎麼樣」，從而主張把「研究的重點放在法律實際運行效果上來」。王晨光強調研究「法律在實際中是如何運行的」。齊海濱主張「大力開展經驗實證研究及法律社會學研究」。憲法行政法專業的姜明安也提出要研究「動態的法」，即「法調節社會的過程和效果，法對社會的作用和社會對法的要求。」連後來以研究刑法哲學著稱的陳興良也批評「法學研究變成紙上談兵，注重研究表現為條文的法，而不注重研究法在現實生活中的運行以及法的運行對立法的反饋」。此時正在北大法律系讀法理博士的鄭永流也選擇了法律社會學研究方向，他的博士論文就選擇了更為具體的關於中國農村法律發展道路的研究。在這篇博士論文中，鄭永流率先提出了「法律本土化」問題。而當中國社會科學在 1990 年代中期展開中國社會科學研究的「規範化」和「本土化」討論時，沒有人意識到這個問題早在 1980 年代就已經被鄭永流老師觸及到了。

這個發現讓我興奮不已。在給先生提交的課程作業中，我寫了「法律社會學在中國」一文。讀書時，寫了很多課堂作業，差不多都忘了，唯獨對這篇文章懷着特殊的感情，因為我把它看作給幾年前先生提點的

一個遲到的回答。而在這個時候，季衛東先生已經執教於日本，不斷用中文發表法律社會學的論文，成為著名的青年法學家。他組織翻譯的「當代法學名著譯叢」也以法律社會學為主。他經常回國參加學術活動，使我有緣當面求教。而唯獨齊海濱在耶魯法學院讀博士之後一直杳無音訊。我在北大法學院圖書館中翻閱往屆法理學研究生的畢業論文，發現他的碩士畢業論文竟然是手寫稿紙複印裝訂的。那時鉛字打印已經很流行了，為什麼他的畢業論文竟然匆忙到沒有在打字社打印呢？對我們這些後進而言，齊海濱就像一個迷。可我們不敢去問先生。我們只見到他為先生執教五十周年所做的憶燕園、憶先生的優美詩文：「歸期未有期，不見導師久。隔海問禧年，情在燕園柳……」

這是怎樣的一段燕園時光，怎樣的一種師生情誼。這一切似乎與我們隔着一堵厚厚的牆。我們與先生之間的距離，就像與那段時光的距離一樣，可見又遙不可及。直到 2009 年，我在上海第一次見到齊海濱老師，才知道他在美國經歷怎樣的生死考驗，不禁感慨造化弄人。我當然不會忘記問起那時北大的法律社會學研究情況。齊老師特意給我看了他手頭保存完好的一套油印資料，都是他們當時編的「研究簡報」，其中有論文、有翻譯、有調查資料、有會議座談，其總體學術水平規劃佈局遠遠超出了 1990 年代剛剛興起的法律社會學研究。而這個時候，我已經不再研究法律社會學問題了，但深知這些資料的寶貴。我甚至懇請他把這些資料捐給北大法學院，讓後來有心者能充分利用這些歷史資料。

1980 年代北大法律系這股生機勃勃的法律社會學運動突然中止了。政治氣候和社會環境的變化也導致了學術風尚的變化。隨着季衛東和齊海濱的出國，北大法律社會學研究的隊伍也無形中散了，先生在傷

感之餘，把精力投入到已展開的比較法研究中。然而，不同於當時比較法領域中類似梁治平等人從法律史、法律文化的角度進入比較法領域，先生選擇比較法作為一個重要研究領域實際上源於其法律社會學思考，即對不同法律制度的比較恰恰在考察法律是如何在不同制度運作中發揮其功能的，從而希望將西方的法律制度通過比較借鑒的方式引入到中國來，服務於中國的法治建設。可以說，上世紀 80 年代的北大的法律社會學運動始終是從系統 - 功能的意義上來理解法律，而非從文化闡釋的意義上來理解法律，從而與上世紀 80 年代的「文化熱」保持了距離，但提前進入到直到 90 年代才引發關注的法律社會學主題。

四

說到法律社會學的「北大學派」，不能不提到趙震江先生。他當時擔任法律系主任，對北大的法律社會學運動起到了組織和推動作用。在他的組織下，北大的法律社會學研究獲得了國家課題以及美國福特基金會的支持。他在 1985 年就編著了《法律與社會》一書。我在先生那裏看到的《法律社會學》著作就是這個團隊的集體研究成果。然而，隨着這個研究團隊的解體，國家課題的結項也一拖再拖，直到 1993 年蘇力從美國返回北大法律系執教，趙老師邀請他參加原來的法律社會學項目，最終出版了《法律社會學》（北京大學出版社，1998 年），為 1980 年代的法律社會學運動劃上了一個遲到的句號。

在北大法律系讀書的時候，蘇力醉心於文學，對法學乃至法律社會學沒有多少興趣，因此他並沒有像季衛東、齊海濱那樣參與到北大的法律社會學研究中。然而，他後來到美國留學，其博士論文研究的竟然

是跨文化研究中的「社會控制」比較研究。選擇「社會控制」這個主題顯然能夠看出他受到了北大法律社會學運動的薰陶和影響。「社會控制」這個概念之所以成為北大法律社會學運動中的核心概念，一方面來源於先生翻譯的龐德經典之作《通過法律的社會控制》，而龐德的法律社會學思想又深受帕森斯的結構功能主義影響，另一方面顯然受到了1980年代初期在中國風靡一時的「三論」（信息論、控制論和系統論）的影響。無論是吸取帕森斯到龐德的結構功能主義，還是採納經由馬克思主義而深入中國人心的科學技術推動社會進步的理論，法律社會學的「北大學派」深受這種科學主義、技術主義的影響，甚至早在1983年龔祥瑞和李克強就合作發表了《法律工作的計算機化》的學術論文。同時，也正是通過馬克思主義這個中介環節，這個「北大學派」才具有了用法律社會學來系統重寫中國法理學的理論雄心，從而將過往階級鬥爭的法理學重構為科學治理的法理學。

蘇力雖然是一個功能主義者，但他顯然不滿足1980年代北大法律社會學研究中所強調的系統 - 功能的科學主義色彩，相反，他從文化人類學、闡釋學、法律經濟學以及後結構主義思想出發來重新闡釋功能主義。他的博士論文雖然選擇了「社會控制」這個主題，但恰恰構成了對「北大學派」的批判，即恰恰是在跨文化的「語境」中看出「社會控制」這個概念在不同語境中服務於完全不同的功能。蘇力將自己的這一套法律社會學方法稱之為「語境論」，以區別於科學主義的「系統論」。正是從「語境論」出發，他的法律社會學研究關注中國的「語境」，關注中國的鄉土社會、「本土資源」乃至「秋菊的困惑」，對系統 - 控制論指導下通過移植西方法律的變法運動來推動中國法治現代化理論進行了解構和批判，在法律社會學領域中開出了一片新天地。

　　蘇力援引後現代主義對「法治」展開解構引發了季衛東的擔憂，從而引發了季衛東和蘇力就後現代思潮與中國法學研究展開的辯論。其實，這場辯論並非孤立、偶然的學術事件，而應該看作是法律社會學的「北大學派」內部的兩代人的思想對話。蘇力雖然比季衛東早一年進入北大法律系，但就在季衛東從系統論、控制論的科學主義視角投入到法律社會學研究並在學界脫穎而出的時候，蘇力卻沉醉在詩歌創作中，對法律問題沒什麼興趣。直到他在美國接受普通法訓練才轉到法律理論上來，因此他對功能主義的理解始終與普通法「就事論事」的實用主義方法聯繫一起，而這一切暗合了後現代主義，從而雜糅為一種「語境論」的方法。而季衛東在日本接受的法律教育無疑在大陸法傳統中強調科學理性主義。因此，他們兩人的對話不僅是東洋法學與西洋法學的對話、現代理性主義與後現代解構主義的對話，在根本上是科學與詩歌的對話，從而突顯了法律社會學運動中「北大學派」內在的張力與學術思想的變遷。

　　如今法律社會學研究在中國已經過了四十年，科學理性主義的法律控制論發展為一種更為精緻的國家治理術，服務於法治改革的「頂層設計」，而蘇力對西方法治的解構和批判反過來在推動法治更深地扎根於中國社會，成為中國人生活的一部分。中國社會和中國法治的飛速變化需要法律社會學的「北大學派」繼續開闢新的理論道路。如今，見到坊間種種關於「法律社會學研究在中國」的論述，總有一個隔靴搔癢的感覺。學術的歷史其實是人心的歷史。不識人心又如何能理解學術的發展呢？我時時懷念先生的，不過是一直希望透過學術文字觸摸到先生思想的靈魂。

《北大法律評論》創刊手記 *

　　很多事情的開始，也許出於當初掠過心底的一個熱望。大概是一年前的這個時候，我們聆聽方流芳先生介紹由學生獨立編輯《哈佛法律評論》的概況，當時聽得津津有味，討論也很熱烈。但時過境遷，討論過些什麼現在已記不大清楚了，只記得討論中，有一位同學提出這樣一個富有挑戰性的問題：「我們中國學生能不能辦一份類似的學術刊物呢？」如同沸水上澆了一瓢涼水，熱烈的討論頓時變成了意味深長的沉默。時至今日，我們依然能感受到這種沉默的意味和分量，誰又能忽視我們現在的教學體制和學術體制呢？要是老師或同學塞給你一篇不合格的稿子你能怎麼辦？你辦的刊物不是國家規定的核心期刊，上面發表的文章無助於評職稱或學生畢業（許多學校規定研究生畢業時必須在核心期刊上發表兩篇論文），那些惜墨如金的好稿子又如何投給你？因此，討論能不能由中國學生辦一份類似《哈佛法律評論》的刊物，不過是談談設想、發發牢騷而已，誰還會當真呢？

　　然而，我們確實當真了，一份由我們學生自己編的《北大法律評論》就這樣創刊了。不過，看到賀衛方先生的「寄語」時，我們不免有

---

* 　原載《北大法律評論》第一卷第一輯，法律出版社，1999年。

點恐慌。每當想到它要和《哈佛法律評論》之類學術刊物作比較時，我們就會有鄉下人和城裏的貴族握手時的那種局促與不安；就是想要在國內的法律刊物中成為「龍門刊物」又談何容易；更何況《評論》打的是「北大」的金字招牌，而不是發表習作的學生刊物。因此，我們幾位同學真可謂戰戰兢兢，如履薄冰，唯恐辱沒了北大的名聲。

儘管我們採用了匿名審稿制度，也規定了編輯選拔制度，但也許我們這些學法律的人對「徒法不足以自行」的古訓有更深切的理解。好的制度要有好的人來實施，唯有我們對支撐制度的理念懷有一種信仰並長期堅持，才有可能使制度不再是一種外在的約束，而是一種行為上的自覺。為此，我們幾位編輯反覆討論，對《評論》的宗旨形成了這樣一個共識：「學術應當自律、自主和自尊」。所謂「自律」不過是講自覺遵守學術規範。學術規範不光指註釋體例之類的外部形式，也不僅指剽竊抄襲之類的學術道德，更主要的是要求我們以學術的立場來展開批評、討論和交流。「學術的立場」大概首先要避免不着邊際的爭鳴、人格上的相互攻訐或沒有根據的吹捧；但更主要的是指我們通過研究對象的建構來實現學術研究的自主性，這不僅意味着我們保持知識向度上的自覺，更主要的是我們在此基礎上形成自主的學術共同體。唯其如此，學術研究才能真正僅僅因為在智識上的貢獻而獲得尊嚴；從事學術研究也將由此成為一種「天職」。

秉着學術自律、自主和自尊的宗旨，我們嘗試着將學術「論文」與「評論」作出初步的區分。此前我們總是以為在一個刊物上發表的文字就是論文，至於論文的寫法也往往當成是比高中時的議論文（作文的一種）寫的長一點、比報紙上的文章多幾個註釋就可以了。目前的主流學界，法學論文通篇不加註釋是常有的事，即使有一兩個註釋，其功能也

不外是用來做權威論據的。正是基於法學研究的這種狀態，我們作這樣的區分就不是僅僅簡單地出於欄目設置的考慮，而是努力通過這種方式自覺地對理論建構的研究對象和日常經驗的社會現實有所區分，使學術語言與日常語言得以區分，並使二者形成有機的互動。具體而言，我們希望「論文」的貢獻在於理論的點滴積累，它要求我們將研究的問題建立在此前已有的學術成果或學術脈絡上，通過概念或範式的演進逐步形成學術研究的傳統。與論文不同，我們希望「評論」的貢獻在於思想上的突破與創新，它的靈感可能直接來源於生活現實，它的論證也許不夠嚴密，概念使用也許不夠規範，但它的深刻、它的洞見、它的文采足以展現思想的魅力。因此，「論文」與「評論」的區分不在於研究對象而在於表達風格，「論文」正是對「評論」中所體現出來的思想和概念加以形式化，將思想所激起的浪花納入到延綿不絕的學術研究長河之中。

因此，「論文」與「評論」的區分實際上也是基於學術界對 80 年代以來的學術狀況所作的反思。一般說來，80 年代被概括為「思想的時代」。那時我們曾經歷了一次怎樣的思想繁榮。經世駭俗的新思想和新理論像時下流行的服裝品牌一樣三天一個樣，一個大學三年級的本科生在食堂門前作一次演講就可能成為思想新人。然而，沒有學術的支撐，思想也終究是無根游談。而 90 年代恰恰被稱作是一個「學術的時代」，我們目前似乎在經歷着並生產着一種學術的繁榮。到處在編書刊、「拉稿子」（僅「拉」字，就可看出它與操作商業廣告的相似），到處都在舉辦學術討論會（80 年代的講座變成了 90 年代的 seminar），到處在講學術規範。但是，在反思 80 年代的思想繁榮時，我們難道對當下的學術繁榮能不保有一份警醒嗎？我們是不是也在生產着虛假的學術繁榮？我們是不是在規規矩矩的同義反覆中喪失了 80 年代所具有

的想像力和開放的胸襟呢？我們是不是以連篇累牘的註釋掩蓋了思想的貧困？我們是不是以學術的名義推卸了知識批判或指導社會現實的責任？正是基於這種警惕，我們更需要在「學術」與「思想」之間、在「知識」與「社會」之間、在「批判」與「建設」之間形成良性互動。因此，對我們所曾經歷的苦難，對我們所熱切期待的美好，對我們不遺餘力加以批判的痼疾，甚至我們願以生命來捍衛的理念，進行經常性的討論、研究和反思，乃是《北大法律評論》（甚至整個學術界）的一項長期的任務。

最後要說的是，我們對《評論》創辦過程中所獲得的來自各方面的支持將永遠心存感激。我們首先要感謝法律系主任吳志攀博士，他一直在支持着我們的工作，尤其是他主張的「學生的事情由學生自己來決定」使我們切身感受到了北大的精神和風範；賀衛方老師從欄目設置到註釋體例均給予了具體指點；法律出版社的總編賈京平先生聽了我們的設想後當即決定不惜賠本出版此書，他所堅持的出版原則——「出版社應以推動學術繁榮為己任」——真正體現出一個出版家的氣度。正是在這些鼓勵與期待中，我們幾位《評論》的創刊編輯與其說感到欣喜和榮耀，不如說感到壓力和責任。對於我們來說重要的是，套用肯尼迪（John Kennedy）在就職演講中的一句名言，請不要問《北大法律評論》能給我們帶來些什麼，而應問我們通過《北大法律評論》為中國的法學研究和中國的法治建設做了些什麼。

想起了黃宗智[*]

——本土化與法學傳統

進入 90 年代，學術界雖然沒有像八十年代那樣由於種種思潮不斷而顯得熱鬧非凡，但不可否認的是在這平靜或不經意中出現了一種「黃宗智現象」，可是說 90 年代中國的學術發展與黃宗智的論述有着密切的勾聯。且不說隨着新制度經濟學和海外漢學的湧入，他的《華北的小農經濟與社會變遷》（北京：中華書局，1986）和《長江三角州小農家庭與鄉村發展》（北京：中華書局，1992）在中國經濟史、社會史和其他相關領域的研究中成為經典文獻；就是在「市民社會」的討論熱潮中，他對哈貝馬斯（Jürgen Habermas）的「公共領域」和「市民社會」概念的挑戰並提出「第三領域」的概念也曾在學術界引起很大的反響；[1] 他的《中國研究的規範認識危機：論社會經濟史中的悖論現象》（香港：

---

* 原載《北大法律評論》，第一卷第二輯，法律出版社，2000 年，編輯手記。

1 Philip C. C. Huang，「Public Sphere」／「Civil Society」in China？：The Third Realm between State and Society, Modern China，Vol. 19, No.2, April 1993, 216-240；Between Informal Mediation and Formal Adjudication, Modern China，Vol. 19, No. 3, July 1993, 251-298.

牛津大學出版社，1994）更是為學術「規範化與本土化」的討論提供了更為基本的問題意識。相比之下，他最近轉向對清代法律的研究[1]）卻並沒有引起學術界的普遍關注。

當然，這種「冷淡」可能由於多種多樣的原因，一方面學術界對海外漢學的「學術路子」已經熟悉多了，不可能有幾年前如獲至寶的感覺；另一方面，法律在中國一向只是法學這門學科所關注的問題，很難成為人文學科或社會科學中的普遍話題。除此之外，恐怕還有一個原因就是人們對這種研究轉向的不理解。按照國內學術界一些人的邏輯，他們會認為這要麼是由於經濟史研究已經過時了，黃氏才不得不改弦更張，選擇了中國法律史這一塊還沒有開耕的處女地；要麼是由於江郎才盡，於是選擇法律這塊漢學界研究力量最薄弱的領域，以便「山中無老虎，猴子稱大王」。這種邏輯實際上正是國內學術界這幾十年通行的學術邏輯：80 年代流行的是「陣地戰」「跑馬佔地」「搶佔山頭」，劃定自己的「勢力範圍」，於是編教材、招學生等等非我莫屬，由此惹出了80 年代沸沸揚揚的「學科之爭」；進入 90 年代後，則演變為「游擊戰」，哪兒有資源就往哪兒扎，今天研究鄉鎮企業，明天研究流動人口，後天還可能搞人權研究。研究對象的選擇不是基於理論思考的需要，而是服務於種種理論之外的目的。以此為「前見」來理解黃宗智研究主題的轉向自然有其在解釋學上的合理性，但是，也不可避免地忽略了在這種研究主題變換的背後，黃宗智的理論思考所發生的轉變。

---

1 Bernhardt and Huang ed., Civil Law in Qing and Republican China, Stanford University Press, 1994；Philip C. C. Huang, Civil Justice in China: Representation and Practice in the Qing, Stanford University Press, 1996.

在最近一期的 Modern China（1998，Vol.24, pp.183-206）中，黃宗智發表了一篇題為「理論與中國近代史研究：四個陷阱和一個問題」的文章。其中談到了把西方理論運用到中國近代史研究中的四個可能的陷阱：沒有批判地運用、意識形態地運用、西方中心主義和文化主義。初看起來，這些問題在這幾年國內的研究中也已是老生常談了，不過最讓我感興趣的是，黃宗智先生將這四個問題與他自己十多年來的研究聯繫在一起加以討論，頗有一種現身說法的感覺。因此，讀起來備感親切，印象也頗為深刻。就說轉向中國法律史研究吧。黃宗智之所以轉向中國法律史研究並不像我們想像的那樣出於「治學經濟學」的需要，而是和他的理論思考聯繫在一起。他試圖在中國古代的法律中找到無需形式理性化的中國法治，以反對從西方中心主義出發所提出韋伯（Max Weber）問題：為什麼中國沒有西方意義上的法治？當然，這種轉向更主要還是由於他既不滿足於自己在經濟史研究中過分的唯物主義傾向，又不滿足於文化主義，尤其是吉爾茲（Clifford Geertz）的「地方性知識」，將事實化約為「表像」（representation）。在他看來法律這個領域剛好為關注「事實」的唯物主義傾向和關注「表像」的唯心主義傾向的互動或結合提供了最有力的分析點：在司法場域中除了律師辯論所依賴的「表像」，還有陪審團和法官對事實的認定；在法律史上除了法典所體現出來的文化表像外，還有司法審判和調解這樣的法律實踐。可以說，中國法律史為黃宗智教授所持的反西方中心主義和反絕對唯物主義的新文化史研究提供了有力的經驗素材。而這些理論轉換的背後所不變的東西就是黃宗智教授的理論關懷，也就是他所說的「一個問題」：中國的未來是什麼？我們如何將我們對中國未來圖景的理論設想帶入到對中國歷史和中國現實的研究中來？

以此為參照，再來反觀我們的學術研究的話，我們面臨的問題恐怕就更為突出。就法學理論而言，我們常常提到的說法是沒有自己的問題意識，沒有自己的學術傳統。這些年來，我們法學界也討論過不少問題，從「法治系統論」到「法律文化論」，從討論「人治」與「法治」到討論「依法治國」，從「法的權利本位」和「義務本位」之爭到「市場經濟就是法制經濟」的論斷。這些討論都涉及到法學理論中的重大問題，可惜來也匆匆，去也匆匆，討論的問題依賴於國家政策的轉變，缺乏學術內在路徑和理論範式，問題的討論當然也就無法深入下去，這些問題之間也不可能建立起理論上的內在關聯，因此也就最終在理論上沒有形成法學理論的問題意識，沒有形成法學理論的研究範式和研究傳統。也許我們可能不乏黃宗智教授這樣的理論關懷，因為我們的法學理論研究的問題從來都是「經國之大業」，但是，當我們無論是一般泛泛地用馬克思主義來批判西方法學理論，還是一談人權、法治就要引用啟蒙思想家的理論，一講法制經濟怎麼也離不開韋伯，我們的研究是否跌入到黃宗智所說的「對理論的意識形態運用」和「西方中心主義」這兩個陷阱中？曾幾何時，我們在談到法學研究落後時，我們的理由是「法學禁區多，這也不敢說，那也不能說」，以前這麼說還可以姑妄聽之，可現在還要這麼說，那就未免自欺欺人了。今天我們面臨的可能不是「敢不敢」的問題，而是「能不能」的問題。這就需要我們像黃宗智那樣對我們的研究不斷進行理論的推進和反思。當然，在意識到這些問題同時，我們還要清醒地意識到我們所處的學術場域與黃宗智所處的學術場域之間的差異。現在我們法學界所面臨的任務恐怕依然是認真地學習西方的理論，當然理論的學習和對理論的反思批判從來都是結合在一起的。

　　一方面是理論的匱乏，另一方面是對理論不加反思地運用，這或許是我們法學界現在所面臨的問題，這實際上也是我們《北大法律評論》所面臨的問題。不可否認的是辦一份好的刊物並不是對學術的簡單消費，一份好的刊物並不僅僅是一個「信息容器」，而是要作為一個「生產機器」，按照我們的宗旨來組織學術研究。因此，我們的首要任務是認真學習和批判性的運用。

　　正是基於此，我們特別關注海外漢學對中國問題尤其法律問題的研究。黃宗智教授的這一轉向無疑為我們提供了一個研究的範例。我們在《評論》第一卷的第一輯中介紹了黃宗智和白凱編的《清代和民國時期的民法》一書，本輯又推出寺田浩明的相關評論「清代民事審判制度的性質與意義：日美兩國學者的爭論」。以後我們將繼續關注這方面的研究，並把這種方法自覺地運用到我們的研究中，這是我們借鑒、消化和批判西方理論的必要途徑。本輯中趙曉力的論文「中國近代農村土地交易中的契約、習慣和國家法」，就可以看作是這種研究的嘗試。當然，在我們學習海外漢學的研究方法時，也必須本着一個批判的態度，尤其美國的學術場域中的創新機制和漢學在其中所處的邊緣位置，使得漢學研究過分追求理論創新的技巧而缺乏更強大的理論力量。黃宗智在上述文章中所津津樂道的種種學術概念的「發明」，諸如「第三領域」「內捲的商業化」「沒有形式理性的法治」和「實踐的道德主義」，就帶有強烈的藝匠痕跡而缺乏理論思考的氣質。

　　因此，在學習海外漢學的同時，我們必須將我們的眼光放在對西方經典理論的直接研讀和運用上。我們在《評論》第一卷第一輯中發表的鄭戈和趙曉力的文章就可以看作是這方面的例子。鄭戈的論文「法學是一門社會科學嗎？」是直接以韋伯的法律社會學理論為背景對法學進

行知識社會學的考察；趙曉力的評論「民法傳統經典中『人』的觀念」是運用福柯（Michel Foucault）的知識考古學的方法考察我們的法律傳統中對「人」的概念是如何想像和構造的。這兩篇文章的意義不僅在於對經典理論的運用，而且在於這種運用背後對中國現實的強烈關注。鄭戈的論文所關注的是中國的法律共同體的形成和中國法學研究的出路問題；而趙曉力的評論最終關注的是在我們今天這個正在「為權利而鬥爭」的社會中，法律是如何和一種服從於現代性邏輯的「自我技術」結合起來的。同樣，本輯中王涌的評論「法律關係的元形式：分析法學方法論之基礎」將分析法學的方法運用於研究中國民法中的問題，不僅拓深了對民法的研究，展現了分析法學的力量和魅力，而且有助於我們在法制建設剛剛起步的今天，重新評價「概念法學」的地位和作用。這樣的研究無疑為我們反省中國法制進程種種問題提供了學術研究的樣板，把對中國現實的熱切關注訴諸於冷冰冰的學術分析而不是訴諸於淺薄的煽情文字。

這種對西方理論的運用和反思實際上觸及到了法學研究的「本土化」問題。90年代後期學術界提出的社會科學研究的「規範化與本土化」討論其實為中國社會科學的發展在知識上提供了一個很好的契機，但是由於種種原因，這種知識上的討論漸漸加入了一些非學術的因素而遠離我們的初衷，最終以非學術的效果終場。「規範化」問題除了註釋技術就變成了「誰講規範就是誰想在學術界樹立霸權，因而就該打倒誰」這樣的學術場域中的權力爭奪問題；而「本土化」問題最後變成在中國問題的研究上國內的學者與國外的學者「誰更有發言權」的資格問題。我並不是說這些問題提錯了，而是說我們並不是在學術的維度上來討論這些問題，利益、情感的衝動蒙蔽了我們求知的心靈。這樣一種意氣之爭

反映並且強化了中國知識界在 80 年代來以來基於研究興趣和私人關係所形成的種種學術「圈子」，這種非學術因素的介入最終導致我們喪失了反思並提升自己的研究的一次機會，並給人們留下種種誤解。

就「本土化」而言，我們遇到的第一個誤解常常從字面出發，望文生義，把「本土」首先理解為一種客體，一種實實在在的「存在於那裏」的對象。於是就會問，我們的本土究竟是什麼？究竟在哪裏？是歷史上遺留下來的種種文化典籍麼？還是體現在我們行為和思維方式裏的文化傳統？如果這樣的話就不過是重複新儒家用中國文化拯救全人類的遠大抱負而已。由此產生的另一個誤解是，中國社會中存在種種弊端，比如大丘莊莊主禹作敏和《大國寡民》（盧躍剛著，中國電影出版社，1998）裏的圖景，都是中國歷史上遺留下來的本土的東西，因此，在主張本土化又沒法「取其精華，去其糟粕」的情況下，「本土化」就意味着反對改革、反對學習西方、反對法治人權的文化保守主義者。

在我看來，「本土化」的提出不同於新儒學和這種文化保守主義主張在於：它實際上是中國知識分子在知識上的一次自覺，而不是像後者那樣僅僅是一種民族情感上的自覺。因為「本土化」問題的提出是基於對知識與知識生產者的認識旨趣之間的關係的追問，是對實證主義的科學知識觀或普適的知識觀的批判。因此，在我看來，「本土」與其說是一個實存的客體或一種文化保守主義的立場，不如說它首先意味着一種知識的「態度」，一如福柯將現代性理解為一種態度一樣，它是知識分子（甚至是某一類的知識分子）與現實發生關聯的方式，是一種思考和感覺的方式，是一種從經驗與理論的關係出發來對待中國問題的方式，它區別於把本土作為一種予取予求的「礦藏」或「批判靶子」的態度。當然，這種經驗研究並不意味着西方理論不重要，實際上對經驗的

認識和把握與理論建構須臾不可分離。對西方理論研習依然是我們進行理論建構的一種途經，但是這種理論建構（諸如我們選擇什麼樣的理論，如何來選擇理論，如何用理論來建構我們的經驗研究對象）本身依然要依賴於一種本土化的態度。換句話說，本土化態度意味着我們必須在西方理論與中國經驗的關係中來選擇理論和把握經驗，因此，既不是從西方的理論和概念出發來尋找中國的經驗材料，也不是從中國的經驗出發來反駁西方的理論。這種態度要求我們把自身與理論和經驗的關係一併納入到我們的研究對象之中。

也正是基於這種知識態度，我們提倡對我們自己的問題作扎扎實實的研究。從這一輯開始我們推出「主題研討」專欄。本輯組織主題研討「中國的審判委員會制度」的意義不僅在於對經驗研究的提倡，更主要的是對不同研究視角和方法的提倡。在《評論》的今後幾輯中，我們將籌劃就「鄉村社會的法律」「法律與社會」「中國的司法改革」等論題進行集中的研究。值得注意的是，從本輯開始推出的一種新的案例研究模式可以看作是我們為推動法學研究、法律教育和司法實踐一體化所作的努力，這不僅如黃宗智教授所說的那樣為研究法律的文化表像和法律實踐的關係提供了素材，更主要的是為我們從理論上反思法學研究與法律教學模式、法律人共同體的內在關係（一種知識形態與權力結構的關係）提供活生生的經驗材料。

如果我們從後一個問題入手，我們或許可以理解人類知識史上的一個特殊現象：為什麼哲學、社會學、經濟學、政治學、歷史學和人類學等學科對法學理論發展產生了巨大的影響，而歷史如此悠久的法學似乎除了為其他學科貢獻一些經驗分析的材料或對象外，就幾乎沒有貢獻任何重大的理論呢？法學家弗里德曼（Lawrence M. Friedman）曾信

心十足地指出，在 19 世紀之前，法學理論要麼是政治學家表達政治主張的產物，要麼是哲學家完善理論體系的產物，只有在 19 世紀這個時候，法學理論才獲得了自己的獨立性。他所說的這種獲得獨立性的法律理論顯然指的是實證主義法學（或概念法學），可這些東西也只有經過語言哲學的處理在哈特（H.L.A. Hart）那裏才完善精緻起來的，更不用說它的理論基礎依然是在實證主義與解釋主義之間徘徊。

由此，我們就要捫心自問：我們法學家這樣的知識分子為什麼在理論知識上對其他知識分子的貢獻如此之少呢？法律知識的特性到底是什麼？法學到底是怎樣的一門學問？它與法律教育有什麼關係？一種獨特的教學法與一個自治的法律人共同體對法學的影響是什麼？我們所說的法學家是怎樣的一種知識分子？如果我們仔細地思考過這些問題，我們在聽到有人說法學家不是知識分子時，就不會本能地勃然大怒，拍案而起；如果我們能說清楚這些問題，那或許對其他學科乃至人類知識也是一大貢獻。當然，可以肯定的是，僅僅鑽研法律是回答不了的，這就需要我們打破傳統的學科界限，提倡一種「開放的社會科學」（沃勒斯坦 Immanuel Wallerstein 語），這就需要我們對「法學」這門古老的學問進行知識考古。否則的話，我們所謂的建立知識傳統依然是處於一種不自覺的狀態中。

知識生產與法學傳統[*]

　　日前一個偶然的機會，我遇到一位外地編輯法律評論的學生，同行在一起自然免不了相互討教。這份刊物正在創辦中，他向我介紹了第一期約稿的情況，都是些國內法學界各個學科中大名鼎鼎的人物。我不由得欽佩他的約稿能力，相比之下，我們《評論》第一輯所發表的文章，大多數出自名不見經傳的小人物之手。當我小心翼翼地問到，名家的寄來稿子質量如何，他的回答讓我驚訝：你管他怎麼樣，你的刊物必須一炮打響，這樣你才能拉到贊助，刊物才能生存，而出錢的人又不看文章，他們只看有沒有他們所熟悉的名家。這樣的回答雖然出乎我的意料，但仔細一想不能說沒有道理，在現代社會中知識生產往往要遵從這樣的經濟邏輯。

　　無疑，我們正處在專業知識高度分化的信息社會中，我們的生活越來越依賴於專家體系，在信息成本如此之高的社會中，我們不能不出於經濟的考慮首先選擇名家。於是，我們就會看到一個奇特的學術生產的「馬太效應」：有名的學者更有機會出名，名氣就會像滾雪球一樣越

---

* 本文原為《北大法律評論》第一卷第二輯寫的「編後小記」，後來未能刊用，其中有關內容被吸收到後來重新撰寫刊發的「編輯小記」，參見本書「想起了黃宗智」一文。

來越大，而無名的學者出名的機會卻越來越少，終其一生可能默默無聞。學者也就像明星一樣，可以包裝、可以「走穴」，多出了許多「做秀」與「噱頭」的事來。而一旦出名以後，就利用名氣來積累甚至掠奪各種經濟資本、政治資本和符號資本，過早地喪失了進一步學習提升的動力。於是我們常常會看到一些名字聽來如雷貫耳的法學家，除了教材竟拿不出學術專著來，有時甚至連像樣的論文都拿不出來。可回過頭來，誰又知道《法的形而上學原理》（康德著，商務印書館，1996）和《政府片論》（邊沁著，商務印書館，1997）等等這些法學名著的譯者呢？

當然，我絲毫不懷疑這些名家的學術能力，無論是現在的還是曾經的，也堅信他們可以寫出高質量的學術論文。我們需要反思的是，法學院何以陷入這種支配知識生產的政治經濟邏輯中，用蘇力老師的話來說，就是「你我深深地嵌在這個世界中」。這套政治經濟邏輯之所以能發揮效果，是由於我們的學術體制和學者生活邏輯的合謀甚至勾結。我們的學術體制中對學者的評價依據的是發表文章的數量和發表文章期刊的行政等級，甚至根據發表在核心期刊上的論文數量來決定。於是，為了增加文章的數量，學者們就會將原本可以在一篇論文中完成的內容拆開寫成幾篇文章。因此，我們很少看到長篇幅的學術論文。而這樣的學術體制無疑鼓勵學者拚命地以「擠牙膏」方式來寫作，甚至不斷在論文「注水」，而不鼓勵深思熟慮地寫出經典之作。而唯有這種數量的累計，讓一個學者成為名家，才能產生「明星」效應，不僅很快能評上教授、博導，而且獲得種種學術名譽頭銜乃至行政權力，而這些榮譽、頭銜和行政權力建立起了行政等級制，這樣就可以儘快分到房子，過上小康水平的生活。於是，學術生產的邏輯不再是熱愛智慧、知識創造的邏

輯，而是政治等級和經濟利益分配的邏輯，後者深深地影響着今天的學術生產。

無疑，我們過上了還算體面的生活，但是當我們面對等身的著作，面對不斷被稀釋後的垃圾文字，我們喪失的不僅是寶貴的時間和來之不易的健康，而且還有我們對學術的興趣和品味。我的一個朋友在一個名牌高校的法學院師從一位著名的法學家讀博士。當年他立志要獻身學術事業，博士期間跟着導師編寫各種教材、輔導書和種種法律「寶典」差不多有一百萬字。三年下來，雖成果纍纍，小有名氣，卻最終放棄從事學術研究。因為他終於明白了學問原來也不過如此，不過是一場「騙局」，寫作變成一種讓人在麻木中獲得利潤的「碼字」職業。這當然不算是一個極端的例子，但誰又能否認學術成為產業的時代裏，我們在辦刊物的過程中，也許不正是以傳播知識、提升學術的名義與這種政治經濟邏輯形成合謀？

其實，在我們組稿之初，我們也想過向一些名家約稿。但是，學術界也同樣流行着「客大欺店，店大欺客」。那些名聲顯赫的刊物擁有了符號資本，就可以不理會那些無名小輩所寫的論文。即使論文很優秀，要是沒有名家推薦（那是看名家的「面子」），的確很難發表，即使偶然發表了，也似乎沾了刊物的光。一旦這些無名小輩一不小心出了名，刊物反過來又要圍着這個名家，好藉着他的名氣給刊物增光生輝。刊物與作者的關係就變成了彼此所攜資本的交換關係。在這種境況下，一份由學生剛剛創辦的刊物，要想向名家約稿，何其難也，更何況我們又沒有稿酬支付。有些名氣顯赫的大家，礙於編輯的再三請求賜稿，也往往要麼是當年的習作，要麼是講話或隨想，要麼已經在報刊上發表過。這些東西雖然精彩，但畢竟與《評論》的風格或主旨不相符

合。面對這種情況，我們的編輯又沒法退稿，好像一退稿就是你個人看不起他，或你對他有意見。在目前的教學體制下，這真是讓當學生的編輯左右為難。我們雖說有匿名審稿制度，但是如果從編輯到作者對學術沒有一個正確的態度，再好的制度也沒法實施。遺憾的是，這種在其他學界中已成常識的東西在我們這裏還要反反覆覆地討論。這至少表明我們對學問本身還沒有一個正確的認識，缺乏一種正確的態度。看來，在我們在向其他人普及法律常識時，也得虛心地向其他學科學一點學問的常識。

由此，我想起一位同學所發的感慨。他說文藝界一遍又一遍地反思「反右」，每每為自己在當年的過錯而懺悔。學術界當年弟子批鬥導師，朋友相互出賣的例子也比比皆是，可是又有誰對自己的過錯公開懺悔過呢？這是一個沒有開啟的黑幕。我們不知道當年上演了些什麼。只知道當年的恩恩怨怨一直是現在學術界人際關係中派別林立的起源，甚至是某些學科劃分的起源，有時候甚至到了弟子之間互不往來的地步。我們的學品實際上就是我們的人品。如果我們對自己缺乏良知，對他人缺乏寬容，對神聖的事物缺乏虔敬，我們對我們所從事的學術職業和我們所研究的法律很難懷有一種虔誠的信仰。如果連法律職業者對法律和正義都沒有信念，我們所津津樂道的法治社會還有什麼希望呢？也許我們的法律從來就是階級鬥爭的工具，因此相互傾軋甚至以整人為樂也不過是職業慣習，習以為常了。可是當我們的法律和對法律的研究喪失了獨立的品格，我們只能是經濟政治邏輯支配的遊戲棋子，在整人的快樂和渴望與被整的痛苦和仇恨中碾轉輪迴，這正是學術界的悲劇所在。

如果說法學研究在當年受政治邏輯的支配而喪失了自主性，那

麼在今天又因為受資本邏輯的支配而再度陷入到自主性缺席的狀況之中。如果我們對支配法學生產的經濟邏輯不加以反思，也就不可能對支配法學生產的政治邏輯做出反思，法律和法學也就不可能在我們的社會中獲得獨立的學術品格。當然，不可否認的是，學術研究中的這種自主性的喪失與學術傳統的斷裂是聯繫在一起的。因此，90 年代以來的種種學術努力，實際上最終都是為了建立各個學科自己的學術傳統。如果說經濟學界由於大批的留洋博士回國實現了與西方經濟學研究的接軌，社會學和人類學在當年的燕京學派中找到了自己的問題意識或理論傳統的話，那麼，我們法學界的處境則夠讓人尷尬的了。我們正忙於編教材招學生，忙於辦輔導班賺錢，至於學術傳統，到哪兒去找啊？　80年代我們緊跟西方理論，出現了系統法學、法律社會學和行為法學這樣的學派，雖說這些熱鬧場面後來悄無聲息了，但畢竟有一番雄心壯志。直到 90 年代初我們還跟了一陣子，批判法學和經濟分析法學紛紛介紹到國內，頗有一點影響。可是最後發現，西方法學發展太快了，連批判法學都過時了，哪兒還能跟的過來呀。況且越到後來越邪乎，什麼後現代法學，什麼女權主義法學，什麼批判種族法學看都看不懂了。至於目前還在蓬勃發展的 ADR 運動，不就是我們的傳家寶調解麼？不過這個傳家寶僅在司法實踐和生活實踐中，已經不在我們法學家的手中了。說調解理論我們比不上美國，說調解模型我們比不過日本，我們還有什麼呀？就說回到老家吧，當年王寵惠的英譯《德國民法典》成為英語世界中最好的英譯本，吳經熊可以到美國法學院去開自然法的專題講座，這些都成了典故和美談。我們就是有心也無法把這當成自己的學術傳統。

　　西方的跟不上，老家的又接不起。法學界如此龐大的研究隊伍在

作什麼？這不能不讓其他學科瞧不起。沒辦法，先天不足，後天營養不良，難怪有「法學的幼稚」（戴逸語）之稱。這無疑是法學界所面臨的問題，實際上也是《北大法律評論》所面臨的問題。不可否認的是辦一份好刊物並不是對學術的簡單消費，一份好刊物並不僅僅是一個「信息容器」，告訴大家誰又寫了什麼文章，而是要作為一個知識「生產機器」，按照我們的宗旨來組織學術研究。在我們提倡「學術自律、自主和自尊」時，無疑就是要通過學術傳統的建立來抵制知識生產中的政治經濟邏輯，儘可能抵制一切非學術因素的干擾，沒有學術的傳統就不可能有學術研究的自主性。

正是出於這一目的，我們從這一期開始推出「主題研討」專欄，對我們所關心的、在學術思考與司法實踐中所面臨的重大問題進行集中的研究。無論我們選擇什麼樣的主題，都會堅持兩個原則：一個是學術的原則，一個是本土的原則。說到本土的原則，人們都會想到「本土化」討論和蘇力教授提出的「本土資源」，這些概念固然容易引起歧義。但在我看來，「本土」與其說是一個實存的客體或一種文化保守主義的立場，不如說它首先意味着一種「態度」，一如福柯所說的現代性作為一種態度一樣，它是我們與現實發生關聯的方式，是一種思考和感覺的方式，是一種從經驗而非概念出發來對待中國問題的態度。我們的主題研討正是本着本土原則，提倡對我們自己的問題作扎扎實實的經驗研究。當然，這種經驗研究並不意味着理論不重要，實際上對經驗的認識和把握與理論建構須臾不可分離，這正是我們所強調的學術原則。因此，理論範式和概念的建構是我們所積極推進的，只有在理論範式和經驗材料之間形成有機的互動，我們才有可能通過一代又一代的努力，提出一種獨特的法律社會學理論或研究范式，形成我們自己的問題意

識。本輯中組織的「中國的審判委員會制度」的意義不僅在於對經驗的提倡，更主要的是對不同研究視角和方法的提倡。在《評論》的今後幾輯中，我們將籌劃就「鄉村社會的法律」「法律與社會」「中國的司法改革」等論題進行集中的研究。而本輯開始推出的一種新的案例研究模式可以看作是我們為推動法學研究、法律教育和司法實踐一體化所作的努力，而這又恰恰為我們從理論上反思法學研究與法律教學模式、法律家共同體的內在關係提供了活生生的經驗材料。

　　儘管我們面臨種種困難，但是我們的理念有幸得到法學界一批優秀學者的認同，正是他們支持着我們的工作。為此，我們嘗試着設立了「學術委員會」，以期共同推進對本土問題的研究，早日促成法學研究、法律教育和司法實踐的一體化。今後我們將把成員逐步擴展到以學術為「天職」並認同《評論》之宗旨和理念的外校學者。

法治要為習慣法提供空間[*]

——對話「本土資源」

問：我看過朱蘇力老師的許多文章，也看過不少批評他的文章，一個強烈的感覺是：朱老師的批評者對朱老師提出的問題缺乏研究，甚至是徹底的理解錯誤，往往在一些細枝末節上打轉。您認為朱老師主要提出的是一個什麼問題？

強世功：朱老師實際上想說的是在建構法治的過程中如何處理國家法和民間法的關係。法律在一般意義上講就是人們行為所服從的規則。如此，人們的行為不僅受國家正式法律規則的影響，而且受他們生活在其中的民間習慣法規則的影響。當我們談論法治的時候，就是希望每個人和組織的行為都受到規則的約束和治理。這表現在日常生活中就是人們可以依據法律規則來判斷彼此的行為預期，在發生糾紛時能依據這種規則來裁判。沒有這一點，決不可能確立起法治。

法律的實施當然需要強制力，但這種法律的強制力需要在漫長穩

---

* 原載《湘江法律評論》第 3 卷，「《法治及其本土資源》討論紀實」，湖南人民出版社，1999 年。

定的社會生活中成為人們行為的習慣，只有習慣才具有強大而無形的強
制力。在這裏我們能看到國家法和民間法的某種關係。民間法是依賴長
期的習慣形成的，是社會生活日積月累的結果，與社會生活也具有較強
的親和力，人們已習慣於依據它們來行事。這在鄉土社會中表現尤為明
顯。問題在於，我們的法治構建，必然是一個國家法逐漸進入社會生活
的過程。在這一過程中，我們是以國家的名義取消一切民間法，還是讓
多元法律規則共存，讓人們具有某種程度的選擇自由呢？

　　社會治理方式是一個社會本身的產物，當然也是通過人們的意識發
生作用的產物。但我們不能不考慮具體社會狀態對規則的需求。這樣來
看，我們應當給予社會成員以更多的選擇自由，讓他們在尋求國家法的
救濟以外，還能訴諸他們熟悉的民間法來解決自己的問題。這有幾個方
面的考慮：第一，從法治建構的目的來看，我們最終是要讓國家法規則
為人們所接受。但推行國家法不可能完全扼殺民間法，否則不能達到目
的。人們仍然會因為對國家法缺乏需求或者難以從內心接受。完全取消
民間法事實上會剝奪人們的選擇自由，使人們尋求救濟的途徑減少，增
加國家法的執法成本對於社會秩序的維持不是好事。第二，人們是具有
選擇能力的，讓不同類型的法律規則競爭，真正適合一個社會的法律規
則自然能為人們所選擇。但如果國家法處於一種無競爭的狀態之中，將
會因缺乏一個參照系而更少反映人們的真正的、普遍的需求。是讓這些
被選擇的規則來治理社會，還是用人們在無自由條件下被動接受的規則
來治理社會呢？從我們建立良好秩序的目的來看，恐怕是前一種更可取。

　　總之，如果說法治的目標是保障自由，我想其中一項自由應當是
人們選擇生活規則的自由。這在中國這樣一個後發達國家尤為重要。因
為我們是大國，地區差異非常大，國家法不可能把所有的規則都規定下

來，這必然給地方性的民間習慣法保留下相應的空間。只有這樣，隨着時間的推移，社會經濟文化條件的變化，人們生活方式的改變，可能讓更多的人接受國家法，從而慢慢將國家法變成一種新的生活習慣。

問：民間法往往是某個地區某個時期的特殊產物，而國家法普遍主義色彩更濃一點。這樣看來，民間法的普遍化是可能的嗎？

強世功：普遍和特殊都是相對的。本土化並不是把特殊條件下產生的民間法普遍化，它就強調本地的地方性特色，是強調普遍的國家法如何與本地具體的習慣法相結合的問題。這只是指出一條更加可行的道路或者是提供一個視角。我們主張應當給人們更多的選擇自由，而不是不顧社會現實用國家法來代替一切民間法，國家法與民間法肯定有相應分工。法律規則是社會生活的寫照。社會生活發生了很大變化，尤其是從簡單社會向複雜的分化社會的轉化，這一轉化的過程中，人們的生活規則也在發生變化。他們不僅面對民間法，而且也可能需求國家法。正是在這個意義上，蘇力的研究推進了費孝通在《鄉土中國》中的觀點。鄉村社會的生活規則已經從單純的習慣法轉變為國家法和習慣法的競爭。因此，國家法和民間法的關係實際上隱含着傳統社會向現代社會過渡中的有關問題。

問：強老師，您前幾年像是做了一個關於討債案件的調查，這個調查對於說明國家法和民間法的關係有什麼意義？

強世功：這是我讀書時期和幾個同學在陝北做的調查。可以說，這是一個關於國家法實施的案件，但在調查過程中，能時時感受到民間規則的影響，這就是我們通常所說的「面子」「人情」等一些隱性的權力關係在其中發揮的作用。沒有對這些東西的運用，國家法就變成單純的暴力，究竟能否實施還是個未知數。這讓我們感覺到，決不能對民間

規則視而不見。在推進法治的過程之中，如果能把它們當作一種資源運用起來，是有利於法治的建設的。「資源」一詞並不意味着我們要把民間法吸取到正式法律制度中去，變成國家法的一部分，而是表明對國家法和民間法關係的一種立場和態度：正常的社會總會產生許多習慣法，法治建設不是要消滅它們，而是努力去尋求國家法和民間法之間的某種關聯；民間法如果運用得當，完全能更有效地推進國家法的實施。

其實這不是中國的特例。大家想像的美國法律秩序，總傾向於認為它是一個國家法的一元秩序。但事實上，美國法裏面也有許多民間法的因素。不僅各州都在自己的法律，其中顧及到當地的一些習慣法，尤其在基層差不多一樣。在程序設計上也不像我們所想像的那樣死板。有些程序甚至比我做的調查中的程序更為簡單，比如小額訴訟。這是考慮了當事人訴訟成本的結果，也是對力求簡便的民間規則的一種吸收。

問：蘇力在關於秋菊的那篇論文中提到秋菊的一些想法，比如說村長可以踢她的丈夫，但又不能踢錯地方，還有那個「說法」，我覺得都是非理性的，也很難說是一種穩定的預期。

強世功：所謂「預期」是一個文化現象。不同的文中對規則穩定預期的理解也不同。在古代人看來，占卜、算命、看星相就是一個穩定的預期，而現代人則將科學理解為穩定的預期。我們不能認為科學知識是知識，占卜、算命就是不是知識，也不能認為他們不理性。理性在英文中有兩個概念，一個是 rational，更強調科學邏輯推理，但另一個是 reasonable，更強調在一個文化環境中給出能夠被人們所理解的恰當說明。鄉土社會中人們在生活中積累起一定知識，可能不是前者，而是後者，這種普遍共享的合理知識自然會形成一定的預期。有預期就意味着規則的存在，但這種規則往往是一種默會的東西，也就是哈耶

克（Friedrich Hayek）所強調的「默會的知識」（tacit knowledge），這種知識只是沒有用文本的方式系統化地表達出來而已。秋菊要討個說法，在那個社會裏是很自然的。

問：我覺得，首先發現這些民間法，然後再考慮怎麼利用，這樣法治的成本是不是太高？中國的法治化缺時間。

強世功：法治的建設從來都是在漫長的歷史中形成，不可能一蹴而就。蘇力批評的就是這種完全強制變法的想法。從成本上來考慮，也許一條缺乏社會親和力的法律完全藉助暴力實施會讓社會承擔更大的成本，所以很難說哪個成本高。給法治加上太多的價值目標也不大現實。法治本身只是治理社會的一種途徑，承擔不起太多的價值。具體如何運用法治的資源，有很多途徑，但關鍵是確定這樣一個思考問題的視角。

問：朱老師在「法律規避」一文中用了一個刑事案例，但這個例子似乎太極端了，給人的印象就是他在倡導法律規避，雖然事實上並非這樣。

強世功：這當然是誤會。從學術的角度看，治學的關鍵一點是提出真正有價值的問題。如果這個問題在現實中是觀存在，那麼這種提問就是有價值的。至於所運用的材料真實與否，並不重要。蘇力提這個問題時主要是考慮在刑事法領域，國家法和民間法之間的衝突最為激烈，最有助於把問題提清楚。而案例本身是不是真實並不重要，我甚至可以自己構想出一些東西來，只要它有助於問題的提出。所以用文學作品中的形象來提問是可行的，秋菊，山杠爺，都是小說或電影裏的人物，但這都沒關係，因為問題是個真問題。另外蘇力提到宗族關係，也是為了提出問題，而並不是提倡以之作為制度的基礎，很多人有誤解，就是不理解這種學問的方法，把學術與實踐完全攪在一起。

問：我一直想一個問題，就是西方學者所提出的研究方法和一些學術觀點能否適用於中國研究。比如福柯對權力－話語關係的發現。

強世功：從知識論的角度來看，知識的效用和它的出身聯繫並不大。一個問題、一個概念是誰提出並不重要，關鍵在於它是不是一個實際存在的普遍的問題。如果是的話，就是個好問題。所以我們的着眼點應該放在如何提問和怎樣提問上。福柯提出的權力問題是個相當有普遍性的問題，那它的價值絕不僅僅是西方的，還應該是中國的。中國的學者同樣有機會提出一些普遍性的問題。法治本土化問題之所以值得討論，是因為它是個普遍的問題。任何一個國家都會遇到國家法和民間法問題，許多知識和實踐的背景是共通的，參考外國學者的觀點很有必要。

當然，知識提出的背景有一個具體思考的歷史對象和生活場景。適用於這些社會歷史生活的理論概念並不一定適用於其他的社會歷史生活。這就需要我們小心辨識。提出社會科學研究的本土化就是注意西方社會理論的概念在適用於中國的時候可能面臨的問題，從而希望從中國本土經驗出發提出普遍性的問題、概念和理論。但我們並不能由此過分強調知識的血統或出身。我們自己對於這個問題也不要太敏感。我們自己提不出有分量的問題，沒有理由怨別人。只要我們自己走對方向，讓西方學者趨之若鶩討論「中國問題」的景象也會出現。

問：我讀馬克斯·韋伯的《新教倫理和資本主義》時受觸動很大。韋伯提出了現代性產生過程中一系列因素的關聯問題，我覺得很重要的一個就是人與制度的互動問題。人和制度之間有契合，也有緊張，但任何成功的制度肯定符合其中人的氣質。在中國的法治進程中，人和制度的緊張是個很嚴重的問題，怎麼看這種緊張？

強世功：這裏面涉及到法律現代性問題。韋伯的問題很重要，是

個逃不過的問題。任何一個制度背後都需要一套倫理精神的支撐，否則制度無法有效久遠。因此，新的法治引入之後，面臨的最大問題就是法治的精神支撐是什麼？我們經常愛說的一句話就是「法律必須被信仰，否則形同虛設」。這句話本身就是在西方宗教背景上提出來的，這句話來自伯爾曼（Harold J. Berman）的《法律與宗教》中，討論西方法律文化傳統。可是我們的法治怎麼能夠獲得怎樣信仰的支撐呢？中國沒有西方的宗教傳統，但我們有自己的文化信仰體系，中國法治應利用這樣的文化資源，這才是的根本的問題。

中國的法治實現是有可能的，但必然是個很長的過程。韋伯把現代性描繪為一幅理性化的圖景，中國的現代性也會遇上同樣的問題。國家政治生活的理性化取決於人們日常生活的理性化，而後者的根源在於社會的變遷。

法治問題很難抽象來談，它跟社會的聯繫太大。只有在一個複雜社會，專業分化高度發達的社會，法治才能形成。但是，法治不僅僅是社會生活的一般規則與框架，它還應當是開放的，它必須為生活與規則的創新提供充分的空間。如果不是這樣的話，法治是不會有生命力的。在中國而言，關鍵在於給傳統的一些規則提供發展和生長的可能，而不是簡單的扼殺這些規則。要說對傳統的生活方式和規則的限制、取消和扼殺，「文革」可能最為徹底，但大家都知道那不是法治。奇怪的是，大家一方面反對「文革」中的國家強制推進新規則、新文化，另一方面又堅持目前的國家強制推進西式的規則和文化，這是一個悖論。可能大家認為現在的國家比過去的國家民主法制化一些。但是，國家與社會的關係不是強制與服從的關係，而應是合作的關係。由此進一步的問題在於：法治讓我們更自由了，還是受到了更多的強制。我留給大家這個問題。

何謂「本土」？哪種「資源」？*

──從法學傳統看「本土化」問題

　　當我們談論「本土資源」時，我們都會自覺不自覺地把這個學術界的公共問題和蘇力教授的私人研究聯繫起來，這樣一種聯繫自然是有道理的，因為「本土資源」這個術語是蘇力教授所提出來的，而且作為他的一本論文集的書名而廣為流傳。但是，這樣一種流傳可能有一個消極的後果，就是我們把「本土資源」這個概念過分地與蘇力教授的相關論述聯繫起來，而忽略了提出這個問題的更大的理論背景。就蘇力教授關於「本土資源」論述在理論上的可能貢獻和其中存在的緊張，我已經在「暗夜的穿越者──《法治及其本土資源》的解讀」一文中作了詳細的解剖，我這裏不再重複其中的內容。我想以蘇力的理論為依託，討論一下我們在兩眼緊緊盯住蘇力的論述試圖從中找出閃光之點或挑出錯誤論述之時可能忽略的問題：我們究竟是在什麼意義上來理解「本土資源」這個問題的。

　　就「本土資源」而言，我們的第一個誤解常常從字面出發，望文生

---

* 　原文為 2000 年為《方法》雜志開的一次討論會所作。

義，把「本土資源」首先理解為一種客體，一種實實在在的「存在於那裏」的對象。於是就會問，我們的本土資源究竟是什麼？究竟在哪裏？是歷史上遺留下來的種種文化典籍麼？還是體現在我們行為和思維方式裏的問題傳統？如果這樣的話就不過是重複新儒家用中國文化拯救全人類的遠大抱負而已。由此產生的另一個誤解是，中國社會中存在種種弊端，比如大丘莊莊主禹作敏和《大國寡民》裏的圖景，都是中國歷史上遺留下來的本土資源，因此，在主張本土資源又沒法「取其精華，去其糟粕」的情況下，「本土資源」就意味着反對改革、反對學習西方、反對法治人權的文化保守主義者。蘇力的關於「本土資源」的論述無疑有這樣的傾向，但是，我們在蘇力教授的論述中還會看到另一種與此相反的傾向，這種矛盾給人們的理解增加了困難，容易給讀者造成種種誤解，而這恰恰是他沒有系統闡述的地方。但是，這種含糊不清並不意味着我們在反對蘇力教授的個別理論時，拋棄掉其整個論述的理論背景和問題背景。

我們都知道「本土資源」問題的提出是與中國社會科學研究進入90年代後所提出的社會科學研究的「規範化與本土化」問題是聯繫在一起的。這種討論其實為中國社會科學的發展在知識上提供了一個很好的契機，但是由於種種原因，這種知識上的討論漸漸加入了一些非學術的因素而遠離我們的初衷，最終效果變成了非學術的。「規範化」問題除了註釋技術就變成了「誰講規範就是誰想在學術界樹立霸權，因而就該打倒誰」這樣的學術場域中的權力爭奪問題；而「本土化」問題最後變成在中國問題的研究上國內的學者與國外的學者「誰更有發言權」的資格問題。我並不是說這些問題提錯了，而是說我們並不是在學術的維度上來討論這些問題，情感衝動蒙蔽了我們求知的心靈。這樣一種義氣

之爭反映並且強化了中國知識界在 80 年代以來基於研究興趣和私人關係所形成的種種學術「圈子」，這種非學術因素的介入最終導致我們喪失了反思並提升自己的研究的一次機會，從而給人們留下種種誤解。

其實，提出「本土化」的問題最先出現在八十年代的台灣知識界。無論 90 年代大陸知識界關於這一問題的討論是否受到了台灣知識界的啟發，不可否認的是，大陸知識界尤其社會科學界所面臨的問題與台灣當年所面臨的問題具有相似性。這一問題在表面上是中國知識分子對待西方理論的立場問題，而背後實際上涉及到了知識論上的重大問題，即知識是不是僅僅如實證主義所主張的那樣是普適的、客觀存在的？知識與知識的研究者的關係是什麼樣的？這些問題實際上是 20 世紀西方理論中爭論的問題，無論我們是採用哈貝馬斯的「知識三型」還是阿佩爾的知識論，我們都會認識到：知識與知識生產者的認識旨趣是密切相關的。由此產生的一個問題是，當我們不加反思的套用西方的理論來切割中國社會的經驗時，我們是不是同時切割了西方理論與這種理論的生產者的認識旨趣之間的關係，使之成為一種普適化的抽象理論？正是在這種背景之下，我們才提出中國社會科學「本土化」的問題。它不同於「西學為體，中學為用」或種種文化保守主義者在於：這實際上是中國知識分子在知識上的一次自覺，而不是像後者那樣僅僅是一種文化民族情感上的自覺。

因此，在我看來，「本土」與其說是一個實存的客體或一種文化保守主義的立場，不如說它首先意味着一種「態度」，它是我們知識分子與現實發生關聯的方式，是一種思考和感覺的方式，是一種從生活經驗而非概念出發來對待中國問題的方式。換句話說，本土態度意味着我們必須在西方理論與中國經驗的關係中來選擇理論和把握經驗，因此，既

不是從西方的理論和概念出發來尋找中國的經驗材料，也不是從中國的經驗出發來反駁西方的理論。這種態度要求我們把我們自身與理論和經驗的關係一併納入到我們的研究之中。

當然，我並不認為「本土」態度就是中國社會科學走向世界的唯一正確可行的途經。正因如此，需要我們在知識論的前提上加以討論。看看它所依據的知識論是否成立？看看這種途經是否有效？看看我們是否還由其他可能的途經？看看我們這種設問本身是否以知識的名義掩蓋了民族情緒？知識有沒有文化界限？哪一種知識有文化界限，哪一種知識又沒有文化界限？這些問題的討論也許會顛覆我們所就定的「本土」態度。它在知識的開放性面前注定要經受這樣的考驗。遺憾的是，我們的討論並沒有在這些問題上深入下去就草草收場了。

不過，就法學理論的發展而言，「本土」問題的提出又有它自己獨立的意義。我們要是簡單回顧一下 80 年代以來法學理論所走過的路，就會發現 80 年代我們緊跟西方理論，出現了系統法學、法律社會學和行為法學這樣的學派，雖說這些熱鬧場面後來悄無聲息了，但畢竟有一番雄心壯志。直到 90 年代初我們還跟了一陣子，批判法學和經濟分析法學紛紛紹介到國內，頗有一點影響。可是最後發現，西方法學的發展太快了，連批判法學都過時了，哪兒還能跟的過來呀。況且越到後來越邪乎，什麼後現代法學，什麼女權主義法學，什麼批判種族法學看都看不懂了。問題是：這是我們法學或法律要解決面對的問題嗎？至於目前還在蓬勃發展的 ADR 運動，不就是我們的傳家寶調解麼？不過這個傳家寶僅在司法實踐和生活實踐中，已經不在我們法學家的手中了。說調解理論我們比不上美國，說調解模型我們比不過日本，我們還有什麼呀？

正是在我們的研究與西方法學理論的上述關係中，我們才回到我們的本土，也正是我們在於本土的關係中，我們才不斷地訴諸西方的理論。中國真正的法律社會學研究也正是在這種背景下逐步興起的。因此，我們才可以理解為什麼自稱是「現代主義者」的蘇力教授，最最嫻熟的理論恰恰是後現代理論。我們才可以理解蘇力教授所作的種種似乎矛盾的主張或努力，一方面積極尋找中國法制的方案，另一方面鼓勵法律規避；一方面大量地翻譯介紹西方最新的法學理論，另一方面作扎扎實實的「田野調查」。我以為正是像蘇力這樣一批學者對中國未來所作的這種知識上的積極探索和努力，才構成了我們的真正的「資源」。

轉型社會中的法律、認同與權力技術 *

　　法律人類學的研究一直有兩個傳統：一個將法律看作是糾紛解決的機制來研究與此相關的司法制度；一個將法律看作是一種「文化實踐」來研究它在建構社會秩序中的作用。在美國的法律人類學中，從盧埃林（Karl Llewellyn）和霍貝爾（Adamson Hoebel）所採用的「爭紛個案方法」起，這兩種研究傳統就出現融合的趨向。這一趨勢再加上 Gluckman 與 Bohannan 就法律人類學研究的方法論所引發的論辯，使得美國的法律人類學研究在廣泛搜羅經驗材料的基礎上，力求接近「草根社會」中實際發生的糾紛和糾紛解決的實踐，與此同時，在理論上也放棄了「宏觀敘述」，而轉向微觀描述，儘管它所指向的依然是一般理論。

　　Law and Community in Three American Towns（Cornell University Press, 1994）一書正是上述背景下的產物。Carol J. Greenhouse，Barbara Yngvesson 和 David M. Engel 三位作者從 70 年代開始在互不知曉的情況下分別在美國本土進行田野調查，其研究成果也分別發表在法律與社會學會的《法律與社會評論》等學術刊物上。直到 1985 年的

---

* 　原載《中國學術》，2002 年。

法律與社會學會的年會上，他們三人才相互認識，並在討論中發現儘管他們所研究的對象和地區是不同的，但在所關注的問題和理論趨向上是一致的。因此，本書實際上是一本經過加工的論文集。第一部分是三人分別所作的民族志研究。第二部分是討論這些研究所關心的理論問題。

第一章是 Engel 在一個鄉村社區中所作的關於個人傷害訴訟的研究。該社區是一個以農業為基礎的熟人社區。因此，在當地人的觀念中，人身傷害這樣的風險要由個人自己來承擔，金錢也是通過辛苦賺來的。因此，如果一個人由於人身傷害而提起訴訟以求賠償，在當地人看來就是一種「為求錢財」的「貪婪」表現。一旦發生人身傷害事件，也是由雙方熟識的人來調解解決。但是，隨着工業化的進展，「外來人」（陌生人）越來越多。他們與當地人之間存在的不可克服的「社會距離」使得訴訟出現了。於是，法院就成了克服雙方當事人之間的社會距離的溝通橋樑和「文化衝突的戰場」。外來人提起的訴訟不僅是對傳統社區的習慣法體系的破壞，也是對它所進行的表述、解釋和捍衛。

第二章是 Yngvesson 在一個城區法院就負責立案的「辦事員」（clerk）與訴訟當事人之間的對話所作的一個研究。該研究表明，究竟哪些案件屬於法院管轄，哪些糾紛作為「垃圾案」（garbage cases）而排除在法律之外，並沒有一個明確的界限，它實際上是在「辦事員」和當事人之間的相互關係中界定的。其中，「辦事員」（法律的「看門狗」）扮演了雙重角色。他既是法律的執行者，又是社區秩序的維護者。正是通過辦事員所採用的種種策略使得國家的法律不僅僅是強制，而是當事人的自願接受。

第三章是 Greenhouse 在一個城鎮通過訴訟案件的調查，來研究在一個變遷的社區中，人們是如何通過法律在時間和空間兩個維度上來界

定、解釋「當地人」與「外來人」的。以此說明「法律的意識形態」是如何體現人類學家所說的認知上的「差異」和「文化任意性」。

在上述經驗研究的基礎上，第四章討論了人們在法律的敘述中是如何通過「涉入法律」（involvement）與「避開法律」（avoidance）來界定兩種不同的社會現象、兩種不同的價值判斷。而這兩種價值之間的等級制實際上反映了社區內部的政治經濟的等級結構。對這兩種法律現象和價值之間的敘述和評判實際上不斷地再生產着社區內部的這種不平等的權力結構。

第五章討論的是法律一旦進入了傳統的社區之後，就是法律遇到的、國家與社區處於一種既相互聯合由相互分離的複雜局面。由此出現了爭奪對法律的界定和對法院的定位，即法律用國家的標準來解釋還是用社區的道德來解釋，法院是屬於國家的還是屬於地方的。正是在這一爭奪的過程中，國家（法律）滲透到了社區（道德）中。

第六章從「時間」與「空間」的角度考察了社區中人們的「意義體系」。所謂的「社區」實際上是當地人通過地方社會史和個人記憶來界定的。而這一歷史是一個「去時間化」（detemporalization）的歷史，是人們關於其生存境況的故事匯集，而不是故事在時間序列上的編年史。同時，「社區」也不是一個地理上的空間概念，它是人們不斷從正面訴諸的一個使其生活方式有意義的社會空間。對歷史（時間）的訴諸正是人們界定「社區」這一社會空間（好與壞、我們與他們、過去與現在、這裏與那裏）的方式。

在最後的結論裏，作者將上述種種二元對立歸結為平等與個人主義的悖論，同時分析了與此相關的對「社區」的種種道德建構以及現代社會中的權利問題。

籠中鳥：法律制度還是法律理論？*

　　James Brady 將研究中國法律制度的五代美國學者分別化分為「合作者」「冷戰者」「法制論者」「功能主義者」和「馬克思主義者」。按照這種劃分，美國著名的中國法專家陸思禮（Stanley Lubman）是「功能主義者」的代表人。的確，他在 1967 發表的成名作「毛澤東與調解：共產主義中國的政治學與糾紛解決」一文，實際上對著名的中國法專家柯文（Jeremy Cohen）的觀點提出了挑戰，後者主張一種法律的文化觀，認為中國共產黨的調解繼承了中國古老的調解傳統。陸思禮認為中國共產黨的調解並不是對中國古老的調解傳統的繼承，而是一種截然不同的東西，它差不多成功地「改變了調解的過程和功能」。支持這種理論觀點的就是他的功能主義的視角：「政治功能強烈地滲透在調解中，以至於指導着調解人對糾紛的看法以及用來解決糾紛的標準，從而調解的政治功能遮蔽了其解決糾紛的功能。」

　　正是在功能主義的理論路徑上，陸思禮對當代中國法律制度的轉型和演變作了深入的研究。新近出版的《籠中鳥：後毛澤東時代

---

*　原載《中外法学》，2000 年第 3 期，是 Bird in a Cage: Legal Reform in China after Mao,（Standford University Press，1999 年）一書的書評。

中國的法律改革》（Bird in a Cage: Legal Reform in China after Mao, Standford University Press. 1999）一書可以看作是一本論文集，實際上是對他以前關於中國法研究的一種總結。在這本書中，作者全面地表達了自己關於中國法律制度的演變和轉型的理論觀點。當然，在我看來，具體的觀點並不重要，重要的書中所顯示出來的兩種理論範式，以及支持這種理論範式的方法論。

一

第一個理論范式就是作者將自主性的法律與體現為政策的國家政治權力的關係作為理解中國法律傳統的出發點。作者認為在中國共產黨的政治法律傳統中，最為強大的力量是政治意識形態和政治統治技術，因此，法律在中國往往成為貫徹黨的政治意識形態的工具。在本書第三章對調解的討論中，他認為調解已被發展為一種社會動員的工具，一方面是為了解決糾紛，另一方面是提高羣眾的政治覺悟和意識，以此來貫徹黨的主張、維持社會秩序、實現對社會的重建。在第四章對 1949 年以來的法律發展的討論中，着重分析了法律的政治化，這不僅體現在刑事法律，甚至體現在民事法律中。在第五章討論經濟改革與法律的新角色中，尤其闡述了兩種不同的法治觀之間的差距。第九章集中討論中國的法院，分析了法院在邁向知識化、專業化和自主性過程中面臨的困難。總之，政黨國家中形成的這種法律傳統使得當代的法律改革面臨着重重困難。正如書名「籠中鳥」所隱喻的那樣，欲展翅飛翔的西方意義上自主性法律之鳥被困在了政黨國家的政治籠子中。「籠中鳥」曾經是陳雲在 80 年代初描述經濟領域中計劃經濟中市場的困境，

作者認為，這個比喻對於經濟來說已經不適應了，但是剛好可以恰當地來比喻今天中國的司法改革。在書的封面上，畫了一個精巧的中國古典風格的鳥籠子，旁邊附有一行漢字：「依法治國，保障國家的長治久安」。正是通過這種隱喻以及書中具體的分析，作者展示了當代中國轉型過程中法律改革或實現依法治國所面臨的政治困難和障礙。

然而，我們發現作者原來所堅持的功能主義的方法面臨着困境，尤其與其預設的西方法治理念的「籠中鳥」之間存在着張力。他堅持的功能主義方法僅僅是一般的分析策略，而不是社會學理論中功能主義學派的主張，由此功能僅僅作為一種描述性的分析方法。這樣一個描述的分析方法往往導致作者對相關制度的同情性理解，而不是批判。這也正是作者作為「功能主義者」在對待中國共產黨的法律制度（尤其調解）不同於 Brady 所謂的「法制論者」的地方。如果從這個角度看，他提出「籠中鳥」的批判意涵就無法通過他所採用的功能分析來完成。為此，作者只能引入新的分析方法——歷史文化的比較方法，來彌補功能分析的不足。他從宗教觀念、國家與社會關係、權利義務觀念、國家權力與糾紛解決、法律職業和法律多元等方面比較了我們所熟知的那些中國和西方法律制度的不同（參見第二章）。在這種比較的基礎上，他贊同的是法律文化理論和吉爾茲的闡釋意義德「深描」（thick description）理論。

正是在這個地方，我們發現作者採取的觀點和方法等方面面臨着不可克服的矛盾。如果主張「深描」基礎上的文化意義闡釋，又如何與抹煞文化意義的功能主義方法相協調？縱覽全書，我們發現即使在討論中國人當下的法律觀念方面，作者所採用的方法也並不是闡釋意義的「深描」，而僅僅是說明這種法律觀念的功能，尤其是共產黨的傳統法

律觀念的功能，以至於在他看來，法治在當下的中國也成為了一種意識形態。因此，在作者的理論中，文化解釋的「深描」不過是一個說法而已。但是，即使在作者主張的功能主義路徑上，由於他所主張的功能主義導致的是一種對經驗的現象分析，這種分析本身如何確立批判的立場呢？因此，儘管作者認為自己的這種歷史文化分析方法是出於對西方中心主義的觀點和實踐的批評，但是，「籠中鳥」所展示的批評意涵依然是以西方法律制度作為潛在的標準。儘管作者反對「西方中心主義」，但它卻從作者疏漏的理論框架中偷偷地遛了進來。它是作者所主張的文化比較的方法論的必然產物。

二

第二個理論範式就是從國家與社會關係的角度來分析當代中國法律轉型或者法律改革的動力。馬克思主義者在經濟發展與作為上層建築的法律之間建立直接關係。這也是許多海外中國法研究者分析當代中國法律發展所依據的主要理論依據。但是，與這些理論不同，作者並不是簡單地分析經濟的發展如何產生對法律制度的需求，相反，作者提出了國家與社會的理論範式，認為經濟改革導致了整個社會領域中的去中心化（decentralization），從而導致政黨國家的轉型以及非國家空間的出現，如果用政治學家鄒讜的話說，就是全權主義國家開始走向解體，由此導致了整個社會文化背景的轉型（pp.102-113）。在這個理論背景上，第 5 篇分析了經濟改革以及由此導致的法律的全新的角色，尤其是兩種不同的法治觀之間的衝突，共產黨傳統中對法律的理解依然束縛着法律的改革。

　　然而，儘管作者提出從國家與社會、國家與政黨的關係來理解轉型中國的法律改革。但是，令人驚訝的是，這種理論框架僅僅是分析中擺放在遙遠地方的影子，作者並沒有真正利用這種理論框架來分析法律問題。在他的分析中，他更多是集中的話語層面，比如法學界對於法治觀的不同理解和爭論等等。那麼，即使是這種出現在話語層面的異質性的思想和觀點，在這種國家與社會的理論框架中具有什麼樣的意義呢？這種觀點的出現本身是不是意味着確立一種後全權主義國家中國家與社會的新型關係？這種來自法學界或者民間的觀點是不是意味着就已經在構成一個獨立於國家的自主性空間？對於這些涉及到國家與社會關係的重大問題，作者並沒有討論。如果我們在回過頭來看待作者對國家與社會框架的分析，我們會發現作者僅僅是隨手借用了一對概念，就象借用吉爾茲的「深描」概念一樣，並沒有看到這個理論範式本身的解釋力量。在他的分析中，更多地將這個理論用來說明中央對地方控制的削弱和地方自主性的增強，由此導致第９部分在分析法院與政府關係中的地方保護主義問題。

　　既然國家與社會范式在作者的分析中僅僅是個無用的傀儡，那麼作者用什麼理論來分析國家轉型中的法律變革呢？實際上，作者統統用傳統與現實的衝突來理解，這裏所說的傳統當然指的是共產主義的法律新傳統，這種關係實際上暗示前面所說的在西方中心論的觀照下形成的法律與政黨國家的理論模式。因此，作者特別討論了法律實踐中對法律的工具主義態度，法制觀念宣傳和具體司法實踐中的運動風格等等（pp.130-136）。但是，問題在於，現在共產黨的法律主張與傳統的法律主張是一致的嗎？如果像作者主張的那樣認為發生了重大變化，那麼這種變化的動力何在？它與國家之外的社會空間的興起有什麼關係？在這

一點上，作者語焉不詳。正是由於作者沒有認真對待國家與社會的理論框架，他也就不可能區分在國家與社會的新型關係中，國家的策略發生了怎樣的轉型和變化，因此，也就不可能看到新的法律運動不同於傳統法律運動的地方，更看不到他所批評的國家主張的法制理論與其說（正如作者主張的那樣）是因襲傳統的結果，不如說是目前國家與社會關係格局的自然產物。因此，中國邁向法治（可能不是作者所理解的那種法治）的努力並不是寄希望於共產黨放棄自己的意識形態傳統，也不是簡單地寄希望於努力學習西方的法制，而是寄希望於努力改變目前的國家與社會關係的格局。這正是不同的理論範事本身所隱含的政治意蘊。作者雖然借用了學術界流行的國家與社會理論，但是並沒有真正理解這一理論范式對現實的理論解釋力和潛藏的政治功能。

<h2 style="text-align:center">三</h2>

通過上面的分析，我們可以看出全書中理論範式或者理論框架方面的貢獻和可能的缺陷或者不足。基於文化比較導致了從政黨國家與自主性法律之關係的理論角度來考察中國當下的法律變遷以及司法改革面臨的困境，這無疑包含了深刻的洞見。但是，由於缺乏對方法論和社會理解的深入理解和考察，致使對中國法律改革中面臨的問題作了簡單化的處理。深刻的洞見與淺薄的理解的奇特地混合在一起。這恰恰反映了美國漢學中關於中國法研究中自身存在的一個問題。

黃宗智在評述美國漢學界對中國的研究時指出了兩種趨向。一種是老一代的漢學家，他們有非常好的漢語素養，不僅可以說中國話，還可以讀中國的古文，甚至具備中國傳統知識分析的風範。他們強調語言

文化的訓練，但是瞧不起採用理論框架。另一種是年輕的一代，他們的中文素養可能並不好，有的甚至不會說中國話，但是，他們對西方社會理論非常熟悉，因此在關於中國研究中理論創新的能力特別強。如果由此來看的話，陸思禮則屬於這兩代人之間的一個過渡。一方面，對中國文化和社會的熟悉使得他具備了敏銳的觀察力和深刻的洞見。我依然記得和他在北京見面的時候，他對中國政治運作的理解和熟悉程度讓我感到驚訝。但另一方面，他研究中國法的經歷（參見序言）使得他不可能接受嚴格的理論訓練。因此，在這學術研究中理論框架越來越重要的時代裏，他在運用理論時候自然會顯得心不在焉。

當然，這種缺陷不僅是由於陸思禮先生理論訓練本身的問題，實際上也涉及到法律這門學科的性質問題以及這個時代對法律的特殊要求等問題。由於法律很強的操作性和實用性，無疑會降低了法律研究中理論的價值。在冷戰時期，美國官方或者某些學者研究中國法律往往不是為了理解一種不同的文明或者文化，而是為了理解中國作為「對手」或者「敵人」在社會政治方面的運作邏輯，這種研究往往處在情報和決策的層次上。冷戰之後，美國官方或者某些學者研究中國法律往往是出於商業上的考慮，這種研究往往處在法律顧問的層次上。隨着中國加入世界貿易組織步伐的加快，美國的中國法研究也就蒸蒸日上，各大法學院爭相成立中國法研究中心，它們的目標當然是商業的或者政治的，但很少是學術的。在這種背景下，一種發自內心的對法律理論的關注，對一種不同的社會秩序安排方式的關注，對一種不同的文化或者文明的關注，就越來越稀少而珍貴了。而陸思禮教授作為學者和職業律師的雙重身份使得他處在這學術力量和商業力量的雙重擠壓之中，作為代際更替的中過渡人物，處在文化修養與理論範式的雙重要求之中。

　　在這種代際更替、範式轉型和世界格局變化的之際，陸思禮教授的《籠中鳥》一書就成了這種變遷過程的見證。「籠中鳥」的隱喻不僅恰當地描述了當下中國法律改革的困境，實際上也可以用來描述了美國的中國法研究的困境：對中國文化發自內心的關注被困在了西方理論範式的籠子裏，對中國法律學術研究的關注被困在了對華商業利益和政治籌劃的籠子裏。如果說我們可以寄希望於國家與社會關係的轉型而讓中國的法律之鳥飛出政治的籠子，我們又如何才能讓美國的中國法研究飛出商業操作、政治籌劃的籠子呢？

現代化進程中的法制與法學[*]

——對話蘇力

一、中國法制：現代性還是後現代性？

強世功：在中國的語境中，當我們談法律時候，總要面對近代以來的國家轉型所帶來的一系列緊張和衝突。清末法制改革是為了適應從傳統帝國向現代民族國家的轉型，1980 年代以來大規模的法制建設是為了適應從所謂的全能主義國家（totalitarian state）向民主法治國家的轉型。因此，法律在為這種國家轉型搭構制度性的框架的時候，必須面對國家轉型導致的巨大斷裂和張力，比如中西文化之間的衝突、傳統與現代衝突、國家與社會關係的重構等等。也就是說，法律必須面對現代性問題在中國展開所帶來的巨大張力。

這些張力在法律層面上就表現為：法律在什麼意義上是可以移植的？國家法在多大程度上必須依賴地方性習慣的支撐？法律在多大的意義上成為獨立於道德宗教和文化意識形態的力量？法律在多大程度上是

---

[*] 原載《21 世紀經濟報告》，2001 年 7 月 20 日、21 日，刊出時有刪節，這裏是全文。

一個穩定的力量、在多大程度上又要適應社會發展的變化？法律在多大程度上是一個自主性的力量、在多大程度上又要滿足政治經濟的要求、變成社會治理的工具等等。這都構成了我們今天談法律時的一些基本問題意識。

朱蘇力：現代性的問題至少包括了兩個方面的問題，一方面就是你所說的總體性的制度架構的搭建問題，其中涉及到種種具體的問題。比如，國家權力的向下延伸，建立公民意識，國家要有足夠行政管理能力，國家保護公民權利的能力；以及目前談的比較多的司法獨立、法律專業化、知識化等問題；還有支撐法律運作的全民教育問題、公民意識問題和民族國家的認同問題等等。

另一方面的現代性就是所謂的後現代性，後現代性實際上在現代國家一直都存在，只是西方學者在近代、甚至當代才發現，比如福柯講的普遍的紀律規訓的問題，不能因為它到 20 世紀甚至 21 世紀才被討論就認為是後現代問題。因為這些問題實際上是自現代以來一直都存在的，比如紀律規訓中談到的學校是否在訓練現代社會所需要的技能，讓學生學會服從，學會按照官僚、技術功能的方式運作。只是由於西方政治理論當年關注的是，比方說社會契約之類的問題，所以直到福柯談到它，我們才以為這個問題是福柯時代才有的問題。又比如，我們在下鄉調查時發現的所謂門牌號碼和權力空間的問題，我們可能認為這是由福柯等人談到的後現代問題，但是到鄉下一看，這些問題都已經存在，不能因為長期以來西方學者沒有討論，我們就認為這些問題不存在。問題在什麼時候開始討論與問題從什麼時候存在，這兩點是完全不同的。

討論中國的問題時毫無疑問要學習西方，但不能認為所有問題西方都討論完了，也不能認為西方學者討論的就是現代的全部問題。當

然，我也不是說中國和西方的問題就不一樣，但千萬不能以為後現代西方學者討論的問題在中國就一定是後現代的問題，而實際上它們是中國法律現代化的問題。

因此，我在《送法下鄉》中講過，我們討論中國法律與馬林諾斯基（Bronisław Malinowski）討論澳大利亞土人的習慣法是不一樣的。我們明顯看到國家的權力在農村的運作，儘管還不是很強大，儘管要妥協，儘管進入鄉村時由於代理人的問題或其他問題發生很多畸變，似乎是不現代化的法律，但在整個中國法律發展的框架來看，亦屬於現代性的一個問題，即現代化在中國這樣的社會中，進入農村不能採取英美等國家緩慢、自由的延展方式，而是要藉助於國家的強力使法律文化、法律知識迅速地、甚至伴隨強制力往下延伸。這些都是中國特殊的現代性。所以在中國研究法律現代性不能從書本上研究，而是要真正作為中國人來感受中國的現代性。

強世功： 關於現代性與後現代性的問題，法學界有一種流行的觀點認為社會的發展似乎必須經歷前現代、現代，然後進入後現代這樣一個線性、不可跨越的歷史發展過程。就中國目前的發展階段來講，我們面臨的是一個現代問題，比如構建法治等，只有等到這樣一個階段完成以後，才有可能討論後現代的問題。如果我們現在堅持後現代的立場對法治進行批評，那麼這種後現代的批評有可能與傳統的反法治的力量結合在一起，成為中國建立法治的障礙。

朱蘇力： 這種擔心本身是好意，但是這種立場或多或少地是在追求政治正確，因此仍然是一種政治意識形態的立場，而不是學術理論的立場。以前，我們認為階級鬥爭、法律的階級性是唯一正確的理論，所有與此相反的理論在實際中是有害的，因此在理論上也必然是錯誤的，因

此應當禁錮。今天，法治似乎又成了具有政治正確性的理論，因此要堅持法治似乎就是只能「談」法治，「提」法治，只有這樣才是正確的，其實法治並不只是幾個原則，儘管這些原則非常重要，法治其實至少是一種社會治理的狀態，不可能僅僅涉及法，一定會涉及很多因素，在我看來，只要細緻地從學術角度分析這些與法治的相關因素，哪怕分析的是「人治」或「德性」，都是法治的學術問題和理論問題。一個戀愛中的人不會成天把「戀愛」這兩個字掛在嘴邊，掛在他嘴邊的可能只是與之相關的一些事。

在這個意義上，這種觀點還是傾向於把理論簡單地等同於社會政治的工具而已，或者是把法治作為一種意識形態來宣傳。當然，這種宣傳也有必要，特別是對中國的制度轉型來說，但是，這更多應當是宣傳工作，而不是學術研究本身。而且這種觀點總有對其他學者和普通人不放心的心態，怕其他學者走上邪路，受了蠱惑。但是，我要說，如果不是讓學術來競爭發展，我憑什麼敢說我就對，別人就錯了？當然這種分析還是客氣的了。不客氣的是，我甚至認為這裏面未必就沒有一種想佔山為王、害怕學術競爭、限制學術發展的心態。我們必須對自身也有一種批判的態度和敏感。

強世功：除了這種知識立場的上的問題，我認為在理論上，一種重要的問題是我們要區分「觀念史」與「社會史」。我們所理解的前現代、現代到後現代的線性發展首先是一種「觀念的歷史」，是我們通過閱讀西方思想史獲得的印象。但是，後現代思想家所討論的問題實際上是發生在現代、甚至前現代的社會之中。比如，福柯的「權力技術」顯然是一個後現代的概念。堅持法治立場的人認為法治是自主的普遍理性的體現，如果按照福柯的觀點認為法治不過是一種特殊的權力技術的行

使方式，法治主義者一定很不高興。但是，福柯的權力技術所分析的真實的「社會生活」不僅存在於所謂的後現代，甚至也存在於前現代。福柯對證據制度從考驗到訊問再到考察的譜系學分析，實際上證明這種權力技術的普遍性。那麼，你說福柯討論的問題是現代性問題還是後現代性問題？在觀念史上，這是後現代的觀念，但是，在社會史上，福柯所討論的「問題」是普遍的。

因此，在現代與後現代的討論中，關鍵是從「觀念」出發，還是從「問題」出發。我反對將「法治」簡單等同於西方政治哲學家的「觀念」，比如認為法治就是對權力的制約。這種簡單化的理論或者觀念認同不能解釋為什麼作為現代法治象徵之一的《法國民法典》出自獨裁皇帝拿破崙之手。相反，只有真實的「社會問題」出發，我們才能理解「觀念」。

所以，在討論中國的法治問題時，儘管認為權力制約平衡這樣的理論非常重要，但我更關心中國治理技術的轉型，更關心王海這樣的消費者運動所引發的公民權利意識的增長。如果按照通常的線性發展觀的理解，民法典是 18 世紀的產物，消費者保護法是 20 世紀 60-70 年代的產物，如果不是後現代的法律也是現代性晚期的法律。但奇怪的是，在中國法治的權利意識興起的過程中，我們首先接受的不是「合同自由」的觀念，而是「雙倍返還」這樣的觀念。這就是中國的真實「問題」。

就大學的法律教育而言，我們可以現代大體說現代的法律教育是圍繞概念法學展開的法律科學的教育，所謂後現代法律的教育是在法律教育中更多地加入人文社會科學知識的運用，尤其經濟學、社會科學和法律與文學在法律教育中佔有的比重越來越重要。那麼是不是我們目前的法律教育中就應當限制發展法律與交叉學科的研究？

二、中國問題：法律與治理

朱蘇力：關注「真實問題」而不是不加反思地關注一些「大詞」是前些年關於法律學術研究本土化討論中涉及到的一個重要問題。注意，我在這裏說的是法律學術研究的本土化，而不是法治的本土化。所謂法律學術研究的本土化實際上涉及的是法學研究的中國化問題，即對西方理論和方法的關注必須以中國的真實問題為出發點，因為我們所接受的西方關於法治的經典理論實際上是西方思想家在解決他們的時代和社會所面臨的問題時的產物，而我們的當下既不是那時西方社會的翻版，也不是 20 年或 50 年潛西方社會的翻版，因此，在這個意義上看，中國的問題是有獨特性的，我們只有在把握我們面臨的問題的時候，才能做出我們的貢獻，包括實踐中的和理論上的。實踐中的問題就是解決中國的問題，使中國成為法治國家；而這是不可能依葫蘆畫瓢就能完成的。但是，我也很看重理論的貢獻。但問題是，如何可能有理論貢獻？我們一般說來不大可能比英美法學家對普通法有更深的研究，我們可能的是對中國問題的研究，以及從中提煉出具有一般性的理論。當然這很難，但是難也得做，否則我們就只是一些二道販子。而且我還得說，從中國經驗提升出來的理論，只要是理論，有解說力，能解決問題，那麼這些理論並不因此質量差。知識產品和其他產品一樣，最後得靠質量，而不是產地。因此，一定要研究真實的問題，而不是關心「大詞」，或者是以介紹者的口吻談一些國外學者的觀點，與中國問題無關。

強世功：如果和西方的問題相比，在中國的問題有自己的特殊性和複雜性。如果將西方的歷史作為現代化發展進程的指標或維度，那麼

與西方比較，中國是一種「壓縮的現代化」。我們要在近一百年內完成西方在近千年內完成的社會變遷。這就是我前面所說的中國法律面臨的問題意識的特殊性。

我們面臨從傳統向現代的轉型，但由於我們與西方存在着同時性，我們現在就已經深切感受到了後現代性問題，比如你剛才講過的一些問題。在這些問題中，有一個問題特別重要，就是法律與治理的關係問題。在西方，12 世紀羅馬法復興到 18 世紀資產階級法治的建立，法律在西方主要是作為一個獨立的要素，以獨特的法律思維、法律知識、法律技術、法律共同體、法律機構等等這些法治的要素，對政治權力形成某種制約。但是，在 19 世紀開始，法律成為解決各種社會問題的治理工具，比如人口問題、犯罪問題、貧困問題等等，正是英國的《濟貧法》拉開了福利國家的序幕。

而中國向現代國家轉型中，由於世界體系的形成，中國面臨的迫切問題首先是現代化推動的社會治理問題，比如國家政權建設、農村的土地改革、婚嫁家庭問題、移風易俗的問題等等。由於沒有強大的法律傳統，也沒有形成類似西方法治的構成要素，法律就簡單地變成了社會治理的工具。而 80 年代以來法治建設，就是將法律逐步從這種治理工具中解放出來，將法律作為一種獨立的自主性的力量。我們現在強調法律的專業化、提供法官的法律素質、進行司法改革、努力實現司法審判獨立等等。如果以西方法治的發展作為參照系的話，中國的法治發展似乎是一種逆轉的西方法治歷史。這可能正是中國法治發展的特殊性，儘管這種發展剛剛開始。

朱蘇力：我同意你的描述。如果十年前還可以說中國在追求現代的話，那麼現在確實有很多後現代的因素，比如我們經常會有惶恐、焦

躁的感覺，不知朝哪去，以前還追求像西方那麼發達富裕，而現在很多人卻處在沒有目標的狀態，就是存在主義的「煩」的狀態。還有比方消費主義、環境保護的問題，這些問題已經就在我們身邊。當然，許多所謂的現代問題也沒有解決，例如社會保障、市場經濟、司法獨立、社會分配正義等等問題。因此，在一定意義上說，這些問題幾乎是一起進入我們視野的。這些問題對於學者來說，幾乎沒有誰先誰後的問題，因為學者是在他的學術傳統中說話，因此在這個傳統中，某個問題最重。例如對我來說，可能最關心的法律問題；而對經濟學家來說，可能最重要的是經濟。不能用這些問題在社會關注層面上的重要與否和先後秩序來規定學者的研究，那樣還是計劃經濟。其實學者有自己的選擇，也許與社會的關注點不完全一致，從社會分工上來看，未必不是一件好事。不能大家都關注所謂的「社會熱點」問題。

在這個前提下，我認為後現代實際上只是在討論現代學者沒有討論到的一些問題，或矛盾的現象。我們應該保持一個開放的態度去理解現實。你說的我們與西方相比是一個壓縮的、甚至逆轉的過程，我同意前一種壓縮的說法，倒不一定同意是個逆向的過程，我更傾向於而認為是一個互動的過程。

西方現代法治的產生有很多支撐性的東西，而中國到 80 年代後期才可以說真正有法治的東西，以前即使講法治還是作為意識形態來談，沒有法律職業、法律技術，只是民法刑法上稍微有一些技術性的東西，而許多其他的部門法，比如最初的科技法、經濟法，都缺乏細緻的技術，更沒有像反壟斷法這種應用經濟學分析的法律。

因此，不能說 80 年代之前就已經開始進行治理了，那時也許只有「治」，沒有「理」。因為治理需要一種專業化的能力。而那時我

們缺乏這種能力。首先是官員的培訓不行，我們是依賴意識形態培養出來的官員，大學社會學科的教育薄弱，知識結構陳舊，採取的是訓練文人的方式。這給我們這批知識分子帶來很多問題。比如，70、80年代許多法學家熱衷於討論「法治」與「法制」的概念區別、法律的本質這種宏大的命題，這表明法律學習還比較意識形態化。直到90年代，隨着市場對法律的需求，法律的技術才開始得到更多重視，逐步發展起來了。

所以我認為這是一個反覆互動的過程，會持續較長的時間。而法律要真正成為治理的工具，需要經濟學、社會學、政治學等多學科的發展，也就是說要有一種福柯講的「gaze」的概念，即「對目標的凝視」：知道我們的對象究竟是什麼，有什麼特點，在此基礎上，才可能能有效的治理。否則即使有了這套技術，不知道對象本身的特點也是不行的。

以前意識形態宣傳較多，現在國家也在注意培養官員、訓練官員，國家經費多了，就用來提升官員的工資，使官員更像現代的官僚、國家的代理人。例如國家開始把西部開發、農村費改稅問題納入法律的框架解決。在這些過程中，經濟學家、社會學家做得工作多一點，主要因為他們的知識轉型完成得比較快，而法學家做得還不夠。但法學界如今出現了很好的現象，年輕學者在關心宏大問題的同時也更加關心具體的、越來越技術化的問題，而且許多律師、法官包括法學家都在重新充實自己。

因此，在短短的二十年間，才有了不斷的互動。當然這種互動會出現很多問題，許多問題往往是社會中少數冒尖的人把這些提出來，但社會還沒有各種支撐力量，包括技術的、財政的、管理的等各方面的力

量，來真正推進它，因此可能需要回頭做補充工作，不光是知識上的補，還有技術等一系列的調整。例如司法改革，我覺得不遠的將來就可能會出現大的調整，如今法院案件越來越多，法院變成了解決糾紛的主要的、如果還不是唯一的部門的話，法院能不能承受這種壓力就會是個問題，而且這樣的法院也就不可能成為確認規則的部門。因此，要讓法院成為法院，必須要有某種制度上的調整，實現糾紛解決的分流，包括民間自行解決，行政部門解決以及其他方式解決。法治意識形態化的做法之一就是把一切糾紛都趕到法院去。

強世功：正是在「治」與「理」之間的互動關係中，我們可以看出中國現代治理技術的轉型。80 年代之前的「治理」並不是一種理性的科學的治理，但是，它有一套成熟的、精緻的治理技術，比如羣眾路線、批評自我批評、整黨整風、說服教育、調解批鬥等等。這種治理技術實際上是針對「靈魂」的治理，是對「思想」的凝視（gaze）。

現在，這種治理的技術很少使用。即使使用也沒有什麼效果。我們忽然發現法律是一個特別重要的治理工具，通過立法、司法進行治理。法律的治理獲得了意識形態的合法性。無論什麼都似乎想通過法律來解決，甚至制定西部大開發的法律，這種對法律的誤解、對法律的迷信有可能最終會破壞法治。因為法律承擔了它所不能承擔的任務時，法律就發生的畸變。比如用法律來治理「包二奶」的社會問題就引起特別的爭議。因此，在法律的治理之中，一定要反對法律萬能論，法律要有所節制，有所為有所不為。

儘管法律的治理會出現一些負面的效果。但是，正是在對法律的期望中，我們看到了對新型的治理技術的探索和追求。只有考察這種治理技術的變遷，以及這套治理技術背後的知識的變遷，才能感受到中國

現代社會的變遷。

從這種治理技術的轉型中，我們才體會到現代社會的複雜性，而且這種複雜性越來越明顯。在一個複雜的社會中，無法治理人的「靈魂」，只能治理的人「行為」，這正是法律治理的特徵。這些年，中國最大的變化就是治理技術的積累，比如稅收技術、財政技術、金融技術、司法技術、管理市場的技術等等。管理一個複雜社會，尤其是中國這麼大的一個國家需要很精緻的技術，只有具備了成熟的治理社會的技術，我們才能構建治理國家政治生活的技術——法治、憲政、民主也是一種技術。因此，我們不能將中國的法律治理混同於西方的法律治理，我們要區分法律作為治理國家的技術和作為治理社會的技術。

我前面所說的都是法律的社會治理，在西方，法律的社會治理是在國家政治生活的法律治理完成之後進行的，也就是說在法治、憲政和民主政治的框架內進行的。而在中國僅僅強調法律的社會治理就忽略了對國家政治生活的法律治理。因此，我們不僅要談作為社會治理技術的「法制」，還要談作為國家政治生活治理的「法治」。在這個意義上，法律不僅要在法學社會學傳統中的法律技術的意義上來理解，也要在政治學意義上的自由主義、民主憲政的意義上來理解。

您關心的是法律家知識傳統中的法制，與政治尤其是意識形態沒什麼關係，法律就是一套解決問題的技術，而這樣的問題主要是社會問題，而不是政治問題。在這個意義上，您的觀點可以說代表了 90 年代以來法律意識形態的主流觀點，即法律就是法律，是一套解決問題的技術，而不必然與政治結合起來。「多談問題，少談主義」，可能是這種法律意識形態的特徵。

朱蘇力：很難說我的觀點就代表目前中國的主流，在什麼意義上代表主流，而且誰敢代表，誰能代表。從當前法學界來看，實際上佔主導話語的基本上還是政治意識形態的，比如法治中心主義。如果說代表了一些人的觀點，可能針對的是下一代學者，他們比較熟練掌握技術能力。我努力在為更技術化、更治理化的法學奠定理論上的基礎。

另一方面，我也有很多懷疑主義的因素。比如我比較贊同馮象講的強調法律專業化就是製造更多法盲的過程。比如，我也懷疑，現在討論的法律共同體是否是法學家羣體為了征服法官羣體制定的一種戰略，事實上的戰略。

在這個意義上，我又是試圖跳出法律的主流話語，作為社會思想者，一個儘可能冷靜的旁觀者，來反思一些法治可能存在的問題，我不願意為了法治犧牲像當代秋菊這樣渺小的也許在這個世界上注定要被消滅的願望。我覺得法律應當更具有豐富性，特別是針對中國這樣一個大國，這樣複雜的情況。當然這種冷靜實際是靠熱情作為支撐的。沒有內在的熱情，你根本就不會關心這些問題，更談不上冷靜。

強世功：你剛才說的似乎是一個悖論。首先要從法律人的角度來看法律，法律就是規則，要建立專業化的知識，建立法律共同體，但與此同時，如果從另一個視角來看就會發現，建立法律共同體意味着知識壟斷，要製造更多的法盲，這種專業化知識背後又與權力、職業羣體的利益聯繫在一起，同時，法制的進程會犧牲到像秋菊這樣的人的感受。這是現代法制建設的很大的悖論。

問題在於法制所帶來的問題是在法制的基礎上來解決，還是在非法制的基礎上來解決？我想你也會主張前者，儘管不無遺憾。因此，我倒覺得，現在問題是還沒有這樣一個法律共同體。社會的發展和變化很

大程度上依靠於技術的積累，技術背後知識的積累，也是與之相關的知識羣體的積累。如果現代社會沒有專業化的法律，沒有法律共同體，沒有良好的職業羣體，那麼良好的法治不可能僅依靠政治變革或者意識形態建立起來。

在這些方面，我同意你的看法，現在對經濟的治理、對社會的治理越來越依賴於經濟學家和社會學家。80 年代以來，所有的經濟治理很大程度上依賴於經濟學家，儘管他們出錯、常受到批評，但國家在宏觀經濟、微觀經濟決策時受他們的影響很大。

朱蘇力：也就是說作為普及的知識，經濟學已經為所有的企業家、政府官員必須考慮，比如機會成本的問題，收益最大化的問題，哪怕計算錯了，但必須從這個角度考慮。而法律家還沒有做到這一點，因為法律職業者、政府官員和民眾還沒有建立起這種法律技術的共識，尤其是法律技術中程序技術的共識。

但是我從來不認為法制帶來的問題只能以法制來解決。首先，法制帶來的問題也許不僅僅是法制的問題，而可能是社會的問題，例如秋菊的問題；因此必須眼界更開闊一些。其次，我的懷疑主義甚至會更重一點，有些問題是否一定都能解決？是否存在沒有問題的社會？是你的問題還是我的問題？問題對不同的人並不完全一樣。對這些人是解決問題的辦法，可能會成為另一些人的問題。例如鄉鎮企業是解決農民貧困的辦法之一，但對他們的下一代可能就會造成污染問題，甚至對昨天的他是解決問題的辦法，但對今天的他就是該解決的問題了。我不設想有徹底解決所有問題的一天，兒孫自有兒孫的福，我們也許首先解決我們面臨的問題。也許我太實用主義了，太目光短淺了。也許是，也許未必。

三、立法與司法

強世功：後現代對現代性問題的反思有可能為新的制度提供可能性，有可能使我們找到解決現代性弊病的渠道。我們在邁向法治的過程中，應當關注法律現代性本身所帶來的問題。

就中國的經驗來看，70 年代末期我們提出社會主義法制的概念，由此導致了大規模的立法，中國法制進入了一個「立法時代」，大家對法治的印象就是什麼東西都要立法，要有規則。於是，法律在人們心目中的印象就是規定你可以做什麼，不可以做什麼。

90 年代中後期開始提出司法公正，推進司法改革。中國的法制進程可以說進入了「司法時代」，人們對法律的理解開始從規則轉向了審判。這個轉向實際上意味着將法律理解為規則本身的局限性，因為規則可能是無效的規則，也可能是不合理的規則。司法公正不僅要求法律規則在實踐中是有效的，同時也必須是公正合理的。

因此，這 20 多年來法治的進程不僅在制度上的逐步推進，而且也是法律觀念上的不斷更新，對法律想像的不斷更新。其實，社會事實就是建立在想像之上的，當人們的想像發生了變化，社會實事也就會發生變化。我們今天經常談到西方的經驗、談到歷史的教訓，其實真正的西方是什麼，或者真正的歷史事實是什麼不重要，重要的是人們如何談論這些東西，人們是如何想像「西方」和「歷史」的。這種想像構成了我們今天真實社會生活的一部分。因此，「法律是什麼」實際上依賴於法學家對法律本身的想像。

當人們圍繞立法活動來想像法律的時候，法律就是一種命令，就是一種體現國家意志的工具，就是一種治理社會的工具。這時，「有法

可依、有法必依、執法必嚴、違法必究」就自然成了法制的原則。

當我們圍繞司法活動來想像法律的時候，法律就是一種公正的判斷，甚至是超越國家權力的公平裁判，它是實現社會正義的渠道。在這種意義上，法制的原則就成了要求司法公正、要求程序正義、要求司法獨立等等。

朱蘇力：制度推進是一個方面，但是，法律話語的變遷又是另一個方面。法律話語的變遷或許與法學家尋找新的經濟增長點而不是知識增長點有關。對司法的重視可能因為法律職業的發展，許多人包括法理學家、訴訟法學家都從其他方面轉向對制度的研究，但是再過五年，這個問題可能會過去。

我覺得下一個問題可能還是要回到政府的規制，這次回去不是一般的立法，而實際上是執法，是另一部分執法。我們說司法是正義的最後一道門檻，但是為什麼別的都不行了，讓最後一道門承擔那麼重的社會責任？在法治社會中，絕大多數糾紛並不是到法院解決的，法院是要確立規則，而真正的執行是在政府部門，司法訴訟要是這樣膨脹下去，司法部門會被壓垮。在一個比較理想的制度下，絕大部分法律的執行應該是在政府部門，絕大多數糾紛則會由社會的各種機制依據相對統一的規則來解決。

從經濟體制改革、政府職能改革以來，中國就已經在解決這樣的問題，即糾紛如何在行政部門解決，而不是都推到法院去。比如警察罰款、許可證、執照等問題，這些問題很可能將來不進入法院，而是大量的在政府部門解決。

也許有人會說，這樣會不會強化政府，損害司法。其實，在一定意義上，把法院作為糾紛解決部門實際是把法院當作政府，這就表明法

院還沒有真正定位。將來法院的進一步定位就是要把法院作為規則的確認和調整的部門，把政府更多的作為糾紛解決部門，這就需要除了大量的嚴格執法的官員以外，政府內部重新調整戰略，例如許可制度等都會有重大變化，而且會更多受到社會科學如經濟學、政策科學等的影響，要考慮效率問題，把問題逐步分流，使實際流向法院的案件減少。

法院和法學界乃至整個社會都必須更清楚地意識到，通過提高訴訟成本，把大量案件轉移到行政部門解決，不僅有利於公正，而且有利於效率。不能把過於沉重的負擔壓到法院，否則法院承受不起，而且必然會腐敗，因為當法院變成了一個主要的糾紛解決部門，與其他政府部門差別不大時，尋租的可能性就增大。

此外，其他社會機制也應當同時發揮作用，包括在一些小的糾紛上，不涉及基本權利或重大利益的糾紛上，人們通過其他的機制，包括相互妥協、信用、日常生活的合作與不合作，可以獲得一種秩序。現在不少人講「為權利而鬥爭」，當然重要；但是如果把這種口號意識形態化，丁點兒事也要對簿公堂，就「上升到路線高度」，實際上就可能是另一種方式的「鬥爭哲學」。

強世功：這種從規制的國家向非規制的國家轉化的過程，在西方是一個相當長的過程。在中國，由於是一個壓縮的現代化，西方幾百年中完成的建設我們必須在幾十年內完成，西方在不同的歷史時期中經歷的東西我們必須在同一個歷史時刻中完成。比如，西方人權的發展經歷了 18 世紀的經濟權利、19 世紀的政治權利和 20 世紀的社會文化權利的緩慢演進，而這些不同的權利類型以及這些不同的權利類型所需要的政治、經濟、社會文化條件對當下的中國同時提出了要求。

正因為如此，中國的社會轉型不可能在一個有序的過程中進行，

總是在同時進行。一方面我們在放鬆政府管制，另一方面我們又在加強管制。問題的關鍵在於哪些管制應當放鬆，哪些管制應當加強，我們似乎不很清楚，因此，政府對於社會問題總是處於一個應急的狀態中，今天基層工作出現了問題，就加強基層的組織建設和民主建設，明天財政稅收出了問題，就加強打擊走私和偷稅漏稅的力度，後天市場秩序出現問題就加強工商管理部門的工作。

其實，在這一點上，西方有些成熟的經驗可以借鑒。尤其是在放鬆國家管制的同時，應當加強社會組織自身的能力，充分依賴市民社會管理自身的能力。在這個過程中，要處理幾個關係問題，比如如何處理政府與市場的關係、政府與社會的關係、社會與法律的關係等等。

在處理這些問題的過程中，逐步確立法律在社會中的地位。原來法律是政治暴力的工具，後來提出為經濟建設保駕護航，現在又強調社會公正，這些都反映了不斷尋找法律的位置。

從立法的角度來講，原來立法針對的是老百姓，現在回過頭來講到規制問題，就不僅要為社會立法，還要為政府建立規則。由此通過法律劃定國家、市場、社會之間彼此的界限、通過憲政這樣的程序性建設為三者的互動提供支撐性基礎和規則。

我同意您對法院的看法，法院應當成為確認規則的機構，而不是糾紛解決的機構。但是，我認為要區分高級法院和基層法院，前者作為規則確認機構，後者作為糾紛解決機構。我的一個比較激進的方案是：建立中央法院和地方法院兩套體系來區分這兩種功能。這樣讓地方法院承擔起社會治理的功能，讓中央法院擔負起維護法律規則的功能。我們可以將最高法院、高級法院和中級法院變為中央法院，將基層法院變為地方法院。這樣更主要的是可以解決司法的地方保護主義。

目前，在新一輪的改革中，正是要處理上述幾種關係。在這個過程中，知識分子在提供知識和制度設想的可能性上很重要，即在複雜的關係中提供什麼樣的可能性，在政府、社會之間建立比較恰當的關係。

朱蘇力：其實，我們一直在借鑒外國。但是外國並不是鐵板一塊，也是多種多樣，因此，究竟借鑒什麼，這就不是一個提倡不提倡的問題，而是要具體地借鑒。這就有一個判斷問題。判斷不可能通過借鑒完成，而必須具體細緻地研究問題。因此，問題又回來了，要梳理問題，研究現實，需要社會科學知識，而不是價值判斷，至少不僅僅是價值判斷。

比方說，社會自組織的問題。僅僅說政府放鬆規制，讓社會自組織從長期看無疑是對的，但是在短期可能出問題。廣州潮汕地區，政府不管市場，假貨到處都是，結果商店甚至打出本店沒有潮汕貨，外資撤出，結果政府不得不進來干預。又比如公民權利保護的問題也是如此，如果政府不保護或沒有能力保護，那麼許多人就不是「公民」，而是社區成員，他享有的權利就不是「公民權利」，而是隨社區而變化的「權利」，某種受到地方性限制的權利，甚至有時就是沒有權利。

因此，不能把「社會」本身神化，也是必須具體分析。美國內戰、戰後修正案以及 1960 年代的民權運動在一定意義上就是要消除社會對人的「公民」權利的限制和剝奪，要建立一個更強大的保證自由、正當程序的聯邦政府，就是要建立一個統一市場和政治框架中國家。中國現在也有這個問題。因此，不是籠統地講減少規制，其實法治的一個維度就是增加規制，但必須是清醒地、基於具體的分析，一旦當成運動來搞，就會出問題。

我不贊同建立兩套法院體系，儘管我曾經看到這個問題，從這個

角度思考過。因為當我們看到兩套體系之好處時，也必須看到其壞處以及成本。兩套法院，機構增加、人員增加，而且在目前的條件下，很難保證增加的人員都嚴格守法，國家和地方財政上能否支持，司法是否會進一步行政化等等。而且更重要的是會出現兩套規則體系，也就是兩套法律，會發生衝突法的問題，更多的程序法問題，律師的知識也都會要整個發生變化。這甚至不是一個成本問題，而是民眾的預期問題，法律依賴問題，還有防止腐敗的問題，因為兩套體系有法律銜接問題，給人更多腐敗可能。應當看到，規則統一化是大趨勢，歐盟比較典型，北美經濟區，其實最重要的就是規則體系逐步統一。如果我們僅僅看到兩套法院體系的好處，有可能出問題。沒有相當地把握，社會不應當輕易進行大規模的試驗，甚至就不應當。

但是，這個思路不錯。我以為應當在司法內部進一步分工。對於這些制度性的建設，我有時候還是比較悲觀，覺得知識分子如果看穿了的話，也許不會那麼有信心。儘管我希望做得好，但經常會感覺到很惶恐。如果說在知識傳統上還比較好做，但真正進入實踐就很難，因為道德責任太大，責任太大。這不是一個好心壞心的問題，我自己的研究錯了，也就是沒有人理會，或受到批評而已，而一旦付諸實踐，至少是多少資源，財產，甚至身家性命，不能不非常非常慎重。這是法律家的職業特點。

強世功：制度形成的過程，包括社會變遷，是一個公共選擇的過程。正像你說的，知識分子可以建立法學，但不能建立法制。不過，法制的建立作為一個公共選擇的過程，知識分析的知識本身已經參與到了這個選擇的過程中。

知識是一種信息，知識的傳播會改變人們的預期，改變人們對事

物的認識，改變人們的價值趨向，改變人們的效用函數。以前政府認為什麼事情都應當自己去管理，但是，如果我們告訴政府：有些你不擅長管理的事情就不要管理，否則管不好出了問題都是政府的問題，最好將這些麻煩的問題交給社會自身去管理，這樣可以減輕政府的壓力。比如，國有企業職工下崗就找政府的麻煩，而私營企業的職員被老闆抄了魷魚只能自找出路。在這個意義上，政府何苦要背上下崗職工的包袱？除了國家保障的重點領域之外，屬於市場競爭領域的還是將國有企業私營化好了。

因此，在這個社會轉型中，知識分子的作用尤其重要，他要告訴政府，什麼樣的政策或者制度可以使政府化最小的成本實現最大的收益。只有這樣，政府才會推動改革。我們可以看到，幾十年的改革中，人們獲得了好處，政府也獲得了好處，政府之所以採取改革往往是由於意識到這樣的改革可以獲得更大的利益才進行的。

由此，在變革社會中，知識分子的作用相當大，因為他們所生產的知識改變了人們的行動方向，改變了政府決策的方向。這也是我一貫強調技術和知識的原因。當然，知識分子不是一個人，而是一個群體，其中肯定有分歧，那麼就讓這些分歧進行理性的辯論，至於公共選擇的結果可能與知識分子的預期無關。

朱蘇力：從這裏可以看出一個問題，就是法學的資源不夠。多年前，我就說過，法學界的最大問題已經不是敢不敢解放思想，而是有沒有資源來解放思想。破很容易，但用什麼替換。不是用意識形態來替換，而是要使你覺得不錯，我覺得不錯，大家都覺得不錯，不僅是方案，而且是結果，才行。因此法學的知識轉型很重要。在這個過程中，法學家應更多的與其他社會科學家聯起手來。

　　我很高興看到現在法學院的學生越來越注意與其他知識的融合。但目前在法學學者中，由於知識傳統的限制，還有社會的預期的限制，會造成學者及法學院學生對自身的估量不足，甚至更多的強調政治抱負，而不重視專業技能。我不是說人不應有政治抱負，而是說現代的政治抱負一定要有對國家、對社會更深入細緻的理解。在這個意義上，法學界要承擔這個任務，法律職業要訓練出這種能力，還需要很長（時間）的努力。

四、審慎、知識與司法獨立

　　朱蘇力：二十多年來，中國的法制進程獲得了長足的發展。法學界應該對二十年變革過程中實際已經發生的制度的、憲政架構上的變化進行更細緻的分析，對其進行理論上的論證，把它作為知識匯集起來，這對中國的憲政改革很有意義，因為我們學到的憲政運作與實際上的憲政結構不一致。

　　當然，這不是要凝固現有的制度，而是一種知識的累積，比如究竟如何運作，為什麼調整以後的運作才有效，對這些應重新研究，包括實證研究，也包括對西方許多基本理論的研究。比如，對最常引用的孟德斯鳩的三權分立學說，要進行細緻的研究。司法獨立之後如何防止司法的腐敗？為什麼獨立的司法比獨立的行政更可信等等。只有對這樣一些理論問題進行更為細緻的、可以操作性的分析，對這些知識傳統加以清理，並結合我們當代中國的實際經驗來驗證，而不是作為意識形態來接受，我們才能能真正地將西方有價值的理論和中國的實踐中可行的操作方案積累下來，以知識的方式積累下來。在這個過程中必須在經驗層

面上對現有理論進行重新考察，豐富它，發展它，提出可能存在的問題，提出我們自己的看法。

強世功：關於理論與實踐的這種關係，我基本上贊同你的看法。尤其是對於西方的理論，我們不僅要在觀念史的意義上來考察，也要在社會史的意義上來考察。

比如司法獨立。如果僅僅從觀念上來考察，之所以實行司法獨立就是因為司法是一種理性的判斷，是一種最不危險的部門，司法獨立是通過分權來制約王權的重要機制，這些說法都是我們耳熟能詳的。但是，從社會史來考察，司法獨立實際是在絕對主義國家興起的時候，加強中央集權的重要手段。

如果我們再回過頭來考察今天司法公正、司法獨立努力，除了司法腐敗的原因，很大程度上是改革開放以來，中央的權威或者國家能力不斷削弱，尤其是地方保護主義妨礙了經濟的發展和社會秩序的穩定。現在，我們都知道法院體系越來越變成地方政府的一部分。「地方法院」已經變成了「地方的法院」。只有實行司法獨立，才能擺脫地方政府的干擾，使得司法的力量成為執行法律的力量。如果我們不進行社會史的考察，就看不清某些制度的真實變遷。

因此，我認為應當將司法獨立放在中央與地方的關係框架中來思考。改革開放的二十多年實際上是中央「放權讓利」的二十多年。但是，在這個過程中，中央的權威和能力越來越受到地方的制約。尤其國有企業面臨困難的時候，中央就出現了財政危機。正是中央的財政危機，導致司法機關甚至軍隊為解決吃飯問題捲入到經濟領域中去，或者更加依賴於地方財政的支持，由此導致了種種問題。

因此，如果要樹立中央的權威，中央就必須有必要的汲取財政的

能力，其實稅制的改革和金融體制的改革很大程度上就是為了這個目的。現在，司法改革不僅應當以司法公正為目標，而且應當以強化中央的權威為目標。在現代化進程中，沒有中央的權威是不可能完成的。

　　朱蘇力：現在越來越可以看出，司法是一個獨立的確認執行普遍規則的部門，它既脫離不了立法部門，也脫離不了行政部門。立法部門確立規則，行政部門執行規則。當然我不是說三權分立學說是錯誤的，但我們至少應知道，法院的最主要的職能是在個案中判斷執行哪一個普遍規則；在普遍規則與特殊規則發生衝突時，在絕大部分情況下，應當重申並堅持普遍的規則，而非特殊的規則，如果起不到這個作用，司法獨立就沒有意義，因為我們不能想像獨立的法院就一定比獨立的政府更清廉，而且即使清廉公正，這個法院或法官也只是一個「清官」，是政務官，而不是現代意義上的法官。

　　強世功：我們在理解三權分立時，即使從觀念史意義上講，還漏掉了重要的共和傳統。共和傳統的一個重要前提是承認社會由不同階層所構成，不同的社會階層不僅代表了不同的生活方式，也代表了不同的品德或德性。一個穩定的社會或者良好的政體不是一個階層對其他階層的統治，而是混合政體，不同的階層、不同的德性都要體現在政治生活之中。

　　所謂的三權分立不僅是根據社會功能對權力的劃分，而且是根據不同的德性進行的劃分。比如，立法代表了大眾的流行意見，這些意見是易變的，是不可靠的，所以才有所謂「媚俗」的說法；行政代表了權威，代表了追求榮耀；而司法代表了均衡權利衝突中的一種審慎。所以，因此，政治家的德性與法官的德性是不同的。這種共和的思想不僅體現在政治權力結構的安排上，而且體現在司法實踐中。比如，陪審團

與法官的區分，就是要讓法官代表專業化的知識和真理，而讓陪審團代表普通人的健全的常識和理智。

朱蘇力：這一點我在上課時講過。許多人認為要讓最優秀的法學院學生當法官。而波斯納就說過，不應當讓最優秀的法學院學生當法官，因為最優秀的學生常常都有些怪癖，比如知識上的怪癖，距離普通人的生活遠一些，因此更可能做出不合情理的判斷。美國在 70 年代任命 Blackman 法官時，曾經提名過兩名法官，其中一個在法學院的成績較差，水平一般，因此許多人反對他，說他很笨。一個參議員替他辯護說，「是，他是很笨，但是美國也有很多很笨的人需要在法院裏有代表。」在中國，沒有人敢說這樣的話。

美國從上世紀初開始始終有一個猶太人的代表，持續了很長時間，60 年代後有黑人代表，80 年代開始有婦女代表，持續多久我們也不太清楚。這至少表明法院不是像我們設想的那樣完全是一個智力性機構，而是一個政治機構，而政治智慧未必就是法學院學業的好壞。對美國政治最有影響的法律家恰恰不是法律上最優秀的，而都是政治家出身，比如馬歇爾（John Marshall），沃倫（Earl Warren），塔夫特（William Taft）等。在中國，法學界表面上反對人治，主張法治，但中國現在講的法治是有賢人政治的影子，柏拉圖的哲學王治理的影子。這表明中國的法學界對法院機構的政治性功能認識得不很清楚，往往很容易認為學術上好，政治上也能處理好。這些學理的問題都需要澄清。

強世功：我想其中的關鍵在於區分理論理性與實踐理性。司法裁判面對的不是普遍的一般情況，而是具體的案件，要面對具體的人和特殊的事。而且在許多案件中，並不是對錯截然的判斷，而是「公說公有理，婆說婆有理」，這就是經常所說的「疑難案件」。在訴訟中，當

兩種同樣重要的權利發生衝突的時候，就需要均衡、判斷、裁量。因此，法官需要具有實踐理性和實踐智慧，需要敏銳、有洞見，而不是純粹的書本理論能力。我在法律人共同體的文章中就提出，優秀法官應當是一個歷史學家，他能夠傾聽時代的聲音，感受時代的變遷，把握時代的精神，從而推動社會的進步；他同時應當是一個社會學家或經濟學家，能夠分析社會力量和社會結構的變化，通過社會利益分配與均衡來維持社會秩序的良性運行。

儘管如你剛才所說的，美國的最高法院體現了各種利益的代表。並且許多著名的大法官不具有學術出身或者法律教育的背景。然是，正如前面所說，法院的制度設計本身就是為了體現理性知識的累積。因此，不同社會利益在法院中的反映，在技術的層面上就應當不同於這些不同的社會利益在議會或者政府中的利益的反映。

如果說議會或者政府中的政治決策是一個公共選擇的過程，是通過直接的投票來反映不同社會階層的利益的話，那麼，法院是通過司法判決中的法律推理來表現的。通過司法推理，不同的政治主張、社會理論、意識形態和社會利益進行公開的、理性的辯駁和推論。這種辯論不同與議會或者政府決策中的辯論，後者很大程度上藉助於修辭的技術，追求在很有限的時間中打動人心，而司法判決中儘管有修辭的成分，但是，司法判決中的辯論很大程度上是建立在一個理性的法律知識的基礎之上，比如概念法學的傳統或者普通法的傳統。

所以，在政治設置上，儘管法院也是一種政治，但它是一種不同的政治，它更多的依賴知識上的精英化。美國聯邦最高法院的大法官無論是否受過法律教育、無論具有什麼樣的政治背景，但是要想成為著名的大法官必須要通過司法判決做出法律知識上的貢獻。就你常常提到的

大法官馬歇爾，儘管是一個政治家出身，而且在馬伯里訴麥迪遜案件中體現出一個法官避免將法院捲入到政治鬥爭中明智之舉。但是，馬歇爾之所以成為著名的大法官並不是因為這種政治上的明智，而是因為他的一系列判決確立了司法審查、合同自由等等的法律原則。

朱蘇力：但這種判決也是一種政治力量的運作。比如，一個法官知識很高，但是很孤傲，不能調動其他法官，那他就無法獲得判決。因為這時智識上的優勢並不一定特別重要，重要的是一個判斷，比如是否到了需要廢除種族隔離的時機，這種判決是否會獲得國會的支持，做出這個判斷以後，能否獲得其他法官的支持等等，這些考慮就非常重要，而這些東西往往被人們忽略了。

強世功：的確，一個好的司法判決是因為它適應了社會或者時代的要求，而不僅僅在法律知識上是正確的。在這個意義上，司法判決尤其需要法官的明智與判斷。由此，我們可能觸及到司法理論中的一個核心問題。

一方面司法建立在獨特的知識基礎上，而且必須以這種強大、成熟的法律知識傳統為依據，正是基於這種知識的獨特性，司法獨立才是可能的。也就是說司法獨立實際上是司法運作邏輯的獨立，是一種獨特的解決問題的方式，比如必須進行辯論、必須遵守程序等等。因此，我們才能將司法訴訟區別於上訪、行政命令等等這種解決社會問題的方式。如果沒有這種獨立的、專業化的法律知識和法律制度的話，司法機關即使在制度上是獨立的，但是，在司法的運作過程中無法起到司法本身的作用。

另一方面，司法過程絕不是一個「不食人間煙火」的孤立過程。司法過程是一種社會實踐，而不是書本上的理論推理。因此，書本上的

法律知識必須要符合社會的要求。司法過程中的知識運用要成為社會發展的一部分，甚至司法過程本身就是推動社會進步的重要部分。

強調前一個方面往往被稱為司法保守主義，強調後者往往被稱為司法能動主義。社會的發展實際上往往是在二者之間來回搖擺的。在一個社會穩定的時期，強調司法保守，而在一個社會變化的時期需要強調司法能動。

對於中國目前的狀況而言，的確是兩面為難。一方面，由於我們沒有強大的法律知識傳統，因此特別需要強調司法的專業化和知識化，強調司法邏輯的獨立性，由此為司法獨立建構一個成熟的法律知識和法律技術的基礎。但是，另一方面，中國的社會處於急劇的變化之中，立法的滯後使得法官必須具有適度的發現甚至創造法律規則的可能性，因此，需要法官對社會的發展做出直接的反應。

在這種司法發展的張力之中，我們是不是可以這樣來理解司法的社會功能。司法過程實際上一種「翻譯」的過程。在這個過程中，需要我們將社會發展的種種要素「翻譯」為法律的語言或者法律知識，通過這種法律知識和法律程序的「翻譯」，一方面保持法律傳統的穩定，另一方面保持司法過程的開放性。

因此，一個好的法官實際上是一個翻譯家，他需要精通兩種「語言」，一個是法律的語言，一種社會生活的語言。也就是說一方面法官是法律知識的專家，另一方面法官也應當是社會學家或者政治家。

朱蘇力：的確如此。在這方面，法學院在法律知識的教育中就應當進行這方面的訓練。一方面要訓練學生的法律推理的能力，另一方面需要培養學生的把握和理解社會的能力。目前很不夠，我看問題主要在於法律職業的發展，法學作為知識體系是獨立的，但其發展在更大程度

上依賴法律職業的發展。

　　承認這一點，對法學界沒有什麼丟臉的。只要想一想 90 年代法學的變化，尤其是部門法的變化發展，司法改革的發展，就可以明顯看到這一點。但是法律職業發展帶來的知識變化和概括，乃至進入法學教育，可能需要一段時間，也許需要一代人，因為法學院的教員絕大多數都是在法律職業開始之前進入教學的，他們傳授的知識更多是從書本上來的，是「學術的」，而不是「職業的」，他們本身就缺乏法律推理的能力，不如在業的律師和法官，他們的學科知識也不夠社會科學，因此很難培養出具有實踐理性的學生。目前這種情況正在變化。還有一個問題就是學生年齡帶來的素質問題，也妨礙對司法的深入理解。法學院教育本身同整個法律界一樣面臨着重大的知識升級甚至改版的問題。在這個問題上，法學界的知識準備並不充足，甚至很不充足。

五、社會分化與德性養成

朱蘇力：應當說，目前，伴隨市場經濟變革的中國社會架構以及個人心態的變革尚未進入穩定時期。市場經濟帶來的社會變動給每個人都帶來了機會，每個人都希望而且在理論上都有比以前更大的機會獲得新的社會定位，進入上層社會。這對一個正在轉型、興起的社會，這種朝氣蓬勃的追求很重要，對於社會結構的重構和形成非常重要。但是，社會也面臨着重大挑戰，甚至對許多個體都是一個挑戰。比方說中國人還不太能接受可能勢必會出現的社會分層。這種社會分層肯定不會令許多人滿意，但是，如果從社會來說，正如柏拉圖所言，各盡其能、各守其位的社會才是正義的社會。社會穩定與制度架構是憲政最基本的基礎性結構。

每個人都在努力爭取發揮自己的最大可能，這對一個社會的發展是一件好事，因為社會為每個人的潛能發揮創造可能性，激發潛能，僅僅在一代人就能把社會下層的人的知識、能力和智慧帶入上層。但這對中國憲政結構的形成，即基本社會階層的構成也會有某種不利。人員的劇烈流動會帶入特定階層的社會習性；例如，如果社會注重智力競爭，會給柔弱化的傳統的上層中國文化帶來勃勃生機，但也有可能帶入一定的城市平民的流氓習氣，不擇手段，不講信用；這種情況在知識界都存在。上層社會的文雅、對事實的妥協、審時度勢的習性因此就會弱化，甚至喪失。這實際上未必有利於憲政制度建設。所以中國最大的憲政上的危難就是在清末以來一百多年的變遷中，這種政治上的明智在政界、商界包括學界都未形成。至今中國的政治仍缺少「gentleman」（紳士）的風格，缺少「fair play」（公平競爭）的東西，缺少政治上的妥協和寬容。這些可以稱之為德性的東西，不是學來的，它不是嚴格意義上的知識，實際上是一種習性，是在一定的傳統中才能獲得的。

強世功：這裏涉及一個特別重要的德性問題。德性曾經是古代政治中的一個重要的概念，無論在中國還是在西方都是如此。一般說來，只有在一個長期穩定的社會才有可能培養起德性。從近代以來，中國一直在巨變之中，至今變化的方向仍然不明朗。今天的變化的急劇程度不亞於晚清以來的社會變革。

晚清以來，「暴力」取代了「德性」，成為政治的重要因素。政治巨變導致了德性政治傳統徹底喪失了，而社會的動盪使得社會生活中的德性或者禮儀在社會的各個領域中受到了摧殘。不過，在就舊傳統的喪失中，我們也培養起來了新的社會德性，這就是我們所說的「共產主義道德」，但是，這種德性並不是某個階層或者某個領域中的德性，而是

整個社會公民的德性。以前，君子、小人遵循不同的德性，而在共產主義新傳統中，所有的人都以雷鋒作為道德的楷模。

改革開放以來，隨着市場經濟的發展，新傳統中這種統一的德性又被摧毀了，而新的德性還沒有培養起來。經濟學家在不斷強調市場經濟的信任機制的時候，這意味着支撐社會秩序的基本德性已經喪失了。可以說，我們的社會目前處於「禮崩樂壞」的階段，我們僅僅依賴法制這種「最低的德性」來維持社會秩序。不過，也只有在市場經濟和法制秩序中，我們才能培養起來新的分化的德性，每個不同的社會階層遵守不同的德性，但是，所有的人都遵守共同的法律。

在這個過程中，要處理好法律與德性的關係，法律不能取代德性。比如，法律不能禁止人們自私，因為不自私僅僅是「君子」的德性，「小人」是做不到的。法律不能強迫人們勇敢，因為「勇敢」也是少數人的德性。法律不能禁止開放的性生活，但是，法官階層的德性要求法官必須生活很檢點。克林頓（Bill Clinton）的緋聞並不影響他成為好總統，但是，如果說美國的法官出現類似的緋聞，簡直是不可想像的。這就是因為法官和總統遵循不同的社會德性，但是，總統和法官一樣必須守法，在這一點上，克林頓比尼克松（Richard Nixon）明白得多。由此來看，我們應當檢討法律懲罰「第三者」、法律強迫人們見義勇為這樣的法律。

朱蘇力：除了知識訓練之外，大學還本應當是一個訓練德性的場所，但是，我覺得現在中國的大學還沒有成為這樣一個場所，大學階段也沒有成為學生獲得或強化德性的階段，因為它更強調純粹的智力，往往靠狹義的知識取勝，甚至有時不擇手段，投機取巧。在國外留學期間，在大學教書期間，我對此頗有感受。這表明中國社會缺少現代市民

社會的一些特徵，相反傳統市民社會的風氣倒是在侵入大學和學界。而沒有德性的培養和訓練，就很難形成一種注重程序、講求道義的公正觀，可能可以構建「法制」，但「法治」就很難形成，憲政就很難完成，有時甚至秩序都很難保證。尤其是在目前的這種社會變革時期。

但是，儘管看到這個問題，我又感到很難解決這個問題。因為，如同前面講的，這還基本不是一個知識的問題，而是一個習性的問題。德性支撐着法治、秩序，而秩序、法治又會反過來支持德性。但是，中國目前似乎變革、改革是主流，德性很難在大變動的時代形成。德性的形成需要長期的博弈、長期眼光，但是變動會使人更注意眼前的利益。這一點大學可以說能起的作用很小。

強世功：大學是社會的縮影，其實社會需要什麼樣的人，大學自然就培養什麼樣的人。如果現實政治中缺乏明智的概念，那麼在大學裏追求明智的動力就不足。但是，我們要看到，某些德性的培養在大學教育中已經越來越重要了，比如誠實。因為在經濟領域，誠實這樣的德性已經越來越重要了，這種德性的形成很大程度上依賴於經濟發展形成的穩定的經濟交往環境，如果企業或者個人沒有商業信譽，在這個穩定的交往環境中實際上已經很難生存。同樣，我們在學界也會看到這樣的變化，比如對剽竊的控制。以前「天下文章一大抄」，現在至少抄襲已經成為很嚴重的道德問題，會受到學術界的普遍譴責。

因此，德性的建立依賴一個分化的社會領域。政治就是政治，經濟就是經濟，學術就是學術。每一個領域中具有不同的德性，也有不同的維持德性的機制。目前，我們說到政治的時候，往往帶有貶義的色彩，總是認為政治是骯髒的。從某種意義上講，這是拿學術界的德性來衡量政治行為或者政治德性。隨着社會的分化，政治也越來越專業化的

時候，政治活動也會有職業的官僚來操作。

當然，在這個分化的社會中，只有通過開放的競爭才能產生德性。因此，經濟秩序需要通過進一步促進市場競爭來完成。如果沒有競爭，企業是無法形成誠實信用、服務消費者等等這些德性的。同樣，在政治領域和學術領域中，也需要引入競爭機制。這樣才能培養起來這個領域中的德性。比如學術界的抄襲，如果大學的教授就像企業的職員是採取市場聘任的，那麼，一旦發生了嚴重的抄襲行為，我想沒有哪個大學願意聘任給自己丟臉的教授。如果這樣的話，誰還敢抄襲？老老實實寫作不就自然成了學者的德性？

朱蘇力：但是，我對此可能比較悲觀。情況的好轉至少還需要一代人、兩代人。我感覺到如今德性在整個社會中的表現太差了，比如沒有分寸感，本分感，知識分子中同樣如此。比如完全隨意跨出自己的專業討論問題，總是越極端越好，往往急於扮演其他的角色，當社會仲裁者，當所謂的「社會良心」，學術批評有時變成了揭老底，人身攻擊，把一丁點兒分歧都上升為政治或道德的對立，完全沒有對對方的理解以及在這種基礎上的學術推進。這種狀況已經令許多學生都感到失望，當然也有人以為這樣就可以成為學者，成為有社會影響的學者。社會中對此沒有制約，不但沒有，反而促進這種情況。就像王蒙小說中《冬天的話題》中描寫的那樣。結果學術沒有了，學術也掉進了這個大染缸，有的只是學術政治和政治正確，有的只是拉幫結派。我很擔心這會影響下一代。更擔心知識界都這種狀況，那麼怎麼可能指望法治和憲政的形成和確立？！

強世功：對於這些問題，我仍然認為是由於社會分化不夠，尤其是沒有在競爭的基礎上形成不同的社會領域。比如，你說的學術界的意

識形態化，這在中國的確是個問題。許多學者將自己一生的聲望不是建立在對知識的研究和貢獻之上，而是建立在某種意識形態的捍衛或者某種德性形象的認定之上。前些日子顧准、陳寅恪走紅，與學術界的意識形態化是聯繫在一起的。學者固然要關心社會，但是，學者的立場首先應當是一個知識的立場，而不是簡單的意識形態的立場，或者道德的立場。

當年，《通向奴役之路》一出版，給哈耶克帶來了很大的社會聲望。但是，這本書受到了學術界嚴肅的批評，因為這是一本過分的意識形態化的著作，而不是嚴謹的學術著作。哈耶克後來寫作《自由秩序原理》就是試圖將自由主義建立在學術的立場上，而不是意識形態的立場上。如果沒有《自由秩序原理》以及其他一系列學術著作，哈耶克很可能是一個時代人物而被後人所遺忘。

相比之下，我們還沒有一個穩定健全的學術界。我們甚至還不能區分學術觀點和意識形態主張。甚至很多學者往往藉助意識形態或者公共領域中的聲望來彌補自己在知識上的不足。而穩定的學術界的形成一方面需要我們形成一些基本共識，比如學術規範問題等等，另一方面需要一個競爭的外部環境。

朱蘇力：當然這些正在發展，但我對這些不太看好。80 年代以來還不斷出現令人痛心的現象。為了所謂的學術上的爭論，就要把對方一棍子打死。這種現象在社會上比重很大，這還是很大的問題。還有最好的學術著作並未受到應有的關注。因此我覺得中國的學術仍然沒有走上學術化的道路，淺薄化依然是主流，即把你的觀點解釋成一兩句話。

強世功：我覺得這個方面主要缺陷可能是，在自我意識和公共意識中，不能自覺、有意識地把公共領域與私人領域明確分開。比如，對

於知識分子而言，一個人的道德很好，這是私人領域的事，而在公共領域，你就是一個公共知識分子，我們不拿道德和人品論高低，而是拿學術產品來說話。一個人的品德很糟糕，我可能不願意和他打交道，但是，如果他的著作寫得很好，我依然要為此寫書評、依然引用他的研究、依然要同他討論問題，這是兩回事情。這樣的共識需要在學術界慢慢形成，這確實需要一個過程。「三代出一個貴族」，是有道理的。

朱蘇力：一代人發財，二代人學文化，三代人養德性。當然也有人會在特殊的環境下快一些。大學教育制度也有這樣的問題，例如北大這樣的學校一味地擴招，大量地發文憑，實際上沒有把精英的東西帶給社會，沒有把德性之風向學生灌輸。現在思想開放的程度確實比90年代以來強了，但對於德性的培養反而不夠了。

六、德性、制度與技術

強世功：德性的確很重要。比如在談論法律和社會之間的關係時，在穩定的社會中，法律的大框架搭好以後，就要給民間習慣法和社會的意志自治留下空間，要依賴社會自身的治理。而在社會治理中，習慣法更多依賴的是德性。其實德性也是一種規範，一種更為嚴格執行的規範，中國古代稱之為「禮」，事實上「禮」比「法」更為複雜嚴格。

現代的法律表面上是一個法制的社會，是一個僅僅要求人們的外在行為的社會，但實際上這也是一個德性的社會，只不過德性很大程度上表現在一些職業倫理，比如職業經理人對誠實的強調，社會對法律職業者的德性也有特別的要求。

其實，律師與法官的德性是不同的，律師的德性不是現在人們強

調的追求正義，而是嚴格的當事人主義，甚至不擇手段地維護當事人的利益，無論是合法的還是不合法的。而法官的德性就是審慎、明智的權利均衡。因此，在西方的文學作品中，律師總是可恥的形象，而法官的令人尊敬的形象。

但是，如果讓律師追求抽象的正義，律師就有可能出賣當事人的利益，哪怕是合法的利益，因為在沒有法院的判決之前，我們不能說哪些利益是非法的。因此，說律師的德性是追求正義，至少是一種不符合實際的說法，或者不誠實的說法。

一般來說，很少有人追求正義，尤其涉及到自己利益的時候，但正義可以成為一種制度的效果，一個好的法律制度會使法律人共同體中不同的法律職業者在嚴格遵守自己的職業倫理的同時，實現了社會正義的目標。這一點類似「看不見的手」，滿足個人的私利能導致公共福利，這需要市場機制。如果律師不擇手段維護當事人利益，其後果導致了正義的實現，同樣需要完善的法治機制。

朱蘇力：是這樣的，比如要求法官不能脾氣太火爆，要溫文爾雅，這些不是在書上學來的，規則規定是不夠的，而是個長期訓練的過程。現在這些東西正在培養，比如提倡以德治國等等，但解決這個問題不是靠意識形態化的教育，而是要靠一系列其他制度。比如推薦信制度，如果每個導師都對所有學生說好話，那推薦信就沒價值了。這就迫使寫推薦信時要慎重。又比如，對水電費繳納情況的紀錄，決定你貸款時能貸多少錢。這些都在培養一種德性。

強世功：你說的很對，德性是建立在一套技術的基礎之上，沒有這些社會技術，德性是無法培養起來的。因此，在現代社會中，提倡德性的時候，我們必須清楚，這種的德性不是通過血統或者教育承襲下來

的，而是通過法制制度、市場競爭、社會技術等等。中國傳統中重視禮儀、輕視技術，現代社會中配有技術意識，強調通過技術來解決問題，而不是通過道德教育來解決問題，尤其要看到德性培養過程中社會技術的重要意義。

這次我在日本東京尤其關注於複雜高效的地鐵體系，如此複雜的體系就是建立在技術化的管理之上，從售票、檢票都是機器來識別操作，制度和技術的設計使得想逃票或者少買票多坐車的想法是不可能實現的。由此，自然形成了人人自覺買票的習慣。而在中國，以前出現某些地方的無人售票汽車沒人買票的報道。人們往往會責備乘車者素質低，沒有公共道德意識，但是，人們很少想辦法從技術上來加以解決。其實，正是由於沒有技術的解決辦法，才想出最笨的辦法，就是道德解決的辦法。

因此，強調德性並不是簡單地強調人的因素，而是強調制度的因素，強調技術的因素。我們不能希望每個人都保有德性，而是要強調在現存的制度框架中，如果沒有德性的話就無法獲得所希望的利益。因此，德性一定與對它的社會制約相聯繫。德性不是憑空產生的，一定有相應的社會制約，最簡單來講，就是使持有德性的人在社會中能獲得更大的便利。如果沒有充分的市場競爭，就不會有商業信譽。只有商業信譽在經濟活動中能夠帶來利益的時候，人們才會追逐商業信譽。

在這個意義上講，現代社會的德性依賴的不僅是德性教育，而且是一個更為廣泛的制度基礎和技術手段，沒有法律制度所支撐的市場競爭，就不會有企業的商業信譽；沒有法律約束和民主選舉的制約，政治家就不可能克己奉公。

總之，現在強調要德性，但是必須明白這不能僅僅依賴學雷鋒，

而必須依賴法律制度和技術設計。因此，儘管德性對於社會秩序的形成很重要，但是，「以法治國」依然是現代社會的根基，沒有法治就不可能形成社會德性。

朱蘇力：德性的技術基礎的確很重要。比如，銀行信用卡制度的設計就使人們不敢用信用卡透支。還有國家教育部把 1995 年以後的文憑上網，就抵制了假文憑的氾濫。這些都是養成德性的一些制度技術。這一系列微觀的制度，實際上也是紀律，會促進德性的發展。當然這些制度的發展需要很多現代的技術，比如網絡技術，這些在中國實行的已經較多了。例如把收入打進卡裏，納稅與否都知道了。

由此可見，培養公民的納稅意識就根本不是靠教育，而是靠技術。這些微觀制度包含有很多的社會技術性。吉登斯在《民族國家與暴力》中談到，有兩種權力，一種是國家暴力的壟斷，另一種是信息資源的配置，這種信息資源的配置由於現代化的技術實際上在逐步增強，這些都有可能促進德性的發展。但德性最主要的問題還是一個習性的問題，在於逐漸養成。

強世功：現代社會所有的努力就是通過更技術化的東西更簡單地把人區分開來，由此節約交易費用。所謂紀律的社會就是把人們更快、更簡單地加以識別的身份社會，在這樣的社會中德性才能培養起來。因為德性是與身份聯繫起來的。德性就是一個身份。教師、官員、企業家既是一種社會身份，同時也是一種德性的代表。德性就體現在行為、舉止、言談之中，甚至體現在交往、衣着、消費這些所謂的「品味」之中。

我們近代以來所有平民化的努力就是夷平各種身份和德性之間的等級區分，最後建立一個統一的、共同的、平民化的德性。現代我們正

在重新形成一個分化的社會，形成不同的社會階層和不同的德性。

朱蘇力：問題就在於，近代以來精英變成一個純粹知識的象徵，把精英與知識聯繫起來，而不是同受教育的水平相聯繫。比如在我看來，王朔其實是一個精英，對社會問題甚至一些人生的問題的悟性那麼好，但我們常常都認為他是個痞子。只有對一些有明顯標記的，比如大學教授——不管這種頭銜如何得來的——才認為是精英。這就是因為社會中缺少比較好的篩選制度，而且這些制度還不斷被破壞。比如學校評分制度，我在上大學時，得 85 分就很出色，而現在出現大量 90 分，就不能再構成成績的正態分佈了，那麼這個制度就被破壞了，因此我們就要重新設計制度，這就增加了社會成本。

七、憲政：中產階級與社會精英

強世功：實際上，由於我們整個社會背景已經打上了強烈的革命的、平民文化的烙印，現在說「精英」往往就是貶義詞，更沒有人敢提「貴族」，總覺得能代表平民百姓就是正確的、就在道德上是優越的，因此才心裏踏實。其實，我們可以代表平民百姓的利益，但是並不意味着我們就代表了平民的德性、平民的習性、平民的品味。

在這個意義上，知識分子與平民百姓就是兩個社會階層，因為知識分子要用電腦寫作，要開學術會議，說一些老百姓不知所云的專業「黑話」。當年，知識分子為了成為工人階級、勞苦大眾的一部分，吃盡了苦、受盡了屈辱，斯文掃地。而今天，社會分化必然會在制度安排、德性和生活習性方面將不同的社會階層區分開。

其實對於一個穩定的社會，就需要培養一批精英，這絕對不是單

純的知識精英，而是代表某種德性和精神的貴族精英。社會分化中自然形成平民階層，他們慢慢形成自己的習性，而引導他們的是少數上流社會的貴族，或者中產階級。如果現代社會不能形成適度的分化，在文化意義上不鼓勵君子與眾不同的貴族精神，那麼所謂現代社會、憲政就不可能建立。

建立憲政需要依靠保護憲政的力量。任何一個制度都需要一批保護這個制度的人。企業家階層是市場經濟的捍衛者，對法治秩序的保護依賴法律人共同體。那麼誰來保護憲政呢？保護憲政的從來都是中產階級，沒有中產階級的憲政從來都是假憲政，這就是為什麼許多國家有憲法而無憲政。

平民在很大程度上是反制度的，在某種意義上代表了革命，因為他們在社會的底層，他們的希望最少，如果他們不能通過現有的制度框架獲得利益時，就希望打破這樣的制度。

從這個意義上，如今中國最大的力量不是憲政的力量，而是革命的力量。如果在社會中不能培養起憲政的社會基礎，包括社會領域的分化、社會階層的分化、德性的養成、法律技術成長等等，那麼法律制度上的憲政也會發生畸變。因此，在中國如果要完成憲政，就不僅僅關注政治制度，而尤其要關注憲政的社會基礎，由於一百多年來的革命傳統，我們尤其要警惕意識形態裏過分的民粹主義。

朱蘇力：有學生採訪我關於送法下鄉的問題，說我好像特別關心農民，特別平民化。其實我不是平民化。只是因為農民的生活對中國社會太重要了，因此我才研究，而不是因為覺得他們窮、他們一定正確才站在他們一邊，我仍然有我知識分子的立場。

我認為不可能忽視農民問題，中國的現代化不可能不解決他們的

問題，但我始終堅持從法律家進路處理它。比如，一般人都會認為農民在法律面前誠惶誠恐，很軟弱，但我的分析表明他們實際上在利用一套技術對抗國家，有時甚至非常強大，這種看法就剝奪了他們可能從知識分子中獲得的廉價的同情。

也許我的分析錯了，但是，我並不是要表現得站在時代正確的潮流一面，而是試圖站在冷靜的旁觀者的角度。這一點非常重要。而這種精英化的東西，在現代社會中並沒有多少人會理解，實際上中國社會中這個問題是很嚴重的，卻沒有多少人意識到這一點。比如我們今天談論的問題就很可能會被誤解，即本來是學術問題，而在政治話語下很可能就會變味。

強世功：因此，當我們強調德性、強調社會分化、強調中產階級、強調精英貴族等等這些概念的時候，往往容易引起誤解，甚至加以符號化的理解。仿佛講司法獨立就不能講中央集權，講法治就不能講人治或者德治，講憲政就只能講公民參與而不能講精英政治。但實際上，沒有中央集權就不能有司法獨立，沒有德性基礎就沒有法治，沒有社會精英就不可能有真正的憲政。

朱蘇力：從這個意義上說，人們對「問題」的關注依然少於對「主義」的關注。因此，我覺得從長遠看，中國缺乏憲政的基礎。憲政要講共和、妥協、寬容、理解，承認對方的自私，承認醜惡的存在，而這些在時下的中國社會中似乎是不可能的，比如克林頓這樣的事情就不可能在中國的政治中被容忍。而如果不能容忍這樣的東西，就不可能有憲政。現在多數人用絕對的觀點去談論政治，認為凡是搞政治的就是貪官，而持這種觀點的一個人進入政治之後，又很容易被同化。這就是沒有真正理解寬容妥協的精神。這種精神的形成需要一代兩代人，他們

需要競爭，但不需要特別的不擇手段的競爭，他們知道自己在什麼位置，對下層有一定的了解，對上層也不急於像于連一樣垂涎。中國最多于連式的人物，我很痛恨于連式的人物，倒不是因為于連是壞人，而是因為這種于連式的人會對你好，又把你出賣，沒有原則，就會是一種不可預測的危機。在法制和憲政問題上，你就不可能指望這種人會信守法治，因為他的承諾不可信。

強世功：在這裏我們也許要澄清「憲政」這樣的概念。「憲法」和「憲政」是兩個不同的概念。有憲法並不意味着有憲政。憲法是一個制度框架，但是在這個制度框架中是否能夠形成真正的社會政治參與才是憲政的關鍵。如果說憲法是一些制度性的架構，那麼憲政就是在這些制度架構中的社會政治實踐。而憲政的實現就需要人的參與，包括參與者的德性和他們所掌握的技術。

憲法理論往往關注憲法性的制度建設，仿佛這些制度建立起來了就完成了憲政。因此，人們現在關心是否引進美國的司法審查制度，或者德國的憲法委員會等等。這些制度的引進固然很重要，但是，這些制度會如何操作？由什麼樣的人來操作？人們是否具有操作這些制度的興趣和能力？這才是關鍵的問題，如果人民沒有參政議政的能力，民主要麼是不成功的，要麼就是文革中的那種「大民主」。

因此，我們應當考慮人民代表有沒有參政議政的能力，有沒有真正代表人民的利益。目前尤其要能倡導、鼓勵和吸納優秀的法律人才參與到國家的政治管理生活中，尤其要為優秀的律師提供參政議政的機會。因為律師對社會的狀況比較了解，他們具有理性地、技術化地解決社會問題的習慣和能力，同時也具有很好的交流和溝通能力。他們的能力、他們的經濟地位、他們的社會地位等等都為他們參與國家的政治生活提

供了很好的素質。只有具備參政議政的能力的人、有參政議政熱情的人積極參與到公共政治生活中，才能從作為條文的憲法變成活生生的憲政。

因此，關心憲政就應當關心一些實實在在的正在進行的實踐。就像你說的，應當將我們的一些包含憲政意涵的實踐用理論的方式固定下來。比如，中國的憲法問題是如何解決的？沒有法學家關心全國人大法工委在解決憲法問題或者違憲問題方面的實踐和成就。沒有人關心法院在司法實踐中是如何處理法律、法規、政策之間的衝突的。而這些問題才是真正的中國的憲政問題，而不是僅僅將眼睛盯在政黨、選舉這樣的問題之上。

如果我們從問題而不是理論或者主義出發來思考問題的話，也許憲政問題不僅是一個法律問題，也不僅僅是一個政治問題，更主要的是一個社會問題。我們需要從不同的角度來加以思考。從法律角度，我們要思考類似違憲審查這樣的解決憲法等級至上性所面臨的問題；從政治角度我們要考慮中國與地方的關係問題；從社會的角度，我們需要思考社會等級的分化，尤其是中產階級的形成以及社會精英貴族的德性問題。只有我們將這些問題都囊括到我們的理論視野中，我們才能對中國的憲政、法治有一個全新的認識和理解，我們才能對中國問題的特殊性有更為深切的理解。

八、開放的中國法學

朱蘇力：因此，我覺得中國法學的發展必須要使學術在一切方向創造新的可能，領域越寬越好，讓所有人都看見一個新的可能性。我比較欣賞汪丁丁那句話，讓心靈向一切方向湧流，當然在制度層面上不可能

做到，因為制度有制度的機會成本，但至少在智識上，在法律知識體制上應朝這個方向努力，並且要鼓勵學生「走向邊緣」。這種邊緣實際上就是一種新的知識的可能性，要將之帶到法學中。因此，我覺得要把作為制度的法律與作為學術的法律分開。雖然做不了最細緻的工作，但我們做的是前人和後人都無法替代的工作，那就是，把舊的東西推翻，變成一片瓦礫場，打開極為開闊的、像浦東一樣的建設空間，這是當代知識分子最有可能做的，也是這些年來我為什麼想突破自己現有的框架的原因。

實際上，美國有這樣一個人物：霍姆斯，他在一百年前寫的東西在大的框架上基本沒有被超過，比如關於未來科學在法律中的作用、道德的作用，以及法官寫判決書時到底是論證重要，還是打動別人重要，打動是理性的打動還是情感的打動，還包括國家干預、社會生物學等一些問題，他的論述可能錯了，但他把後來的一些主要的問題，甚至在當時看來不是法律的問題都帶進了法律領域，這就創造了極大的可能性。

當代中國法學家要做的事情就是把當代所有的知識都帶進法律領域來。也許我們的研究被某個人、某個階級用了，造成了惡果，但那不是我們的責任，而是使用人的責任，就像我們今天責備孔子，但孔子如果在他那個時代不去做這些事，那他就不能成為偉大的思想家。因此作為知識分子的責任不是堅持政治正確的問題，而是要在學術話語中，為將來的公共話語創造可能。這是中國法學家最應當做的，也是最有可能做的。也許我們永遠趕不上像霍姆斯這樣的人，但我們為我們的下一代人創造可能性。這是中國學術應當發展的方向，而且我自己也希望朝這個方向努力。

強世功：這裏比較重要的是，在討論這個問題時面臨一個漢語學

界的問題，或學術的中國化問題。其實，知識一個很重要的載體就是社會，任何知識都是解決特定社會的問題，甚至某種意義上是個人的問題，比如個人心理很敏感，可能就關心宗教的問題，如果對社會更關心，可能就致力於研究政治。

這裏有兩個問題，一是在多大的程度上確切地把握時代、把握中國、把握時代的變遷，知識不僅是反映時代的變化，而且更重要的是把握時代的變化；另一方面現代的知識不可能離開西方，這是基本的參照系，那麼對中國把握到什麼程度有時依賴於對西方了解到什麼程度，尤其對法律來說。

因此，知識分子羣體需要分化。一部分人做一些專家，對一部分問題研究得更深入，比如某個制度、某一個人的思想、某個問題等。現在我們對美國的制度多是建立在想像上，其實如果在知識脈絡裏對西方的把握更準確，那麼對中國的把握就會更準確。

比如，如果我們認為三權分立就是要限制王權、分割權力，那麼我們只能從這個角度來把握中國現實；如果我們從中央與地方的關係理解西方的司法獨立問題，那麼回頭把握中國就更準確。其實很大程度上，所謂西方和中國、漢語學界和英文學界也是一個方便的說法，在一個全球化的時代，如果不能把握西方，實際上也不能把握中國，而如果不把握中國，對西方的把握也是很空洞的，會是簡單的知識性的把握，像對待一個「遠方文化的謎」一樣來研究。因此我覺得這個過程應該是在中國與西方、理論與實踐之間不斷往返的過程。

通過法院的憲政改革[*]

——全球化背景下環太平洋地區法律的新發展

2001 年，中國加入了 WTO。這標誌着佔世界人口近四分之一的中國正式投入到全球化的浪潮中。與此同時，9.11 恐怖主義襲擊以極端的形式將全球化的負面效果展示出來。由此使得人們不得不思考全球化意味着什麼。當全球化從商業貿易的經濟領域擴展到保護經濟發展的法律和政治領域的時候，全球化本身所帶來的支配關係又是以怎樣的形式展現在一個主權國家內部的經濟、政治和法律的發展中？當法律積極地適應全球化的進程，在「與世界接軌」的意識形態成為反映全球化的一個重要指標的時候，作為一種積極的建構性的工具，法律又是如何回應全球化所帶來的社會問題、政治問題和文化問題呢？

正是在這個全球化的背景下，2002 年 5 月 30 日—6 月 1 日，「法律與社會協會」（Law and Society Association）和「加拿大法律與社會協會」（Canadian Law and Society Association）在溫哥華聯合舉辦了為期三天的學術研討會作為今年「法律與社會協會」的年會。這次學術

---

* 寫作于 2003 年，未發表。

會議分 250 多個專題小組討論，有 1000 多人參加，幾乎囊括了北美法學、社會學、人類學、政治學中研究法律與社會問題的所有學者。作為這次年會的前奏，「法律與社會協會」「加拿大法律與社會協會」和英屬哥倫比亞大學（University of British Columbia）舉辦了為期兩天（5 月 28-29 日）的專題研討會：「環太平洋地區的法律進展」（The Reach of Law in Pacific Rim）。應「法律與社會協會」的 Engel 教授的邀請，我參見了這兩個會議，並參加了年會上 Engel 教授主持的「亞洲人法律意識」的圓桌會議。通過這 5 天的會議，我們不僅可以了解在全球化的背景下亞太地區法律發展的最新狀況，而且可以了解「法律與社會」研究的一些新動向。

本文根據我自己對會議的了解，集中介紹在「環太平洋地區法律進展」研討會中展現出的環太平洋地區法律發展中面臨的問題，其中尤其以通過法院的憲政改革最為突出。然後，根據我自己對會議的觀察，指出法律與社會研究的一些發展動向。

一、全球化下弱者的法律保護問題

儘管「法律與發展」曾經是法律與社會研究中的一個重要主題，但是，如果說當年的「法律與發展」研究關注是第三世界國家在法律現代化過程中由於移植西方的法律制度而導致的法律在社會發展中面臨的困境，[1] 那麼，在這次會議上，法律與發展的問題主要表現在全球化背景下

---

1 參見千葉正士：《法律多元》，強世功、王宇潔等譯，中國政法大學出版社，1997，17-22 頁。

法律往往無法保護弱者的權利，尤其是婦女的權利。在「婦女與法治」的主題研討中，除了傳統的婦女離婚和家庭暴力中的權利保護問題，[1] 在越南和湄公河地區的大規模的拐賣婦女的問題和新加坡虐待外來保姆的問題尤其突出。

來自越南司法部法律援助機構的 Ta Thi Minh Ly 詳細介紹了越南的拐賣婦女問題。由於越南的對外開放和經濟發展，導致了經濟發展和地區差異越來越大，這不僅是越南國內的地區差異，而且是全球化背景下越南與周邊國家以及整個世界的地區差異。正是這種差異使得越南婦女被大規模地拐賣到國外，而且參與拐賣的組織者往往也是婦女。根據越南最高法院的統計，僅 1992-1996 年的法院就受理了 739 起拐賣婦女的案件，而根據地方警察部門的統計，僅 Hai Phong 一個城市就有 3354 名婦女被拐賣到國外。而來自柬埔寨的統計更為驚人，大約有 10 萬婦女被拐賣到柬埔寨從事色情業。除了被拐賣到泰國、香港、澳門、台灣、南非等地從事色情業之外，越南婦女也被拐賣到中國大陸強迫嫁給落後地區的農民。

當然，拐賣婦女不僅僅發生在越南，而是發生在包括越南、老撾、柬埔寨、緬甸和泰國在內的大湄公河地區。[2] 而且婦女面臨的嚴重問題不僅是拐賣，還有移民婦女的勞動剝削問題。來自泰國 Chiang

---

1 來自日本的 Ikuko Ota 題為「在日本重塑『現代家庭』」的報告，介紹了日本家庭中的暴力問題以及相關的立法；美國東北大學的 Margaret Woo 在題為「上海 30 起離婚訴訟的訪談」的報告中，介紹了她在上海和 30 起離婚訴訟中的婦女進行訪談，從中了解到的婦女在離婚中面臨的法律問題。

2 亞洲發展銀行在使用「大湄公河地區」（Greater Mekong Subregion）這個術語的時候，還包括了中國的雲南。

Mai 大學社會研究所的 Kobkun Rayanakorn 在題為「大湄公河地區的婦女與法律」的報告中就詳細展示了這個地區的婦女被拐賣和被剝削的狀況。

之所以發生大規模的婦女拐賣，除了經濟落後、對外開放導致的年輕婦女對外面世界的渴望和幻想等等，更主要的是在全球化的背景下，「出口婦女」已經成為一本萬利的跨國產業，從組織綁架販賣到從事色情業已經形成了完整的生產服務體系。Ly 在報告中就提到了越南的婦女拐賣與國外色情業以及男女人口比例等方面的關係。

而大規模的拐賣婦女為整個社會的發展帶來嚴重的問題。在越南由於大量的婦女被拐賣，導致越南的男女比例嚴重失調，有的地方甚至出現幾個男人同時娶一個婦女為妻。更重要的是由於婦女被拐賣導致兒童失去了基本的家庭教育和家庭溫暖，青少年犯罪由此急劇上升。許多被拐賣婦女通過各種渠道返回越南之後，不僅面臨着被家庭拋棄和社會歧視，而且她們的土地和房屋往往已經被其他人佔用了，由此導致了大量的產權糾紛。

如果說 Ta Thi Minh Ly 和 Kobkun Rayanakorn 是從宏觀的角度描述了湄公河地區婦女被拐賣到國外的遭遇，那麼來自新加坡國立大學 Brenda S.A. Yeoh 則從微觀個案的角度介紹了在全球化的勞動分工體系中，在新加坡工作的外國保姆的遭遇。在題為「國家中散居的臣民」（Diasporic Subjects in the Nation）報告中，Brenda S.A. Yeoh 介紹了來自亞洲的外國保姆在新加坡遭到的虐待。

自從 1978 年新加坡允許家庭中僱用外國人開始，目前新加坡總共有大約 14 萬家庭傭人，平均每 7 戶人家就有一個家庭傭人，她們大多數來自菲律賓和印度尼西亞。儘管新加坡已經如此依賴外來家庭傭

人，但是新加坡的法律對這些外來傭人制定了嚴格的限制。比如，她們只有兩年的工作許可，只有在 50 歲以下的才可以重新申請，而且規定她們不得與新加坡人結婚，也不能懷孕；她們要求每月進行 6 次強制體檢，檢查是否懷孕、是否有艾滋病或者性病；她們要求繳納 5000 元新幣的滯納金等等。除了這些種種嚴格的規定之外，更糟糕的是，她們不屬於新加坡勞動法（比如僱傭法）的保護對象。正因為如此，外來傭人在新加坡被完全置於僱主的操縱之中，以至於「虐待保姆」在新加坡成為公共生活中屢見不鮮的事情，這種虐待不僅包括低工資、強勞動，而且尤其表現在對保姆的身體虐待。比如 2001 年 12 月 Jennicia Chow 虐待女傭案中，除了其他 8 項犯罪指控，Jennicia Chow 被控告經常咬女傭的乳頭，從而被稱為在新加坡虐待女傭史上「最恐怖的虐待」。儘管這種虐待保姆的故事經常出現在媒體報道中，但這些報道都是選擇性的，許多細節和事實不僅被遮蔽了，而且被扭曲了。比如在媒體的報道中，關於對保姆性侵犯（比如性騷擾、強姦、性虐待等等）在媒體中往往被省略了，而在報道中往往強調了法律對保姆的保護和對僱主的懲罰，從而扭曲了新加坡法律本身對外來保姆的歧視。

如果將上述宏觀描述與微觀個案的考察結合起來，就會看出在全球化的進程中，法律在保護弱者的權利方面所面臨的問題，尤其是經濟的全球化與法律的國家主權之間出現了法律真空。

經濟全球化導致了勞動力和人口的流動，然而在這種人口跨國界的流動中，法律往往無法提供必要的保護。因為法律的基本單元依然是國家主權，國家的法律保護往往基於主權國家中的公民。因此，在國家主權的邊界地帶，往往出現了法律真空。尤其是湄公河地區越南、老撾和泰國，國家很小，但是邊界很長，往往不利於對跨國犯罪的控制。而

且在跨國婦女拐賣中，往往婦女的流出國受到了損害，而婦女流入國取得了收益，以至於一旦出現了跨國拐賣婦女的問題，國家之間法律合作困難。而對於跨國的犯罪活動，依靠個別國家的法律無法有效解決。因此，經濟全球化必然要求政治的全球化，即在政治和法律領域的國際合作，打擊跨國犯罪，保護國際公認的基本人權。

然而，政治全球化的起點並不是取消國家的政治，而是重建國家政治，尤其是建立一個自由的公民社會。正如在新加坡虐待女傭的事例中，我們可以清楚地看到外國勞動力由於不具備國家公民的身份而導致的歧視和虐待，這意味着全球化下個人的法律保護問題必然觸及到個人的公民身份問題。因此這樣的問題不僅是跨國移民的問題，而且主權國家內的人口流動也會面臨類似的拐賣婦女和外來民工問題。不過，正是大量的虐待女傭案激發了新加坡關於公民意識的討論，即如何建立一個自由的、寬容的、公民社會。比如，面對僱主虐待女傭的現象，僱主的其他家庭成員是不是應當為自己表現出的麻木和漠視承擔責任？他們是不是有舉報的法律義務？正是這種公共辯論以及由此引發的法律加重對虐待女傭的打擊，使得新加坡虐待女傭的問題開始緩解。與新加坡比較健康的公民社會相比，湄公河地區長期以來一直經歷着獨裁和戰爭，事實上，目前湄公河地區的婦女的悲慘經歷不過是品嚐當年那些軍事獨裁者種下的苦果而已。

二、公共生活中法律意識的困境

在法律與社會研究中，法律文化是其中的一個重要概念，尤其是法律移植所導致的「秋菊的困惑」一直是法律社會中討論的主題。但

是，在這次法律與社會協會的年會上，「法律文化」這個概念已經淡化了。當然，這並不是說「法律文化」的問題已經不存在了，而是說「法律文化」這個概念很難在經驗研究中嚴格界定，因為差不多所有的問題都可以歸結為法律文化的問題。同時，法律文化這個概念本身潛在地包含了優劣比較的的意含，因此帶有文化中心主義的色彩，這種意含或色彩往往不利於法律移植。因此，當「司法改革」開始取代「法律移植」的時候，「法律意識」這個概念也開始取代「法律文化」的概念。因此，在這次大會討論中，上述不同法律文化之間所導致的問題往往用「法律意識」相對中性的術語來表述。在本次專題研討會中，就有兩個專題討論「法律意識」，一個專題討論與此相關的「法律職業和法律教育」問題。[1] 在這些論文中，除了國家法與民間法的這些傳統的宏大主題，[2] 就是將法律意識的研究貫穿到更為具體的法律問題之中，尤其是社會公共生活中不同的法律文化和法律制度導致的法律意識上的衝突或困境。其中，比較引人注目的問題是日本的學者 Masaki Ina 關於政教分離問題的研究和台灣學者彭心儀關於隱私權的研究。有趣的是，這兩個問題都涉及到了憲法問題。

在題為「日本的宗教與憲法」的報告中，Masaki Ina 觸及到一個敏感的話題：靖國神社在日本憲法中的地位問題。日本首相橋本於 2001 年 8 月參拜靖國神社引起了亞洲國家的強烈不滿，但無論日本的民眾還是日本的媒體都保持了沉默或者低調處理。這種現象一方面是

1　來自新加坡的國立大學的鄒克淵博士在會上介紹了「中國的法律教育」。

2　來自中國社會科學院法學所的劉作翔教授在會上介紹了中國的「國家法與非國家法」的發展及其關係。

可以歸結為日本文部省長期通過教科書的修訂來推行的教育政策，另一方面也可以歸結為日本的民族主義情緒。但是，在憲法上，一個重要的問題就是參拜靖國神社與政教分離的憲法原則之間的衝突問題，因為參拜靖國神社導致了一場法律訴訟。2001 年 12 月大阪的地區法院受理了韓國人提起的訴訟，而被告就是靖國神社。對於這起訴訟，日本首相發表了批評性的言論，由此導致了另一場針對首相本人的訴訟，45 名韓國人在訴訟中要求日本首相為他的言論賠償 5 萬日元，並在韓國和日本的報紙上道歉。這種法律訴訟涉及到了靖國神社的法律地位問題。

明治時期建立的靖國神社被日本政府定位為國教神道教的中心所在。靖國神社的建立大大地促進了日本的軍國主義，因為只有獻身的士兵才可以在此被奉為神。二戰後，日本憲法確立了現代的政教分離的憲法原則，靖國神社也就成為一個普通的社團法人。但是，60、70 年代日本持續不斷地有要求恢復靖國神社為國教中心的運動，由於這種要求明顯違背憲法而沒有取得成功。此後，這種要求改變了策略，就是要求天皇、首相和大丞等以官方的身份來參拜靖國神社。無論這種要求具有怎樣的效果，不可否認的是，它包含了恢復日本文化習俗的觀念。而在法律上，問題的關鍵在於這種參拜活動是解釋為一種政治活動，即國家對某種宗教的支持，從而違背宗教自由的憲法原則，還是解釋為一種恢復傳統的社會習俗。在這一點上，日本的法院存在不同的看法，因此，訴訟的結果依然無法斷定。

參拜靖國神社的問題固然是一個政治問題，但是，這樣的政治問題在日本一定程度上已經轉化成了一個憲法問題。對於這樣的問題，除了傳統的收效甚微的外交譴責之外，我們能不能通過法律的途徑來解決

政治問題呢？儘管法律的運作受到了政治的影響，但是，在一個法治國家，由於司法獨立使得法律的運作依然保留了相當的自主空間，因此，我們必須學會運用法律武器來解決這類的政治問題。這實際上是一個非法治國家在與法治國家打交道中面臨的最大困難所在，因為這樣的國家會以自身的法律經驗來想像對方的法律狀況，因此，更願意通過非法律途徑而不是法律途徑來解決問題。在中國與日本以及其他國家的政治摩擦中，如何學會運用法律技術來解決這些問題，依然是擺在我們面前的一個難題。

在題為「隱私與法律意義在台灣的建構」的報告中，彭心儀博士討論了中國人對隱私權的傳統理解，以及這種傳統理解在現代法律中面臨的困難。1999 年，「隱私權」的概念正式進入了台灣的民法典並依附於「人格權」的概念，但在司法實踐中，當事人很難因為隱私權的侵犯而獲得經濟賠償。為此，彭心儀專門分析了一些案例，比如轟動一時的璩美鳳光盤案，關於「智能卡」的辯論和電子郵件的監控問題。通過這些問題，她指出現代技術、大眾文化和他人的生活方式是如何與傳統的文化觀念交織在一起，塑造着台灣人的隱私概念。而隱私概念就是在個人隱私與公眾知情權、個人隱私與政府的有效管理這些不同的價值平衡中建構起來的。

三、「第三波民主化」：通過法院的憲政改革

這次大會引人注目的一個主題就是「憲政、法治與法院」，該主題分為兩個討論會。一個討論會的主題為「憲政與法院的角色」，另一個討論會的主題為「憲政、改革與法治」。在這兩次 8 個人報告中，除了

2 篇報告涉及到了具體的法律制度問題，[1]其他 6 篇報告都涉及到了法院在憲政改革和政治民主化中的作用，尤其是獨立的司法機關行使對憲法的解釋權，和對法律法規的違憲審查權對於憲政發展的重要意義，其中包括韓國、印尼、中國大陸、台灣地區和其他國家在這方面的新近發展。

1、韓國：通過獨立的憲法法院來保衛憲法

在題為「憲政與韓國的憲法司法化制度」（Constitutionalism and the Korean Constitutional Adjudication System）的報告中，Jongcheol Kim 詳細地介紹了韓國的憲政的發展歷史以及憲法法院在其中的作用。

1948 年美軍結束了對南韓的軍事統制之後，韓國從法律上成為了一個民主憲政的國家。但是，直到 1987 年起義之前，韓國和許多後民主化國家一樣，屬於有憲法而無憲政的國家。1987 年人民起義對於韓國憲政的重大意義就是在對憲法的第九次修改中設立專門的憲法法院來制約總統權力並保護公民權利，因為此前的民主運動僅僅關注於總統的民主選舉，而沒有對總統權力的控制，因此往往導致總統的獨裁。

儘管 1987 年憲法之前，由於受美國的影響，韓國在憲法制度上保持了司法審查。但是，在 60 年代，韓國最高法院通過司法判決宣佈《國家賠償法》的某些條款違憲，由此導致了司法權和總統權的紛爭，最高法院的司法審查被看作是政治政策的絆腳石。因此，韓國後來專門設立了憲法委員會來取代最高法院的司法審查權。當然，這種憲法委員會只能是一個「橡皮圖章」，控制在政治權力之下。在 1987 年憲法

---

1 這兩篇報告分別為：Sarah Biddulph 的「中國的法治與行政拘留」和李劍勇的「中國的歷史背景對《勞動法》（1994）的影響」。

之前，憲法委員會幾乎沒有審理違憲案件。正是因為幾十年的司法的沉寂，使得 1987 年設立憲法法院之後，人們從根本上就懷疑憲法法院能不能保護公民權利。[1] 但是，隨着政治氣候的寬鬆，公民的權利意識的覺醒，民權律師的努力，以及大法官們採取司法能動主義立場，憲法法院逐步活躍起來。截至 2002 年 3 月 31 日，憲法法院受理的憲法案件達 1246 起，其中直接宣佈法律違憲的案件就達到了 306 起。由此可見，憲法法院對於遏制政治權力的敗壞和保護公民的憲法權利起到了重要作用。

儘管如此，作為「憲法的保衛者」，韓國的憲法法院依然具有一些制度上的不足而需要改革。1987 年人民起義之後，對於如何在憲法的框架內解決政治分歧，不同政黨之間存在着不同意見，一派意見認為應當給最高法院賦予憲法審查權，由最高法院來解決諸如彈劾、總統競選、政黨解散等方面的政治分歧，但是韓國最高法院不希望捲入這些政治紛爭；另一派意見認為，應當將這些問題交給憲法委員會來解決。最後雙方妥協的方案是建立獨立的憲法法院。但是，在憲法法院組建之後，最高法院又竭力想限制憲法法院的職權。[2] 正是由於這些背景，韓國的憲法法院在建立的時候就存在着一些制度上的缺陷。

目前對憲法法院的改革呼聲就集中在要求擴大憲法法院的違憲審

---

1 根據韓國漢陽大學梁建教授私下裏的介紹，當時憲法法院成立之後，大法官們苦於沒有訴訟的案件。他們就是通過各種私人的渠道「招攬案件」，希望律師和法學教授們能為他們提供這樣的案件。

2 這種限制包括三個方面：首先，只有普通法院才能向憲法法院提起憲法審查案件，但是這種限制是名義上的，因為後來公民個人可以直接向憲法法院提起違憲審查的訴訟案件；其次，普通法院認為憲法法院只能受理對法律的違憲審查案件，而對於行政法規和地方法規的違憲審查權歸屬於最高法院。最後，普通法院的司法判決不屬憲法法院的受理範圍。

查權的範圍和有效保護公民權利方面。對於前者，普遍的主張是憲法法院的違憲審查應當擺脫傳統的司法審查模式（即僅僅通過司法訴訟進行審查），而吸收法國憲法委員會的對法律的預審模式（即在法律還沒有公佈的時候可以由總統、總理、國會議長或者國會的有關成員對法律提出違憲審查）或者採取德國的「抽象規範控制」制度（即聯邦政府或者國會的成員可以對聯邦法律向憲法法院提出違憲審查）。但是，Jongcheol Kim 認為這種引入法國或德國模式需要謹慎，因為憲法委員會就是一個政治機構，憲法委員會的工作程序採取的是政治程序而不是司法訴訟程序，這與韓國憲法法院的機構性質是不符合的。相反他認為應當進一步加強憲法法院的司法獨立性，而不是強化憲法法院類似國會的政治功能。

因此，他主張應當改革憲法法院的大法官的任命，包括任命的資格和任命程序，尤其是強調大法官的法律職業背景。而且總統對大法官的任命應當得到國會的批准，由此增加憲法審查的民主合法性。當然，最重要的改革就是要協調最高法院的憲法審查與憲法法院的憲法審查，因為在憲法上並沒有規定哪一個法院對於憲法的解釋具有最終的效力，對於這種重大的憲法缺陷，Jongcheol Kim 認為應當允許最高法院對行政法規和地方性法規的違憲審查權，而憲法法院可以受理最高法院違憲審查案件，對其司法判決的合憲性進行憲法審查，由此保證憲法秩序的統一性。

2、印度尼西亞：司法獨立的政治基礎

如果說韓國的民主政治是經過韓國人民堅持不懈地爭取政治自由權的民主運動乃至人民起義所獲得的，那麼印度尼西亞的民主政治是

由於 1998 年亞洲金融危機而導致了蘇哈托集權政權的垮台。但是，無論通過何種方式實現政治民主和自由，通過建立獨立的法院來保護公民權利似乎成為這種保障政治自由的重要制度設置。關於這個主題，Mohammad Fajrul Falaakh 在題為「民主轉型中的憲政與法院：印尼的個案研究」中介紹了印尼的法院在民主化進程中所扮演的角色。但是，印尼的個案表明，如果說憲政需要獨立的司法來保衛憲法，那麼獨立的司法本身又需要民主政治本身的支持，如果沒有民主政治，就不可能有獨立的司法。如果沒有司法獨立，任何形式的司法審查制度不僅難以推進憲政，而且可能成為破壞憲政、破壞民主政治的工具。因此，我們不僅要關心違憲審查這些憲政的法律形式，而且要關心作為憲政內容的民主政治本身。在題為「印尼的憲法與法院」的報告中，Bivitri Susanti 就主要介紹了印尼的法院行使司法審查本身所帶來的問題。

儘管 1945 年的印尼憲法規定了司法獨立的原則，但是，由於沒有民主政治的保障，司法只能是專制政治的暴力工具，如果不服從於蘇哈諾（Sukarno）的「革命」目的，就是服從於蘇哈托的「政治穩定」目的。由於司法服從於腐敗的政治，導致了司法本身的腐敗，司法腐敗目前已經成為印尼政治中關鍵問題之一。

蘇哈托政權垮台之後，1999 年印尼通過民主大選產生了新的民主政府，由此開始了新的憲政設計。和許多後發達國家一樣，印尼也是一個有憲法而無憲政的國家。2001 年印尼對憲法進行了修改，其中規定了「印尼是一個法治國家」，「主權屬於人民，人民通過憲法行使權力」，「最高權力屬於人民協商大會」。但是這些修改受到了嚴厲的批評，因為僅僅宣佈依法治國不能保證印尼是一個政治自由和政治民主的國家。而「最高權力屬於人民協商大會」更是否定了「憲法至上」，因

為人民協商大會可以直接修改憲法。正因為如此，如何保證司法權的獨立成為了目前印尼憲政的關鍵。

目前，邁向司法獨立的關鍵性一步就是法院系統的行政管理權從原來的隸屬於行政機關改為現在獨立的法院系統，而且為適應保護外商投資者的利益設立了專門的商事法院。與此同時，為了保護公民權利而於 2000 年在普通法院系統中設立了特別法庭——人權專門法庭（ad-hoc human rights courts），由該法庭審判違反人權的案件，儘管這種審判採取了法律溯及既往的審判原則。更重要的是，在憲法修改中設立了獨立於普通法院和其他政府機構的憲法法院。憲法法院涉及到解決政府部門之間的分歧、政黨的解散、選舉爭議和彈劾總統的程序等。當然，憲法法院的真正運作可能還需要相關的法律，比如法院的組織法和程序法等等。這些問題都將加劇 2004 年議會和總統選舉的緊張。

不過，目前印尼的憲政中活躍的還不是剛剛成立的憲法法院，而是最高法院。在傳統的司法系統的設置中，儘管規定法院不可以審查法律的合憲性，但是，卻規定了最高法院可以審查比國會通過的法律效力要低的其他各種法規。儘管在專制統治下，印尼最高法院對行政法規和地方性法規的審查並不是普遍，但是，這兩年最高法院開始逐步履行這項職權。比如最高法院就宣佈哈比比（Bacharuddin Habibie）總統關於認可東帝汶選舉結果的文件是沒有法律效力的。2001 年新的大法官就任後，宣佈了總統關於國家警察系統的領導機構的重組決定是違憲的。最高法院的這個判決等於否認了民選總統作為最高行政長官對警察權的控制。當然，這個案件的背景比較複雜，由於哈比比來自少數派政黨，最高法院的大法官卻是由多數派控制的議會選舉產生的。而 2000 年關於法官受賄案和重建銀行案的爭論則說明在政治轉型中，究竟是遵循嚴格的

法條主義還是遵循司法能動對於行使司法審查而言具有不同的效果。

2000 年，最高法院有兩名活躍的法官和一名已經退休的法官被指控收受賄賂，於是政府成立了「反腐敗聯合調查組」對此加以特別調查。這些被調查的法官對政府的調查提起了訴訟，最後最高法院在判決中認為成立「反腐敗聯合調查組」的行政決定本身是違反法律的，尤其是違反了《刑事訴訟法典》的規定。這個司法審查遵循了嚴格的法律形式主義，它意味着反腐敗本身也必須符合法律，不能因為反腐敗就採取違背法律尤其是訴訟法的規定，尤其是非法地剝奪人身自由。儘管法理上如此，由於涉及到了司法腐敗問題，最高法院的判決受到了公眾的廣泛批評。不過，在另一個涉及銀行重建的案件中，最高法院採取的司法能動原則受到了公眾的讚揚和鼓勵。1999 年印尼政府成立了銀行改組機構來應付金融危機，但是這個機構的成立相應地會侵犯其他機構和銀行本身的利益，於是這些機構和銀行就訴訟到最高法院，認為這個機構的成立與有關法律是相牴觸的。最高法院最後駁回了這種起訴，認為這個機構本身的成立是國家經濟重建的迫切需要，而不能嚴格地拘泥於現有的法律本身。無論是贊成還是批評，印尼的司法審查在國家的政治生活中已經顯示出其重要性。

3、中國台灣地區：通過憲法解釋實現政治轉型的合法性

中國台灣地區的民主化進程我們都比較熟悉，但是，我們往往關注於蔣經國的民主化改革和台灣大選，而忽略了台灣民主化進程中法院所扮演的角色。張文貞博士在題為「民主化、憲政改革與強化司法權的悖論」的報告中，則主要從司法權的角度來介紹了司法權在台灣憲政中的意義。

在台灣的司法制度中，一個重要的機構設置就是「大法官會議」，它相當於憲法法院，享有對憲法的專有解釋權。目前，大法官會議由15名大法官組成，任期9年。他們都是最高法院中傑出的法官或者著名法學家。大法院會議不僅審理公民在訴訟中涉及的法律或法規是否違憲的問題，而且受理由三分之一的議員和政府機構就法律和法規提出的違憲審查問題。從1994起，法官也可以在適用法律的過程中對法律是否違憲提請大法官會議進行審查。從1991年以來，大法官會議每年平均有25起憲法解釋，其中一半涉及到了宣佈法規或行政規則違憲。

台灣司法權的擴張與台灣的民主化運動緊密聯繫在一起。台灣的大法官會議在不斷地通過憲法解釋來推動台灣的民主化運動，其中標誌性案件就是261號解釋。1988年蔣經國去世後，李登輝繼任了總統並企圖改革國民黨和國民大會，但是這種改革無疑會遇到國民大會中資深成員的反對，這些資深成員是在1947年選舉之後一直留任的。由此，在改革國民大會中，一個針對這些資深國民大會代表無限期的終身任職是否違憲的憲法案件提到了大法官會議。這個訴訟實際上是要挑戰大法官會議在1954年做出的一個憲法解釋（第31號），該解釋容許這些國民大會代表不經選舉留任。1990年，在一片政治紛爭中，大法官會議做出了261號憲法解釋，該解釋命令1947-1948年選舉的或1969年選舉的且並沒有經過重新選舉的所有留任的國民大會代表必須於1991年12月31日離開崗位，並要求政府迅速依據相關的法律進行選舉。由此，台灣通過憲法法院對憲法的解釋完成了民主化的過渡。

在大法官會議通過憲法解釋來推動憲政的過程，一種重要的功能就是解決政治權力的分配問題。由於台灣迅速的政治民主化過程導致了政治權力的衝突和改革措施的不協調，大法官會議在協調政治衝突、理

順法律關係方面做出了重要的貢獻。比如，1992 以來的憲法改革中，監察院由於不是一個民選的代議機構，因此，監察院的監督、質詢權力就要求轉交給作為代議機構的立法院，由此導致了監察院和立法院之間的權力紛爭。在 325 號憲法解釋中，大法官們指出在新近的憲法改革中，監察院已經不再是一個代議機構。但是，監察院原來的監督、質詢和彈劾權力並沒有改變。但是，大法官們認為為了落實代議機構的功能，完全可以允許立法院對行政機構行使監督權。

另外一個例子就是立法權和行政權的衝突。1993 年新選舉的立法院就職之後，主張憲法中確立的政治體制的結構是議會制，因此要求原來的行政院長辭去職務，以便由新的議會機構來影響行政機構。但是，行政院長拒絕辭職，理由是他是由總統任命的，不因為立法院的重新選舉而改變。這樣的政治衝突最後提交到大法官會議。在 387 號憲法解釋中，大法官們做出一個大膽的解釋，認為憲法中規定的政治體制固然是議會制，但是，1994 年修改憲法規定的總統直選實際上已經將政治體制改變為總統制或者半總統制，行政院長對總統負責，而不是對立法院負責。

除了解決政治權力的分配問題，大法官會議在推行法治和保護公民權利方面多有建樹，尤其是 1994 年開始的第六屆大法官會議更是以主張司法能動主義而著稱。比如在第 313 號憲法解釋中，大法官會議闡述了法治的一項最基本的原則——非授權學說，即大法官們強調指出公民的基本權利非經法律不得加以限制或剝奪。儘管國會某些立法權可以通過授權由行政機關進行立法，但是，對於授權的目的、範圍和內容必須加以嚴格和具體的限制，而且行政機構對與法律沒有授權的任何對於公民權利的限制都是違憲的。大法官會議在保護公民權利方面，尤其

是公民的私有財產權、隱私權、出版自由權和個人自由權方面都對政府的立法採取了嚴格審查（strict scrutiny）的立場。

4、泰國與蒙古

除了韓國、印尼、中國大陸和台灣地區的憲政發展，其他地區也有類似的發展。在題為「新近民主政治中的憲法法院」的報告中，伊利諾斯大學的 Tom Ginsburg 比較了韓國、台灣、泰國、蒙古和印尼等國家和地區的在民主化過程中憲法法院所發揮的的獨特作用。

除了我們上面介紹過的韓國、台灣和印尼的情況，Tom Ginsburg 還介紹了泰國和蒙古的情況。泰國於 1997 年制定了新憲法，其目的是為了限制政府的權力，以此來解決解決歷史上持續不斷的軍事政變難題（1932 年以來泰國大約經歷了 19 次政變，有 16 部憲法）。在這部由學者們廣泛參與制定的新憲法中，憲法法院的設立就是為了解決政治衝突，從而試圖通過法院來穩定維持憲政秩序。

泰國的憲法法院由 15 名大法官組成，大法官由參議院提名國王任命，任期 9 年，任期內不可撤換。為了保證大法官的水準，憲法規定了複雜而嚴格的篩選機制，尤其是規定民選代表、政黨的黨魁、社會團體的領袖不能成為大法官，由此來保證法律的專業和職業背景。

泰國的憲法法院對法律採取事先審查和事後審查，前者是對將要表決通過的法律議案進行審查，後者是對已經生效的法律進行憲法審查。憲法法院受理的案件可以是由普通法院所移送的，也可是由議會各院的院長、總理以及其他的規定的政治機關的領導人提出，但憲法法院並不直接受理公眾的訴訟。除了這種被動的司法判斷權之外，憲法法院還有一項附屬權力，那就是直接介入到政治糾紛中，尤其是涉及到選舉

和賄賂的問題。在這點上，憲法法院是採取糾問模式的司法機構。

目前，泰國的憲法法院已經受理了一系列憲法案件。比如，農業部的一個副部長因誹謗問題被刑事法院處刑 6 個月監禁（緩刑執行），但是憲法上明確規定部長級長官不受監禁。因此，這個案件就提交到憲法法院來確定緩刑是不是意味着該部長依然可以保留副部長的職位。憲法法院判決認為緩刑並不影響該副部長的行政職位。當然，憲法法院判決的最著名的案件當屬內務部長 Sanan Kachonprasat 因為謊報個人財產而被憲法法院判處五年不得擔任政治職務。

隨着蘇聯的垮台，1989 年蒙古知識分子領導的蒙古人民革命黨也導致了當年這個世界上第二個共產主義國家的政治解體。此後的政治改革最終表現在 1992 年的憲法之中。

蒙古的憲法中設立憲法法院來監督憲法的實施。憲法法院由 9 個法官組成，由總統、議會和最高法院各挑選 3 名。憲法訴訟既可以由普通公民提起，也可以由各政治機構提起。但是，蒙古憲法法院的一個特殊之處就在於議會可以撤銷憲法法院的判決。判決撤銷之後，憲法法院可以進行複審，如果獲得了三分之二的投票，就可以重新做出終局判決。這種糟糕的設計導致了憲法法院與議會之間的一系列衝突與摩擦，控制與反控制。

5、中國大陸：公民權利保護與憲法司法化

我在題為「轉型社會中的憲政：中國的經驗」的報告中，介紹了中國的這 20 多年來在憲政方面的進展。和上述報告不同，我並沒有介紹中國憲法的具體規定，而是着重介紹了這 20 多年來社會轉型導致中國在憲政方面的具體進展。一個成熟國家的憲政首先表現在公民權利的

保護中，而公民權的保護必然和成熟的司法制度聯繫在一起，而這二者結合起來就構成了一個國家的憲政結構的重要組成部分。因此，一方面，我着重介紹了公民權利保護的進展，另一方面，介紹中國的司法改革，由此來分析中國憲政的未來走向。

在過去的 20 多年中，從名譽權、肖像權、著作權一直發展到行政訴訟和消費者權利保護，公民權利意識的覺醒導致了公民通過法律訴訟的手段來保護自己的權利。正是在這種「為權利而鬥爭」的壓力下，以司法審判獨立為最終目標的司法改革在訴訟模式的改革和法律職業的專業化方面取得了很大的進展。而這樣的進程必然會觸及到憲法問題，法院能不能通過訴訟保護憲法上規定的公民的基本權利？法院能不能審查與憲法相牴觸的法律與法規？在中國的語境中，這樣的問題變成了如何具體落實憲法規定的問題。因此，如何激活憲法，使憲法從紙上的憲法變成現實生活中的憲法就成為中國憲法學關注的焦點。為此，我專門介紹了齊玉苓案引發的憲法司法化的討論，介紹憲制發展在未來中國的可能前景。

6、小結

東亞國家和東南亞國家在歷史上都受到了中國傳統的影響，因此沒有司法獨立的憲政傳統，而且強調所謂「亞洲價值」也限制了法治的觀念，尤其是沒有司法審查的傳統。以前只有菲律賓的憲法中規定了司法審查，但很少使用。日本的憲法中規定了司法審查，但也很少使用。在 80 年代以來的全球民主化和政治自由化的運動中，這些東亞國家在推動憲政進程中，法院尤其是法院的司法審查功能卻得到了普遍的強化。許多國家從傳統的議會主權的制度變成了由專門法院制約的憲法

至上國家。

這種變化一方面受到了全球政治影響，尤其是「第三波民主化」的影響。[1] 如果說 17、18 世紀歐洲的資產階級革命建立的民主化國家屬於第一波民主化，二戰後殖民地國家的民主化努力屬於第二波民主化，那麼 80 年代以來的民主化可以稱之為第三波民主化。第一波民主化國家在經過短暫的復辟之後穩定下來。第二波民主化在推翻了帝制之後，大多數建立了名為民主實為專制的政治統治，這一方面和冷戰的國際政治格局有關，另一方面和這些國家的專制傳統有關。第三波民主化實際上是第二波民主化的繼續，和第二波民主化的革命或殖民色彩不同，第三波民主化的一個重要特徵就是通過獨立的司法來實現憲政改革，這種思路實際上反映了這些國家的理性化力量的增長。

如果我們將西方民主化的歷史作為一個參照系的話，那麼，我們必然面臨這樣的問題：一個成熟的民主政治需要哪些要素？如果沒有市場經濟導致的社會利益的分殊，如果沒有一個成熟的法律制度，沒有強大的法律職業階層，如果沒有公民對政治的積極參與，那麼，不可能建立真正成熟的民主政治。第二波民主化的失敗就在於這些國家並沒有市場經濟，也沒有法律職業家階層，是外力影響下的被動的民主化。這樣的民主化往往採取非理性的暴力革命，最終由於缺乏民主制度所需要的社會要素和法律要素而無法確立穩定的憲政民主。相反，第三波民主化主要來自社會內部的要求，尤其是市場經濟和法律職業的發展導致理性化力量的增長，在這樣的背景下，如何實現漸進的政治轉型，避免大規

1　參見 Samuel P. Huntington, The Third Wave: Democratization In the Late Twentieth Century（1991）。

模的暴力革命，成為第三波民主化的主導方案。在這樣的背景上，通過
憲法法院的漸進憲政之路成為第三波民主化的一個重要方案，這實際上
也是通過法治實現民主的政治改革思路。

　　儘管東亞和東南亞這些國家的憲政改革存在着種種缺陷，但是，
它們基本上確立起了一個相對穩定的憲政框架，應當說已經初步地完成
了歷史性的政治轉型。但是，由此引發的一個問題是：憲政之後人民做
什麼？如果說在專制統治下，人民的奮鬥目標是推翻專制，建立一個民
主憲政的國家，那麼在完成了這項歷史性的偉業之後，人民突然發現已
經失去了生活的目標，因為此後的歷史不過是如何進一步完善憲政制度
來保護公民個人的權利。這似乎是一些瑣碎的修修補補的工作，不可能
有什麼偉大的成就。這一點尤其表現在韓國憲法學家的意識之中。在我
們私下的交談中，他們被「歷史終結」意識所困擾。因此，韓國的憲法
學家們普遍對傳統的儒家文化表現出很大的興趣，將現代社會中如何復
興儒家的文化傳統作為後憲政時期新的偉業。[1]

四、對法律與社會研究的幾點感想

　　如果我們追溯法律與社會研究在美國的發展歷史的話，我們就可
以發現，一方面這種研究的問題意識主要來源於二戰後美國法律制度的
廣泛推廣導致的「法律帝國主義」的問題，「法律與發展」「法律與現
代化」以及「法律文化」這樣的研究主題幾乎都是在這樣的背景下發展

1　　在美國的民主基金會工作的韓國學者 Chaihark Hahm 在年會的「東亞的法律文化與
　　法治」的小組討論會上就提交了「法律，文化與儒家政治」的論文。

起來的。另一方面，法律與社會的研究也是對美國法律意識形態中佔主導地位的法律形式主義和法律自由主義的一種挑戰，這種挑戰與法律現實主義思潮以及後來的批判法學緊密聯繫在一起。而隨着冷戰的結束和第三世界法律的發展，法律與社會研究的一些基本前提發生的變化，以至於法律與社會研究缺乏一些根本性的核心問題。我們從前文對「環太平洋地區法律進展」研討會的概述就可以看出，無論是理論研究和是經驗研究，除了引入新的話題，比如全球化問題，第三波民主化的憲政問題，法律與社會研究在理論範式上處於窮途末路之中。從年會中討論的250 多個主題看，法律與社會研究幾乎囊括了所有的法律領域，任何你可以想像出的問題只要和法律沾邊就可以成為法律與社會研究的主題：性別問題、暴力問題、種族問題、犯罪問題、憲法問題、全球化問題等等。小布什關於邪惡軸心的講話剛過不久，這次會議上就出現了題為「邪惡軸心？法律、暴力與戰時的牧師」這樣主題討論。

　　這種理論範式的匱乏也是由於北美的法律與社會研究過分強調經驗的重要性，以至於在理論範式上嚴重地依賴從歐洲進口。一旦歐洲的社會理論家們提出了新的概念或者理論，北美的法律與社會研究者就會迅速地將這個理論或者概念運用到所有可能的經驗分析中。北美學術研究中的工業化操作方式導致了理論研究中普遍的消費主義。由於學術市場上的激烈競爭，而這種競爭的勝利往往取決於學術產品的數量，而生產學術產品最快的辦法不是理論的思考，而是對理論的消費性運用。由此，我們可以理解北美學術論文為什麼採取八股文式的標準化寫作格式。寫作成為真正的文化生產。這樣的消費機制已經被複製到了中國的學術體制中，只要我們看一看今天職稱評定的要求，就可以想像中國學術研究的未來是什麼景象。

　　由於北美學術研究的工業化模式，如何獲得學術生產的原材料（經驗材料）往往比學術生產的技術（理論）更為重要。在這樣的背景下，中國不僅是世界工業的原材料生產基地，而且是北美的學術生產的重要基地，因為中國的發展為北美的學術研究提供了新鮮的素材。這些學術生產者就被稱之為漢學家。在法律與社會研究領域，和在其他領域一樣，中國研究也變得越來越重要。在這次法律與社會協會的年會上，就有三個主題研討直接與中國法相關，一個是「當代中國的法律與文化」，另外兩個直接命名為「中國法」（一）和「中國法」（二）。而其他的許多主題中，也有一些關於中國問題的研究。這些中國法的研究者不僅包括傳統的美國人（包括華裔），而且有許多中國留學生或在美國謀得教職的中國人。當然對中國法律感興趣不僅是漢學家，而且包括美國的一些法律社會學家。我這次接觸到的一些法律社會學家都希望在中國獲得研究的素材，比如曾經提出「法律多元」概念的 Sally Engle Merry 和「法律與發展」運動中著名的 Marc Galanter 都曾專門訪問過中國，而且他們希望能幫助中國建立「中國法律與社會協會」。

　　儘管如此，我們必須清楚地意識到北美的中國法或者漢學在北美學術體制中的邊緣位置。因此，在全球化的背景之下，如果說我們要與世界接軌的話，那麼，中國的學術研究也應當與西方主流的學術思想接軌，而不是與漢學接軌。因此，在對中國本土問題的研究中，我們必須擺脫漢學的影響，儘管漢學研究對我們產生了很大的影響。當然，這種與西方主流學術的接軌也不是像美國的法律與社會研究一樣來消費一些理論或者概念，而是和西方的思想一樣來思考我們所面臨的問題或者人類所共同面臨的問題。而這樣的思考首先通過語言表現出來，而不是通過思想者的國籍身份表現出來。在這個意義上，重要的不是美國人還是

中國來研究問題，而是用漢語還是英語來研究問題。漢語寫作本身就是中國人思考自身生活的一部分，而不僅僅是中國人思考問題的外在表達工具。正是在這個意義上，中國學者與韓國學者或者日本學者有着根本的區別，儘管對西學的了解和對中國某些問題的研究方面，他們往往比中國學者更為優秀。但在我與韓國和日本學者的交談中，他們似乎有一個迫切的願望就是用英文寫作，在英文刊物上發表文章，希望他們的研究得到英語世界的認可。也許正是在這種迫切與英文世界的交流與對話中，他們自覺不自覺地喪失了文化認同的自主性。相比之下，中國的法律與社會研究的水準與北美的研究差距並不像想像的那麼大，[1] 但是，中國的學者們似乎沒有與西方用英文交流的迫切願望，即使海外留學歸來的中國學者也沒有英文寫作的習慣，大家所堅持的漢語寫作正是通過漢語語言來建構我們這個民族的精神世界。

---

1 請注意我這裏並不是說沒有差距，而是說這種差异並不像想像的那麼大。這種差距一方面體現在學術的規範化方面，比如論文寫作中切入問題的角度、問題推進的方式、寫作格式和注釋的運用等等，在這方面我們的研究顯然沒有北美的研究成熟；另一方面的差距就是對學術問題的關注不同，在這方面與其說是「差距」，不如說是「差异」，是因為我們和北美所面臨的問題不同，比如，北美法律社會學中流行的種族問題和女權主義問題，在我們的社會意識中並不像北美那樣強烈，以至於很少能夠反映到學術的思考中。如果我們抛開這些外在的差距，我們會發現中國的法律社會學研究已經取得了相當大的進展，無論在理論思考和經驗研究方面都觸及到了北美法律社會學同樣關心的一些核心問題，比如法律多元、法律規避、司法過程中的權力技術等等。在這次年會關於「東亞法律文化與法治」小組討論會上，香港大學法學院的陳弘毅教授的論文就是介紹朱蘇力教授的法律社會學思想，論文引起了與會者很大的興趣。這從一個側面説明了中國法律社會研究的進展。

法律文化與法律移植？[*]

法律移植是法學理論中一個非常重要的概念。這個概念目前主要
依賴兩個歷史現象：一是伴隨着 12 世紀開始的「羅馬法復興」，整個
歐洲出現了「羅馬法繼受運動」，由此引發法律移植中的經典問題：
為什麼英國人沒有移植羅馬法，而保持自己的普通法傳統呢？著名法
學家梁治平先生的碩士論文就討論這個問題。二是 19 世紀以來歐洲
列強入侵東方之後，引發日本和中國這樣擁有發達文明的東方國家全
面移植歐洲法，由此引發西方現代法與東方古典傳統之間的持久的張
力。著名法學家季衛東教授持續關注這個問題，他剛才的精彩演講也
以這個問題為軸心。但在對這些問題的關注中，我們普遍忽略了我們
中國內部三個法系之間的互動。如果說台灣和香港地區保留的清代習
慣法曾引發比較法學者的關注，那澳門法律移植問題卻幾乎沒有人關
注。謝耿亮的這篇文章研究澳門的法律移植問題，填補了空白，具有
重要的意義。

當然，這篇論文的重要性不僅在於填補空白，而在於他潛在地提
出一個問題：究竟什麼是「法律文化」？我們究竟應當如何研究「法律

---

* 　在 2010 年 4 月，在中國法學會第二屆青年論壇會議上的評議發言。

移植」？事實上，上個世紀 80 年代和 90 年代，法學界的主流思想意識主要圍繞「法律文化」和「法律移植」這些概念展開。「法律文化」概念的提出本身意味着對法條主義的反叛，即法律不是簡單的法律條文，更不是法典本身，而是一種文化觀念。但是，這種文化觀念往往附着在法律文本或者其他思想文本中，以至於法律文化和法律條文一樣，依然是存在於「那兒」的有待於我們去發掘的一套固定不變的東西。這種客觀主義的思路始終左右着法律文化的討論，以至於梁治平先生後來不再使用「法律文化」概念，而代之以「法律的文化解釋」。在謝耿亮的這篇論文中，作者借鑒了一位芬蘭學者的法律概念，把法律的語義規範結構分為表層結構、中層解構和深層結構，其中「中層結構」就是法律文化，就是圍繞法律規範所形成的一套文化思想觀念。這樣一種理解無疑也是一種客觀主義的思路。

　　儘管如此，作者在研究中實際上背叛了他所借鑒的法律文化概念。說到底澳門法律移植面臨的問題既不是法律規範結構的問題，也不是法律文化的問題。而是澳門 95% 左右的人口是華人，而 96.6% 的人口（包括華人和其他族裔人口）不懂葡文。這才是問題的關鍵。換句話說，如果說存在什麼「法律文化」概念，那麼這些概念不過是問題的表像，真正的問題是居民、人口流動以及其背後所代表的政治經濟力量和文化思想觀念。而這篇論文真正有貢獻的地方就在於討論澳門居民和澳門流動人口的族裔結構。由於不同族裔及其所代表的政治經濟力量，使得澳門成為角力的場所。因此，澳門法律移植的難題與其說是「法律本地化」的語言翻譯問題，不如說是華人已經在澳門政治經濟中佔據了主導力量，可是澳門司法活動依然掌握在少數懂葡文的法律階層手中。這樣一種問題意識的轉換就意味着「法律文化」和法律條文一樣，都屬於

法律的表像，法律的實質是人與人之間的較量，是人所代表的政治經濟力量之間的較量。法律移植不過是以法律條文的方式記載了這場較量的結果而已。而「法律文化」概念的提出恰恰遮蔽了這種生死搏鬥的較量，仿佛是一種文化觀念傳播的結果。

如果我們比較一下澳門與香港，就會看出從法律文化角度比較香港普通法與澳門葡萄牙法之間的優劣沒有實質意義。只要看一看內地居民向香港和澳門流動，就可以明白內地流入香港的大多屬於雄心勃勃準備創造世界的商業精英、政治精英和文化精英，而內地流入澳門的人口中，大多數屬於準備享受生活的休閒者，無論少數的文化人士還是大規模的賭客，他們不準備創造，而僅僅等待消費和消耗。我想在座的青年法律學子畢業之後想去的是香港，而不是澳門。如果再比較英國人的帝國雄心及其在香港的作為和葡萄牙帝國的衰落及其在澳門的腐敗，就能夠明白香港的普通法與澳門的葡萄牙法之間的區別根本不是所謂「法律文化」的問題。由此，我們就需要對論文中提出的「葡萄牙法律文化是歐洲後進的法律文化」這個判斷進行重新闡釋。法律文化的「先進」與「後進」的標準是什麼呢？這絕非法律或法律文化自身所能提供的，而必須在法律「外面」的世界中去尋找。葡萄牙法律文化的「後進」不在於其法律概念或法律文化，無非意味着與英國人、法國人和德國人相比較，葡萄牙人在近代興起過程中屬於後來戰敗的民族。可我們不要忘記，在地理大發現的最初歲月中，是西班牙和葡萄牙及其背後的羅馬天主教會的法學家最先奠定了地理大發現的法律規則，這些法律背後可倚憑的是當時歐洲「最先進的法律文化」。

如果我們帶着這樣的問題意識再回到中國，那麼對「法律移植」問題的研究就應當避開「法律文化」的概念陷阱，關注於「人的具體

活動」，尤其是創造性的活動，而不是「抽象的文化」。就中國的法律發展而言，也許我們不應像以前那樣過分關注如何移植「先進的法律」，而應當關注我們中國人的所思、所想、所恨和所愛。如何把我們中國人的希望、理想和追求轉化成法律，無疑應成為我們法律人當下的任務。

當前法學研究面臨的幾個問題[*]

　　簡單彙報一下我們法學組的討論。總體來講大家的討論既嚴肅又熱烈。所謂「嚴肅」因為我們討論的話題都意義重大，而「熱烈」主要是因為大家思想交鋒，相互能夠擦出一些火花，能夠相互激發靈感。大家一致認為，當前法學研究中最主要的主題就是：在全球化的背景下，如何重建中國法治傳統，走出一條法治的中國道路。就這一年而言，大家認為最迫切的問題大約有以下五個方面。我在此僅僅是概括大家提出的各種問題。

　　第一，需要重新來認識法律和政治的關係，要認識到法律是一個政治社會的產物，具有很強的政治性和社會性，而不像有些人想像的那樣，法律是普遍性規則，法院是中立化機構。具體到中國來講，必須認識到我們中國的政治秩序是黨國憲政體制，在這個問題上我們和政治學界的朋友們會有許多共同探討的問題。只有在黨國體制的背景下，才能真正認識我們的法律傳統。反思過往 30 多年來，中國法學界對法律的認識實際上處於西方 18、19 世紀法律問題的框架下，由此把西方的法律問題當作我們自己的法律問題。

---

* 　2015 年 12 月，在中信改革與發展研究院召開學術年會的小組討論總結。

　　舉例來講，我們現在正在緊鑼密鼓地提出來要制定民法典。但有不少學者，包括民法學者都質疑制定民法典是不是今天中國要迫切面臨的法律問題。這究竟是社會現實的迫切需要所提出的問題，還是一些專家從大陸法系的慣例出發，覺得需要制定民法典，從而將其變成一個一旦啟動無法下馬的「面子工程」。從制定刑法典的經驗看，刑法典制定之後面臨着不斷翻新的修正案，證明用「法典」這種包羅萬象、大而全的模式來統一部門法實際上是不可能的，這實際上是用 18、19 世紀的法律觀念來應對 21 世紀飛速變化的社會生活問題。但是，為什麼我們的法學家們始終有一股制定民法典的衝動呢？根源就在於我們面臨的法律身份認同的危機。我們自認為是一個民法法系或大陸法系的國家，而加入大陸法系的重要標誌就是要有民法典。然而，我們真的是民法法系國家嗎？民法法系國家的法律原則、制度和理念往往與我們的政治體制和司法體制格格不入，我們沒有歐洲意義上的司法獨立，我們甚至要學習的英美的對抗制司法訴訟模式，怎麼能說我們是一個民法法系的國家呢？然而，在今天的法學家看來，世界上唯一具有地位的法系要麼是英美法系，要麼是大陸法系，中國如果不能加入其中就不能獲得法律身份的正當性。正是這種身份認同的正當性危機，使得法學界不少人一直希望推動民法典的制定，以便為我們找到法律身份認同。如果我們一定要為中國法律傳統找一個身份認同的話，那要麼就是社會主義法系，要麼就是中華法系。我們吸收了大陸法系和英美法系的許多有益要素，但其實並不屬於其中任何一個法系。

　　第二，全面準確地認識黨國體制，黨國體制不僅有法治的一面，也有政治的一面，不僅有政體的一面，也有國體的一面，不僅有理性化、技術化和數字化管理的一面，更重要的是有政治、倫理、道德乃至

哲學的一面。我們的執政黨不是一個理性化、公司化的組織，也不是利益化的團體，而是一個具有理想信念、政治原則和倫理價值追求的先鋒隊組織。執政黨的正當性基礎是「為人民服務」的政治倫理以及以公平正義和平等作為價值基礎的社會主義理念。這才構成黨國體制的政治倫理和精神基礎。

但是，在過往三十多年來，以市場化、私有化或者說法治化為目標的改革，實際上不斷在摧毀執政黨的政治倫理，瓦解執政黨的合法性基礎，由此引發一系列問題，特別是引發執政黨的正當性危機，似乎只有法治憲政才能奠定執政黨的正當性。就像剛才經濟學界朋友講，如果經濟增長搞不上去，執政黨就會面臨執政危機。這在經濟學界看來似乎天經地義，可在政治學卻是一個偽命題。為什麼呢？「文化大革命」中經濟增長受到重大挫折，人們對執政黨不滿，但從來沒有人說執政黨的正當性出現了危機。為什麼今天就出現了危機呢？為什麼執政黨領導人民取得了舉世矚目的中國崛起的成就，但卻自身面臨正當性危機呢？核心就在於改革開放將整個社會的價值觀從傳統的政治、倫理和哲學的追求，轉向了追求發財致富、追求經濟增長績效的價值觀，由此黨和人民之間的關係就變成一個利益關係。改革開放以法治化為目標，就意味着政黨和人民的關係只能在法律的基礎上進行利益交換。如此，執政黨必然會面臨正當性危機，不是因為經濟不增長面臨危機，而是只要老百姓不滿意就會面臨危機，哪怕經濟增長了也不管用。若且悖論的是，是這些經濟增長中獲得好處更多的人，他們會更不滿意。

一句話，大家在討論中認為，執政黨的正當性基礎不可能僅僅建立在法治基礎上，一定要重新回到執政黨原本的正當性問題上來，重構執政黨和大多數人民之間政治倫理關係，重構黨的理論。如果不能有效

地奠定執政黨的政治倫理和執政黨的正當性基礎，我們反腐鬥爭在目前的法治框架下也不可能取得最終的成功。因此，重建執政黨的為人民服務的政治倫理，重建執政黨的社會主義價值基礎，是當前法學界面臨的重要問題。

從法學界來講，迫切需要在譜系學的基礎上，追求執政黨的政治倫理和核心價值的起源和發展演變，尤其要以研究從晚清以來到目前黨國體制發展的內在連續性，要把中國共產黨過往 70 多年普遍主義的政治理想，與中國古典傳統接續起來，我們想研究的這些內容與政治學界、史學界研究的內容可以相互促進，相互啟發。

第三，在重新追溯中國共產黨的黨國體制和政治哲學的同時，也需要回過頭來重新認識西方，重新認識西方的法治傳統、憲政體制，尤其是目前對我們影響最大的美國憲法。剛才，房寧教授說，政治學組的討論中提出要還原美國和日本。這個想法也是我們法學界的想法，因為我們今天之所以把法治化理解為中立化，甚至奠定政治正當性的基礎，很大程度上來源於美國憲法的想像。應該說過往，過去三十多年我們西方的理解主要是把西方作為一個理想化的拓本，來解決我們的自己的問題。研究西方的目的不是為了認識西方，而是作為理想來校正我們自己。這樣就會必然導致我們研究和認識西方中的「理想化」想像，導致我們不能認識一個真實的西方。現在，我們應到在學術立場上正本清源，用真正客觀而科學的態度來認識西方。用章永樂教授話來說，我們認識西方不是為了重建「血統論」，認為西方的一切是天然正當的，而應該用譜系學的方法研究其「發家史」，理解西方是如何為自己的發展壯大進行正當性辯護的。理解西方的憲政和政治的歷史發展以及西方憲政理論和西方政治法治內在的關係。

　　第四，我們認為法律有一個很特別的地方，就是我們要有許多的案例，這個案例不僅僅是司法案例，是涉及到一系列重大法律個案的研究，透過案例來重新認識西方法律和中國法律面臨的問題。這方面方流芳教授提供許多有益的話題，比如中國企業按照西方的企業理論，進行國企改制以後到美國紛紛上市。我們自認為我們是按照西方市場經濟和法治標準做出來的企業，應該在西方取得想像中的成功。然而，這幾十年來，「中概股」變成西方人專門用法律進行阻擊的首選目標，他們利用法律訴訟對準「中概股」。由此產生的大規模法律訴訟中，中國企業基本上是「百戰百敗」。像著名的民營企業三一重工也面臨同樣的問題。這種訴訟往往是一種西方企業的商業策略，很多訴訟往往沒有結果，都是中國企業出錢和解了事。這說明，我們對美國法律做了 30 多年的研究，基本上是千篇一律的書本概念研究，將其作為理想範本，可是至今沒有人對這種訴訟做過哪怕初步的研究。

　　從學術研究角度來講，我們過往做了這麼多比較法研究，不斷研究美國的法律和中國的法律，這個研究建立在一個錯誤的假定之上，就是研究美國是為了認識中國，以美國為標準來改造中國，而不是認識美國，讓中國企業家認識一個真實的美國，那就是佈滿商業陷阱和訴訟陷阱的美國。因此，法學家普遍討論美國最高法院的司法審查，甚至比美國法學院的教授都專業，可我們至今不知道美國普通的司法訴訟究竟是如何運作的。這不僅是法學界的問題，而是中國學術界乃至政府普遍面臨的問題。政府遇到問題問專家，專家遇到問題問美國。所以我們對西方的理解，始終是作為理想化、想像出來的途徑來理解，而不是實事求是地研究。由此我們看到，過去三十多年來，中國學術界最頂尖的教授都在不同領域中研究美國，少說也有幾百人吧，可實際上我們對美國知

之甚少。然而，我們回過來看美國漢學家，也不過幾十人，可把中國幾千年歷史翻了個遍，這些研究已經非常細節化，讓我們中國學人自愧不如。根源在哪裏，可能一個重要的心態就在於研究的目標不同。美國人研究中國是為了認識中國，甚至為了將來治理中國，而不是救治美國，而中國人研究美國，不是為了認識美國，而是為了救治中國，因此大家滿足於讀美國的書，理解書本上的概念，而不關心美國政治社會生活的實際運作。因此，我們的法學研究要轉向對西方扎實、細緻的研究。將來「一帶一路」建設中，許多中國企業走出去，可能會面臨很多這樣的問題。法學界應當研究一些案例，無論基層問題，金融問題，勞動法問題等等，當然也包括大量的司法案例研究。

與此相關，突顯了我們法學教育面臨的重大危機。這個危機就是我們僅僅在法條、法律概念的範疇裏討論問題，不能討論任何實質性的公共政策問題。中國的公共政策問題討論中，基本上是經濟學家在講，法學家大多數保持沉默，原因是法學家不研究實際問題，公司法教授不研究公司問題，金融法教授不懂金融問題，財稅法問題不明白財政和稅制。我們的法學界即使參與公共政策討論，也往往抽象地強調合法、程序和權利保護，而忘了法律要保護的首要價值就是安全、穩定和利益均衡。但經濟學家可能不認為安全是重要問題，可能發展或者效率是重要問題。由此，當前的公共政策制定過程中，比如金融改革，是不是安全？這樣的問題無疑需要法學界來討論。而在美國，公共政策問題的辯論中法學家是重要的力量。

第五，法學研究要思考中國未來的發展，要看到一些新的問題，特別是在一個全球化網絡化的時代，中國如何積極參與全球治理的問題。從我們整個理論上來講，可能要重新認識主權理論，要放在一個全

球帝國發展不斷變化的歷史中認識主權，而不是在過往的民族國家的認識中認識主權。這就意味着我們要突破傳統的民族國家研究框架，研究帝國與主權的內在關係。其中有一個問題，就是互聯網主權的問題。互聯網安全背後是互聯網的主權。互聯網這一套技術發明以後，全球迅速作為一個新領域在形成。在這個領域裏邊，主權應該怎麼表達，這不僅僅是理論問題，也涉及到我們中國未來的互聯網安全的問題。

總的來講，我們認為中國的問題有好多，也很難，但是我們希望法學研究要三個面向：一是面向中國歷史傳統，打通古典、近代和現代當代，二是面向現實，實事求是，特別是要實事求是認識西方；三是面向現實問題，關注中國發展過程中面臨的現實問題，而不是限於抽象的概念和規範之爭。對於第三個面向，大家認為最重要的是在研究方法上促進跨學科的對話和合作，促進我們法律和政治、經濟、社會、歷史文化的互動，共同推進對中國的問題的研究，共同推進中國學術事業的發展。

法律社會學研究的困境與出路[*]

一

　　最近幾年來，法律社會學研究陷入了雙重困局。一方面法理專業領域中的法律社會學研究出現了「對象化」的傾向，並因此日趨僵化或教條化，從而喪失了法律社會學思考乃至批判的活力與吸引力。另一方面一些真正有創見的法律社會學研究往往出自部門法專業的學者，這些研究由於缺乏法律社會學的問題自覺或理論自覺，難以在理論上取得重大突破。之所以出現這種局面，是由於法學研究和教學在「專業槽」越挖越深的過程中，學科建制壁壘越來越高，形成畫地為牢的格局。各部門法之間日趨自我封閉，既缺乏相互學習的興趣，也缺乏相互對話的機制。以至於我們同在法學院，但卻缺乏一個「法學界」，各個專業都在致力於編製自己的「行話」，以別人聽不懂為榮，以別人搞明白為恥。這裏所說的「別人」，不僅是通常理解的作為法治啟蒙對象的大眾，而且包括我們這些法學博士和法學教授們，因為面對任何部門法，其他學

---

* 本文最初是為《公共政策的法院》（黃韜著，法律出版社，2013 年）所作的序言，後來發表於《文化縱橫》，2018 年第 4 期。

科的法學教授多數屬於「法盲」。比如黃韜在《公共政策的法院》中所講的金融司法問題，相信不少法學教授都屬於「法盲」，至少我是如此。

蘇力教授最近在一個演講中，批評法學界流行的說法——「像法律人那樣思考」。其實，這個說法很多情況下是對非法律人士講的，或對剛入學的法科生講的。這個說法有助於提升法律職業的神祕性，實際上是法律人在社會大眾面前建構自我權威的過程。對我們法學界內部人來說，這種說法恐怕沒有幾個人會當真。我們真的有一種共同的法律人思維方式嗎？大家要麼是從部門法專業出發，強調民法思維、刑法思維、行政法思維或憲法思維等，要麼是從研究方法出發，強調法教義學思維或法經濟學思維，要麼從中國法的移植源流出發，強調普通法思維或大陸法思維等。由此，法律人思維的說法不過是法律專業化的代名詞而已。托克維爾曾經認為，法律人應當抑制和抗衡民主時代的「多數人暴政」，那麼順着托克維爾的思路，誰來抑制和抗衡專業化時代的「專家暴政」呢？正是面對目前技術官僚統治時代日趨嚴重的「專家暴政」局面，蘇力教授對所謂「像法律人那樣思考」的批評，其實是對「專家迷信」的批評，從而希望我們日益專業化、部門法化的法律研究可以去文返質，返樸歸真，回歸到一些樸素的常識上來。

其實，這個樸素的常識就是法律社會學的常識。法律人的思維無論多麼神祕，一個簡單不變的道理是：法律不是用來滋生法學概念的，而是用來解決社會問題，不是在創建各種法學理論體系中完善的，而是在應對各種複雜局面中豐富發展起來的。由此，評價法律的最終標準不是法律或法學自身提供的標準，哪怕是發達的西方法治國以普適價值的名義所提供的標準，而是真實的社會生活所提供的標準，而且就是使得法律之所以成為法律的那個具體社會的標準。一如吉爾茲所言，法律乃

是「地方性知識」。這樣一種思考與其說是一種法律現實主義或法律實用主義的思考，不如說就是法律社會學的基石。法律人建構的法律概念體系或法學理論體系，就像生長在社會土壤之中的大樹，只有能夠有效解決社會面臨的問題，從社會中汲取營養，才能茁壯成長，生生不息。無論我們從美國、德國、法國、日本等移植多少法律概念、法律規則、學說教義和理論思想，能否成長為「中國的」法律，取決於它們如何回應中國社會的問題，在中國社會的土壤中如何生根和發芽。法律不是在社會之外，而應當在社會生活之中。

　　法律部門各不相同，法學方法百花齊放，但我們要回應的卻是同一個中國社會中所產生的問題。正是法律賴以生存的社會為不同的法律部門和不同的法律方法提供了共同的基礎。因此，假如在各種法律專業、各種法學方法、各種法律傳統提供的思維方式之上真的有什麼「法律人那樣的思考方式」，那恐怕就是法律社會學的思考方式了。法律無論怎麼複雜，都是用來平衡社會利益、解決社會矛盾的。這樣看來，法律社會學與其說是一種研究方法，不如說是一種問題意識。法律社會學也許不一定是法學研究中共同使用的方法，但卻應當成為法學研究中共同的問題意識。我們無論在立法過程中，還是在司法過程中，無論用教義學的方法解釋法律，還是用法律經濟學方法來理解法律，都必須回答一個共同的問題：我們為什麼要如此制定法律？為什麼要如此解釋法律？這樣做究竟要解決什麼問題？這樣做的社會後果是什麼？這樣做會如何改變人們的行為預期？這樣做哪些人獲益、哪些人受損？這樣做的正當理由究竟是什麼？對這些問題的回答肯定存在着分歧，但正是這種共同的問題意識中，我們不同的法律部門、不同的法學方法在分歧和辯論過程中，最終構成符合中國社會傳統的法律傳統。

二

從 1980 年代中國法治重建開始，法律社會學首先作為一種豐富、發展馬克思主義法學的研究方法和研究路向在中國發展起來。北京大學法學院乃是法律社會學研究的大本營。沈宗靈先生和趙振江先生乃是領軍人物，而他們的學生，諸如季衞東、齊海濱、陳興良、姜明安、石泰峰、王晨光和徐友軍等這批初出茅廬的青年法學家，雖然在不同學科專業中，但卻共同分享法律社會的基本研究方法，不是單純研究「書本上的法」或「法條中的法」，而是研究社會實踐中的法，司法過程中的法。可以說，當時這批人的確有股創建「北大學派」的氣象，他們的努力推動了法律社會學研究的第一波。

由於眾所周知的原因，法律社會學研究的第一波中斷了。隨着部門法的興起，陳興良老師在當時提出了著名的深挖「專業槽」口號，部門法開始走向了專業化道路。法律社會學不再是作為法學各部門共同分享的方法，而是變成了法理學科中的一個專業。特別是進入 1990 年代之後，伴隨着中國社會科學的興起，法律社會學研究迎來了第二波。蘇力、梁治平、季衞東、鄧正來、夏勇、馮象、賀衞方、高鴻鈞、張志銘、朱景文、范愉等這些我們熟知的法學家基本上都致力於法律社會學研究。部門法學者比如陳興良、姜明安、王亞新等人也參與其中，但此時部門法的專業壁壘已建立起來，法律社會學並沒有成為法學界共享的方法。因此，法律社會學研究的第二波基本上集中在法理專業內部，儘管這種研究對部門法產生了相當的影響。

與法律社會學研究第一波不同，法律社會學研究的第二波固然將法律社會看作是一種方法，但已經不再是「實踐中的法」或「司法過程

中的法」如此簡單。在理論方法上，第二波的研究不僅引入了宏大理論範式，比如國家與社會理論、功能主義理論、程序正義理論、權力技術與現代治理術等，而且引入了法律經濟學、法律人類學和後現代主義等各種分析工具。在問題意識上，第二波的研究直接審視中國法律的現代性問題，如果借用蘇力教授的兩個書名來說，就是在「道路通向城市」的過程中，為什麼還要「送法下鄉」，由此也成就了蘇力提出的「法治本土資源」理論。在法律社會學運動的第二波中，北大法學院依然是法律社會學研究重鎮，而蘇力教授似乎也對「北大學派」這個說法情有獨鍾。特別是蘇力教授與季衛東教授關於中國法制現代化與後現代法學的辯論，構成了法律社會運動第二波的內在張力。無論贊成還是反對，對中國法治現代化進程的反思無疑構成了法律社會學運動第二波的共同問題意識。

然而，這個問題意識似乎並沒有成為法學研究的共同問題意識。比較之下，部門法學整體上處在與國際接軌的進程中，這樣的進程也當然獲得了主流法理學說的支持，比如市場經濟乃法制經濟論、權利本位論、現代法精神論等等，當然還有其背後更為廣大的普適價值理論。在這個意義上，法律社會學第二波的主流思想非但未能成為各部門法學科共同的研究方法與問題意識，反而構成了對部門法領域中全面國際接軌進程的批判。在這個意義上，法律社會學運動的第二波相當於一場批判法律運動，實際上包含着對現代性法律的批判。雖然這種批判的指向有所不同，一部分人運用法律社會學工具來批判政法傳統，從而希望在中國建立西方式的現代法治，而另一部分人則對西方法治本身展開批判，希望建立中國自己的法治傳統。由此，傳統與現代，西方與中國，整個思想界討論的問題意識其實也都展現在法律社會運動的第二波之中。

　　法律社會運動的第二波剛好與中國持續進行的大規模司法改革運動相呼應，法律社會研究也自然將司法改革作為研究對象，由此導致法律社會學研究趨向於對象化，即將法院或司法過程作為研究對象，由此產生了大量的學術論文。而與此同時，在國家法與習慣法、「本土資源」，以及「送法下鄉」這些理論範式的影響下，鄉土社會以及民間習慣法也成為法律社會學研究的對象。法理專業中的法律社會學研究基本上集中在司法改革背景下的法院運作以及鄉土社會的習慣法這兩個領域中，而將這兩個問題結合在一起的調解問題，似乎成為法律社會學研究不可或缺的重點所在。在法學專業中，這兩個領域剛好不屬於任何部門法的研究對象，從部門法的角度看，這兩個問題領域恰恰是部門法研究中的剩餘範疇。在法學部門法化或專業化的背景下，許多法理學者也很難深入到部門法的內部，用法律社會學方法研究部門法中的問題，其結果是法理專業的法律社會學往往自覺不自覺地選擇部門法研究領域之外的剩餘範疇，而很少運用法律社會學方法研究諸多部門法問題。

　　至此，可以說法律社會研究進入了第三波，這一波並沒有統一集中的理論範式或問題意識，而是一種分散化的研究取向。其一，法理學專業中的法律社會學研究日趨對象化。在上述兩個問題領域之中，其中不乏一些不錯的研究，比如侯猛關於最高法院的研究等。但就整體而言，特別是和法律社會學運動的第二波相比，這一波的研究缺乏更大的問題意識和理論關懷，變成了在研究問題對象化之後的專業操作，許多研究往往是用經驗數據或田野故事包裝出來的、千篇一律的學術工業品。

　　其二，只有極少數法理專業中的法律社會學研究能夠深入到部門法的「內部問題」中，用法律社會學方法來研究這些問題，從而與部

門法的學者進行對話。比如蘇力就深入到一系列刑法問題中，討論強姦幼女問題、黃碟案和許霆案等，與刑法學者展開辯論。同樣蘇力也把法律社會學方法帶入到對憲政問題的研究中，討論中國古典的憲政秩序。凌斌則從法律經濟學方法入手研究公司法和知識產權法中的諸多問題。這個研究方向無疑代表了將法律社會學研究從第二波的宏觀理論轉向第三波的微觀分析。然而，囿於部門法形成的專業壁壘，法理學者需要花費相當的精力才能越過某個部門法的門檻，從而與該領域的部門法學者形成「內部的專業對話」，否則部門法學者會認為法律社會學對部門法問題的討論是一些無需關注的「外部問題」。這樣一種局面對法理專業的法律社會學研究無疑增加了難度，一方面法理學者需要與更大的政治哲學問題和社會理論問題展開對話，另一方面法理學者又要和部門法學者進行對話，這就意味着法理學者對部門法問題的研究若要有所深入，只能選擇一兩個部門法問題，而很難對所有的部門法問題展開討論。

如果一個法律社會學家真的要對所有可能的部門法問題進行專業領域中的「內部對話」，除了具有波斯納式的寫作狂熱，就必須將法律社會學降低為一種分析工具或操作方法，用這種工具或方法橫掃一切領域的部門法問題。比如就波斯納而言，必然要把法律社會學蛻變為一種法律經濟學方法和一種實用主義的態度和立場，其結果可能喪失了法律社會學本來具有的問題意識：我們為什麼要法律來建構社會關係？我們試圖用法律建構怎樣的社會關係？究竟用我們想像的法律建構社會，還是要求我們的法律符合社會？怎樣的法律才能建構我們所期望的社會生活？由此，法律社會學研究越來越趨向於對微觀問題的分析，自然可能喪失了對宏觀問題的把握。法律社會學在與部門法

進行微觀對話的過程中，有可能喪失與社會理論和政治哲學進行宏觀對話的機會。

由此，特別值得我們關注的是在法律社會學研究的第三波中，對部門法領域中具體問題的法律社會學研究不是來自專業的法理學者或法律社會學家，而是部門法學者自己的研究，儘管這些研究受到了法律社會學研究第二波中提出的種種理論範式的影響。隨便舉幾個大家所熟知的例子，比如在行政法領域，羅豪才教授推動了對「軟法」問題的研究；姜明安、王錫鋅和沈巋等推動的「新概念行政法」實際上就是用法律社會學的問題意識和方法來研究公共行政過程中的面臨的諸多問題；何海波的行政訴訟法研究一直採取實證研究的立場，並由此提出「實質法治」的主張。在刑法領域，白建軍基於判例數據庫對刑事定罪量刑問題進行嚴格的實證分析；勞東燕對罪刑法定本土化問題的研究，實際上採取的是一種法律社會學的問題意識和理論框架。在公司法領域中，鄧峰也運用法律社會學和法律經濟學的方法對公司制度的運作進行了精細的分析。而金融法專業的唐應茂竟然用嚴格的實證研究方法來研究眾所周知的「法院判決執行難」的問題。同樣難能可貴的是，金融法博士黃韜的這篇博士論文也是運用法律社會學方法來研究最高人民法院的金融司法。由此可見，在法律社會學運動第三波中，來自部門法學者的研究無論在數量還是質量，大大超越了法理專業中的法律社會學研究。這不能不說是一個可喜的進步。剛才隨手拈來的這些學者，都是北大法學院培養出來的，甚至不少在北大法學院執教。這足以看出在法律社會學的發展進程中，北大法學院始終扮演了引領者的角色。可以說，北大法學院乃是推動中國法律社會學發展的源泉、搖籃和大本營。

三

筆者是在 2011 年第三屆「政治、法律與公共政策」年會論文集中看到黃韜博士的論文，那是其博士論文的一章，其扎實的研究給我留下深刻印象。也由此，我鼓勵黃韜博士修改其博士論文，甚至鼓勵他將著作的標題改為現在這個樣子。在一個成文法國家中，法院的職能是依照法律對個案進行裁判。由於缺乏判例法制度，法院對個案的裁判並不一定產生一般意義的約束力。由此，法院，哪怕是最高人民法院，很難像普通法法院那樣扮演類似立法者的角色。於是，對最高人民法院的扮演類似立法者角色的關注，要麼集中在具有一般性規範意義的司法解釋問題上，要麼集中在法院的公報案例的非正式影響力以及由此發展出學界翹首以待的「指導性案例制度」上。

事實上，在侯猛在對最高人民法院的研究中，就提出了最高人民法院作為「公共政策法院」的構想。這個構想與其說建立在對最高人民法院司法解釋權的實證分析上，不如說建立在對美國聯邦最高法院的想像之上。因此，他主張最高人民法院只有變成美國聯邦法院那樣的上訴法院，才能真正成為公共政策法院。可以說，最近幾十年來司法改革以及由此而來對中國司法制度的研究，很大程度上是以美國聯邦最高法院作為想像對象的。從「憲法司法化」到設立「大區法院」的主張，從司法專業化到以上訴審判為中心的公共政策法院，莫不如此。然而，問題在於我們的司法改革不是改革最高人民法院，而是改革各級人民法院。當地方各級人民法院，包括基層法院，都強調司法專業化和判決書寫學理化的時候，司法改革不可避免地陷入一場災難。西部基層法院嚴重缺乏正規法官，案件大量積壓久拖不決，法官規模不斷擴張，判決說

理遠離百姓常識，普通百姓不堪訴訟負重。換句話說，老百姓實在搞不懂自己納稅供養了越來越多的法官究竟在幹什麼。

中國的司法改革需要立足於中國的社會現實，對最高人民法院研究固然可以參照美國聯邦法院，但必須立足於鑲嵌在中國憲政結構中的司法運作，只有這樣才能真正對中國最高法院的實際運作給出準確的描述。黃韜博士的這部著作之所以重要，也許就在於從一開始就沒有想到要做一篇法律社會學論文，也因此避免了從某些既定理論框架出發來剪裁、甚至曲解客觀事實。相反，他基於一個樸素的想法，希望描述和理解最高人民法院如何處理金融問題的。正是這個單純的想法，使其論文真正貼近了法律社會學的問題意識：在我們做出應然價值評判之前，我們首先要理解我們面對的怎樣的一個真實世界。而他的經驗描述告訴我們，至少在金融司法領域，最高人民法院扮演了公共政策制定者的角色，這不僅體現在通常理解的司法解釋功能和案例指導功能中，而且體現在案件受理的篩選機制、金融審判專業化的努力和金融監管中行政權與司法權配置等各個方面。正是從現實經驗的描述出發，我們看到一方面與法律規範對最高人民法院的定位相比，最高人民法院始終扮演了公共政策的制定機關，但和美國相比，最高人民法院對公共政策的影響力並沒有美國聯邦最高法院那麼大，而且發揮公共政策影響力的方式也不同，由此黃韜將其定位為「中國式的公共政策法院」。

可見，黃韜對金融司法和金融監管的研究，始終自覺不自覺地以美國的金融司法和金融監管模式作為參考框架，但正是作者的法律社會學立場使得他始終持一種同情理解的平和立場來展現兩種模式的不同，避免採取意識形態化的簡單立場。在黃韜看來，這兩種金融司法模式之所以不同，恰恰在於金融司法中發揮的公共政策導向有所不同。如

果說美國金融司法的公共政策導向是保護投資者利益和維護市場經濟等，那麼最高人民法院在金融司法過程中需要承擔更大的公共政策職能，包括「防止國有金融資產流失」「完善金融法律規則體系」「提升金融市場法治化程度」，以及服務與黨和國家的金融政策等等。

然而，如果我們進一步追問為什麼最高人民法院要秉持這些公共政策導向？這些獨特的公共政策導向是通過何種機制進入最高人民法院的金融司法中？這就需要把最高人民法院放在中國的憲政秩序中理解，需要把我們的金融司法放在中國現代化進程的特定歷史階段中去理解。在這方面作者也給出了諸多論述，比如在一開始作者就提到最高人民法院在金融司法中秉持的「大局意識」，而在結尾處作者進一步指出，若按照美國標準，中國在金融市場的投資者保護問題上存在明顯的「司法失靈」現象，但在中國的憲政制度框架中，「司法失靈」並沒有嚴重的社會後果，因為中國的投資者權益保護工作主要不是通過司法機制來完成的，而是通過「國家調動政治資源」來實現的。這無疑是著作中值得進一步挖掘的亮點。

然而，也正是在這些地方，我們看到了作者的不足，即在微觀上精細地描述和分析最高人民法院的金融司法運作時，忽略對相對宏觀的理論關照，尤其對最高人民法院發揮公共政策影響力的制度架構和制度機制及其歷史背景缺乏系統地闡述。假如作者能夠從黨國憲政體制的內在邏輯出發，那麼無論是「大局意識」，還是「國家調動政治資源」都要予以重新闡釋。這樣我們也許會在黨的政策、國家官僚制的運作和司法權之間的互動關係中對金融司法有更為深入的把握。假如作者將當下的金融司法放在更為廣闊的歷史背景中來理解，那麼無論金融司法的公共政策指向，「強行政、弱司法」的權力格局，還是「國家調動政治資

源」，都會有不同的歷史意含，並由此揭示其未來可能的走向。

　　之所以出現這些不足，很大程度上是由於作者在一開始對宏觀理論問題的思考準備不足。這也是法律社會學運動第三波中普遍存在的問題，尤其是部門法領域中的法律社會學研究更容易出現這些問題，即長於部門法內部問題的分析，但弱於宏觀理論框架的提升和把握。這樣我們就會在法律社會運動第三波中看到兩個相互隔絕的現象：法理專業中的法律社會學將其研究對象聚焦在部門法領域缺少關注的「剩餘範疇」中，比如司法改革、鄉村習慣法等，而部門法專業中的法律社會學問題主要由部門法學者來承擔；法理專業的法律社會學研究往往對部門法中的具體問題把握不夠，甚至由於受到理論框架的預先束縛，不惜用理論框架來歪曲事實，而部門法領域的法律社會學研究往往過分關注部門法的具體問題而忽略了對理論問題的思考。

　　法律社會學運動第三波中出現的這種相互隔絕的困局，很大程度上是由於我們的法律教育體制造成的。一方面法學院法律本科教育的專業化傾向本身就缺乏對人文社會科學，特別是政治哲學和社會理論的系統訓練，而在研究生階段，學生培養又受到了嚴格的專業壁壘和導師個人學術傾向的影響，缺乏打通各專業領域的公共課程，以至於法律社會學、法律人類學、法律經濟學、法律與公共政策等課程除了法理專業的研究生，很少有部門法專業的研究生系統選修。以至於大量部門法領域的學者雖然有興趣對本領域的問題進行法律社會學研究，但苦於缺乏系統訓練，只能依靠個人興趣的摸索來完成這種訓練。但另一方面，法理專業領域中的法律社會學研究一旦將問題對象化在司法制度和鄉村社會的習慣法這兩個固定領域中，從一開始就喪失了對部門法中真正鮮活的法律問題的關注和把握能力，很容易把自己的視野局限在部門法領域之

外的「剩餘範疇」，喪失了與部門法問題進行對話的能力。

　　要改變目前法律社會學研究的這種困局，首先要重新恢復法律社會學本身的問題意識和反思批判的活力，特別是對於法理專業而言，必須將法律社會學研究的視野從當下的司法制度和鄉村習慣法這兩個部門法很少涉及的剩餘範疇中解放出來，從而和部門法學者一起來思考當下中國各個部門法領域中面臨的重大問題。換句話說，法律社會學研究的對象不應當集中在某些固定不變的領域，而應當放眼整個部門法領域。

　　進一步而言，應當改革法律教育體制，必須將通識教育始終貫穿到法律教育中，特別是政治哲學和社會理論以及法律社會學、法律經濟學和法律人類學，應當成為每個法學院學生，尤其是進行高端培養的研究生，必須修習的課程。這就意味着每一個部門法專家都是一個潛在的法律社會學家。法律社會學的問題意識不僅是法理專業的問題意識，而應當成為中國法學家作為共同思考基準的問題意識。法律社會學家不再是法理專業中的特產，而應當是整個法學界的產物。這就意味着我們的法學研究在專業化壁壘導致相互隔絕的情況下，依靠共同的法律社會學問題意識來自覺打破專業壁壘，透過問題意識而不是專業知識，形成不同專業之間的對話和互動，從而共同建構中國的法律傳統和法學傳統。

　　實現法理專業的理論思考與部門法領域具體問題的完美結合，則需要我們共同提升法律社會學研究的層次。一方面法律社會學絕不能降低為一種分析方法或分析工具供各部門法普遍使用，而必須保持作為問題意識本身的活力以及由此追問而產生的理論與經驗之間的張力。只有保留鮮活的問題意識才能保持這種內在的張力，也只有這種張力才能塑造持久發展的法律和法學傳統。另一方面法律社會學絕不能僅僅局限於「價值中立」的客觀描述，也不能簡單地變成田野調查的法律故事，而

必須與部門法中的規範意識進行有效對話。法律社會學必須處理規範問題，這也是法律社會學不同於一般意義上的社會學、經濟學和人類學的特殊性所在。而法律社會學在處理規範問題時，需要從部門法領域的規範出發，但不是把法律規範理解為必須應當遵守的道德命令，而是理解為一項解決社會問題的公共政策。

這或許意味着法律社會學研究就需要從過往的「法律與社會」的研究，逐步轉向「法律與公共政策」的研究。這就意味着我們要特別關注不同的社會階層、利益集團、意識形態之間的相互博弈，以及維持這種博弈進程運行的制度環境和具體機制等等。由此，法律社會學研究不僅需要從社會學、經濟學、人類學等學科獲得理論資源，更需要從政治哲學、政治學和公共行政學等學科中吸取理論營養。法律社會學研究也不僅是對過往法律歷史和法律現實的經驗總結，更是對法律現實的批判乃至為構建良好法治秩序的宏觀展望。由此，中國的法律社會學研究需要走出所謂「事實」與「價值」分離而設定問題論域，在「事實」與「價值」之間尋求互動的途徑，從而把微觀田野描述與宏觀理論思考結合起來，把部門法的規範與其作為公共政策的政治導向和社會後果分析結合起來，把法律的歷史、現狀與未來發展結合起來，從而開創法律社會學研究的新局面。這可以看作是我對法律社會學研究第四波的展望。

黃韜博士在北大法學院接受學術訓練，又在著名法社會學家季衛東教授執掌的上海交大凱原法學院執教。我希望他能繼續在金融法領域推動法律社會學研究，也希望上海交大凱原法學院能夠成為法律社會學研究的南方重鎮，與北大法學院遙相呼應，一起推動法律社會學在中國的發展。

149

理解中國古典法律傳統必讀的
三部著作 *

梁治平：《尋求自然秩序的和諧》

推薦語：法學院學生每天學的都是從西方移植而來的現代法律制度，耳濡目染都是西方的東西。如果不熟悉蘇格拉底審判和「馬伯里訴麥迪遜」案，都不好意思說自己是法學院畢業的。相比之下，對中國法律傳統的了解和理解則非常單薄，「春秋決獄」可能只知道一個名詞概念，「海瑞定理」可能沒聽說過，至於憲法爭議肯定是聞所未聞。即便熟讀法律史的教科書，那也往往從西方現代「法律」的概念出發，來肢解完整的中國法傳統。由此，中國古代就自然沒有「憲法」，沒有「民法」，只剩下發達的「刑法」和「行政法」，由此也就坐實了中國古代屬於君主專制政體的「原罪」。而要真正理解中國法律傳統，必須要從中國人對秩序和法的理解視角出發，盡可能用古代自身的眼光來理解古代，由此才能把握中國古代法律傳統。因此，建議從本科生時期就養成閱讀中國古代典籍的習慣並長期浸淫其中，這樣才能真正理解中國文明

---

* 2018 年 12 月，應「法意」公眾號的邀請推薦閱讀書目。

傳統對於現代中國人生活的意義，理解中國古代法律傳統是如何在現代法治秩序中發揮作用的。

梁治平先生的這本書是在 1980 年代「文化熱」的背景下誕生的。這個年代被看作是繼續五四運動的「新啟蒙」，整個主流知識界差不多全盤否定中國文明傳統，中國文化被看作是「醬缸文化」，和西方藍色的海洋文明相比，中國文明屬於愚昧落後的黃土文明，而這種黃土文明的典型形象就是張藝謀代表的「第五代」導演們在西方電影節上紛紛獲獎的各種作品。由於中國文化的「劣根性」所塑造的「國民性」，中國人從一生下來的就具有了文化「原罪」。「原罪」概念讓西方人匍匐在上帝腳下，但這個概念讓中國人匍匐在西方人的腳下。中國的一代文化精英就這樣日復一日地塑造了中國人自我否定、自我踐踏、自我貶低的賤民心態或奴隸人格。這種自我否定的文化傳統在不斷地自我生產，接受這種教育的人自然不自然就染上了這種心態。

梁治平先生的這本書必須放在這樣的文化背景下來理解。這本著作無疑也是從西方現代法律的視角出發來看中國法傳統的，本書不可避免包含着從西方現代法律立場出發對中國法傳統的批判。但是，如果與梁治平先生更早期的《新波斯人信札》和《法辯》等著作相比，這本書對中國法律傳統給予了更多的同情式理解，從而與整個思想界拉開了距離，超越了 1980 年代思想界的格局，成為中國法律史領域中的經典之作。這或許就是中國傳統文化的魅力所在。任何一個人，如果能進入中國古典的世界，就一定會有不一樣的心境來面對傳統文化。

比如現代法律的基本立場就是法律與道德的分離，由此中國古代道德與法律相結合的禮法傳統自然成為中國沒有法治的「原罪」。梁治平先生在書中用了兩章來討論中國法傳統中「道德的法律化」與「法律

的道德化」，這無疑是書中最精彩的章節。然而，認真讀下來反而對道德與法律的關係會有新的理解，說到底在中國法傳統中，道德和法律都要服務於一個更高的概念「秩序」，而這個「秩序」就是書名的要旨「尋求自然秩序的和諧」。如果說「秩序」的角度看，西方法律與道德的分離可能要服務於另外一種「秩序」的建構。中國文明和西方文明代表的是兩種不同的「秩序」觀念，二者需要放在平等的地位上來比較。從中國傳統文化中成長起來的中國人非但不會產生自我否定的「原罪」意識，反而因為這種偉大的文明傳統而獲得自我肯定的文化自信心和文明自豪感。

梁治平先生雖然沒有從法理學的角度來討論「秩序」這個概念，但他已經將「秩序」概念隱藏在「文化」概念之中。因此，書的一開始就討論中國與西方在國家構造的不同，以及在最高秩序觀念中「自然法」與「法自然」概念的不同，這都是在根本意義上追溯中西方文明在最高秩序意義上產生分歧的起源。如果和瞿同祖先生的《中國法律與中國社會》相對照，就可以看出後者着眼於從中國社會構造的角度來理解中國傳統法律，而梁治平先生則希望從中國文化秩序構造的角度來理解中國傳統法律是如何鑲嵌在整個文化秩序中的，成為中國文化的有機組成部分，由此形成「用文化解釋法律，用法律解釋文化」的方法論。而這句話是對孟德斯鳩的「用社會解釋法律，用法律解釋社會」的套用，足以看出梁治平先生的理論雄心。後來，梁治平先生特別強調自己採用的是「法律的文化解釋」的方法論。這種方法論上的自覺，使得他的研究完全超越了法學界所普遍採用的「法律文化」概念。

今天，我們的法律乃至文化很大程度上受到了西方法律和文化的影響，但中國文化及其法律傳統依然活在當代中國秩序構造中。古今中

西之間不同文化秩序之間的矛盾衝擊和相互糾纏，既給我們帶來痛苦與喜悅，也給我們帶來希望與失望。但由此產生的力量卻在不斷地推動中國文明秩序在前所未有的成長中。今天中國政治法律秩序中面臨的種種問題，可以看作是「成長中的煩惱」。好在，經歷了中國的崛起，年輕一代學子正在走出自我否定的心理陰影，重拾對中國文化和中國文明的自信心。在這個時代重讀梁治平先生的《尋些自然秩序的和諧》，不僅可以反思那個年代，更重要是由此作為橋樑，讓中國文明傳統薪火相傳，在未來發揚光大。

蘇力：《大國憲制》

推薦語：蘇力的著作可讀性非常強，這部著作更是如此，甚至在章節中增加附錄和評論，以便延伸問題的討論。讀他的書就像和他聊天，時刻準備以辯論的心態迎接他的挑戰、反駁和詰難。如果你不準備反駁他，不準備和他辯論，就不是一個好的讀者。這是一本真正充滿法律人智慧的著作。他就像一個細心的律師，從某個被人們忽略的細枝末節入手來顛覆整個案件事實，或者就像充滿智慧的大法官，從某個概念中解讀出微言大意，從而顛覆對整個法律條款的理解，創建出新的法理學。閱讀這本書有助於培養法律人的技藝。

同樣是中國法傳統，我們會看到梁治平在《尋求自然秩序的和諧》中所處理的問題和蘇力在《大國憲制》中處理的問題有多大的差距。這就提醒我們注意中國法傳統的豐富性、開放性和鮮活性。歷史傳統從來不是死的，關鍵在於我們試圖用什麼樣的方法、視角和問題意識來激活中國法傳統，讓古人活過來與我們進行對話。

　　與梁治平先生的「文化解釋」趨向不同，蘇力始終秉持功能主義、實用主義的立場，甚至將文化也理解為一個解決問題的手段。這種功能主義和實用主義的立場很大程度上可以調動起我們的生活經驗和常識，使其成為我們思考問題的出發點。「父慈子孝」「男女有別」「車同軌、文同書」、萬里長城、科舉制度等等這些初中歷史知識和常識都會變成宏大的憲制理論，甚至封建皇帝也從制度的角度來重新思考。當主流法學界的憲法學研究集中在基本權利、憲法司法化、政體或憲政等這些規範憲法學說的範疇和概念時，蘇力從憲制必須面臨的具體問題入手，將地理與邊疆、軍事與文化書寫、家庭社會、經濟與度量衡、政治精英與皇帝等內容變成了憲法學研究和討論的對象。在這個意義上，蘇力對憲法學研究範式具有革命性的貢獻。而這個革命性就在於主流憲法學研究的是法條建構起來的「憲法律」（constitutional law），而這樣的憲法往往是法律條文和司法實踐建構的憲法。比如眾所周知，美國的憲法律中從來沒有違憲審查的規定，可美國實際運作的憲法中存在着違憲審查。而蘇力研究的是就是現實生活中各種力量真實建構的「憲法」（constitution），認真對待真正將古典中國作為一個國家建構起來（constitute）的力量。由此，檢驗真假憲法就有一個重要的標準，如果憲法文本廢除了，國家依然正常運作，這就證明這個「憲法律」不是真正的「憲法」，可是如果把憲法廢除了，國家就不存在了或變形了，那就證明這才是真正的「憲法」。

　　這就意味着真正的憲法乃是與國家政治社會生活息息相關的要素，甚至構成我們身處其中的生活方式。憲法不再是抽象的、法律文字規定的規範，而是就在我們的生活實踐中，和我們的日常生活經驗息息相關。蘇力始終強調真正從我們的生活經驗出發才能生長出有意

義的理論思考，他甚至反對依據學術規範就知識談知識、就思想談思想的理論化研究。在他看來，學術概念和理論都是解決問題的工具，這些概念關鍵要能夠有效地解決問題。在這本書裏，蘇力集中突出的這個與我們息息相關的日常生活經驗就是中國是一個具有悠久文明傳統的「大國」，他對憲制的理解是從「大國」的角度去體會。大有大的難處，大有大的問題，大國憲制和小國憲制肯定有根本的不同。孟德斯鳩、盧梭和聯邦黨人關於大國憲制與小國憲制的討論局限在共和制與君主制問題上，而蘇力討論問題的視野遠遠超過了他們。正因為對經驗和問題的關注，蘇力甚至懶得在思想意義上梳理「憲制」的概念，更不願意把他的討論與啟蒙思想家關於大國和小國的討論放在一起。他以一種「我手寫我心」自在，說出自己想要說的東西，雖然他在書中極力為自己的方法論進行正名，但這種方法論證明更像是說明其實根本就沒有什麼方法論。

蘇力的著作表面上是討論中國古代憲制，但他對話的對象不是中國史學界，而是今天的法學界乃至社會科學界。實際上他是在有意識地矯正中國社會科學界從西方理論和經驗中獲得關於憲法、憲政等理論和知識。對中國法學界而言，無疑是一場憲法的啟蒙，把我們從 18 世紀歐洲建構起來的一套憲政概念的迷信中解放出來，用我們自己的頭腦思考今天中國的憲制。時代不同了，用的概念、名詞、理論不同了，但當代中國的大國憲制這個根本問題依然存在，有的時候只不過換了一種「語詞」和「說法」而已。

回想起來看，近代以來中國看起來發生了翻天覆地的變化。可如果放在長時段中看，中國似乎沒有很多東西沒有變。君主還在，只不過我們稱之為人民主權；科舉還在，甚至更加發達，不僅成為公務員要考

試，連崗位競爭也要考試；禮法秩序還在，只不過變成了政法，變成黨規和國法；自由派知識分子總是為不能分享政治權力耿耿於懷，還不是念念不忘恢復所謂士大夫與君主共治天下的古典憲制理想？在這個意義上，不要把概念、理論看得太重，和真實的實體相比，概念、語詞、理論往往是一項虛幻的泡沫。馬克思主義始終批判將這種概念、語詞和理論作為真理教條、以為頭腦中想像出來的世界就是真實世界的唯心主義者。蘇力更是在後現代解構主義的立場上，進一步解構唯心主義、教條主義者頭腦中那些食洋不化的憲政概念，從而理解概念、理論、話語只是人們用來解決問題的工具，適合的就用，不適合的就更換，哪有什麼天經地義、永恆不變的概念，並把這種概念上升為絕對真理呢？超越「語詞」和「概念」來把握憲法真實運作形成的制度體系，也就是蘇力所說的「憲制」，與馬克思主義所說的通過現象看本質一樣，這才是蘇力的目的所在。用蘇力喜歡的福柯的話來說，就是要在「詞」與「物」之間形成相互加深理解的有效互動。

法律人的專業訓練往往是從抽象的法條和高深的教義出發，青年人接受這樣的法律專業訓練很容易變成脫離生活實際、不食人間煙火的教條主義者，甚至原教旨主義者。在這個意義上，法律人天然地具有唯心主義的傾向，自覺不自覺地生活在在用概念、法條、規則、教義、原則、理念等構建起來的法律世界中，將法律所構建起來的「影像世界」當作真實的世界。而蘇力始終與法律界主流的法律教義學作鬥爭，從司法個案到法治、憲制這樣的宏大概念，實際上就是希望激活法律人的生活經驗，通過法條的影像世界來理解真實的生活世界，理解法條之外的更廣闊的人文和社會科學知識，從而理解世事變遷和人情世故，從「法律」人變成法律「人」。

張廣生：《返本開新：近世今文經學與儒家政教》

推薦語：梁治平的《尋求自然秩序的和諧》從文化解釋的視角理解傳統中國法，蘇力的《大國憲制》從功能主義的視野理解中國古代憲制。張廣生的《返本開新》同樣可以理解為處理傳統中國法甚至傳統中國憲法的著作。可為什麼這些著作討論的問題有如此巨大的差異呢？

這種不同首先取決於我們所說的「法」乃至「憲法」究竟是什麼。梁治平的著作着眼於比較西方法和中國法。這個比較的起點就是對「法」的定義。梁治平對「法」的理解很大程度上受到了近代以來從西方傳入中國的法律實證主義的影響，儘管梁治平先生在《「法」辯》中試圖辨析「法」這個概念在中國與西方的不同，但不可否認清末法治改革以來，法學界普遍將「法」理解為西方法律實證主義強調的「律令」，從而形成「法律」「法令」這樣的概念。按照這個定義，中國古代就自然沒有「民法」，更沒有「憲法」，只剩下發達的「刑法」和「行政法」，由此也就坐實了中國古代屬於君主專制政體的罪名。蘇力則試圖用功能主義方法研究中國古代憲制，從而發現了許多發揮着建構（constitute）國家作用的憲法／憲制（constitution），從而為中國歷史上的大國憲制進行學理辯護。

如果我們能夠反思並拋棄現代人（無論西方人還是中國人）自我中心主義對中國古典憲制進行主觀價值評價的傲慢，而是以一種真正平等的心態，試圖理解中國古人是如何思考問題的，他們認為中國政治秩序應當遵循的最高法則和秩序是什麼，這些最高的法則和秩序是誰發現的，是誰創制的，是誰傳給人類的，那麼我們對中國古代法乃至憲制的理解肯定是另一幅圖景。可今天如果我們的祖先從墳墓中醒來，看到我

們這些關於中國古代法和古代憲法的論述一定會大吃一驚。因為古人似乎要讀懂他們自己的生活世界，還必須閱讀馬克思、韋伯、吉爾茲（Clifford Geertz）、福柯、波斯納（Richard A. Posner）的著作，才能勉強理解。

如果說古人要讀懂我們讀過的書才能和我們進行對話，那麼我們能不能認真讀懂古人讀過的書，從而和古人展開對話呢？這才是古今之間真正平等的文化思想交流。從我們今天的著作入手想當然地理解古代無疑是現代人普遍的傲慢，對古人而言或許是一種冒犯。當然，我們可以說「作者死了」，古人確實已經不在了，但我們絕不能說古人讀過的「古書死了」。書在，作者就在，作者就在書中。對書的敬畏乃是對作者最大的尊敬，也是一個學者與作者開展對話的倫理所在。張廣生的這部著作試圖進入中國古代文明傳統的脈絡，從中國古人的自我理解出發來探討中國古典傳統中最高的秩序和法則。這就涉及到貫穿中國古典文明傳統始終的「經學」。

顧名思義，「經」乃是「彝倫洪範」，是普遍永恆的神聖秩序和法則。經典就是探討這些普遍神聖秩序和法則的「大書」。西方文明傳統往往被概括為雅典－耶路撒冷的理性－信仰的傳統，前者有柏拉圖、亞里士多德的希臘經典，後者有聖經的經典。西方文明後來在此基礎上形成了新教－自由主義的現代經典，這就是啟蒙思想家以來奠定西方文明傳統的經典大書。西方稱之為「哲學」或者「神學」，實際上就屬於中國人所說的「經學」。西方經學探討的就是普遍的自然法和神聖的永恆法。在這個意義上，經學實際上也包含了法學。

比較而言，我們不少人所理解的法學在古代的思想世界中其實屬於「律學」。由此我們才能理解一位偉大的法學家對「憲法」

（constitution）與「憲法律」（constitutional law）這個概念的重要區分，前者與「經學」和「法學」聯繫在一起，後者更多地與「律學」聯繫在一起。蘇力教授的《大國憲制》就是從法學而非律學的角度來研究憲法問題。其實，西方法學理論在二十世紀以降基本上從法學理論變成了律學理論，這個分野就從奧斯丁的法律實證主義開始。儘管如此，美國一流的法學院始終保持法學的視野和傳統。比如耶魯法律教育中強調ABL（anything but law），就是試圖在律學的背後探討法學的根基。考文的《美國憲法的「高級法」背景》就是探討美國的「憲法律」之所以在所有國家律令體系中獲得最高的權威地位乃是由於獲得了「法」的支撐，是將這些「高級法」加以律令化。因此，如果不研讀西方的新教－自由主義傳統的經典，實際上無法理解美國聯邦最高法院對憲法的解釋中形成的民主派與共和派、自由派與保守派之間的法理辯論。美國憲法解釋形成的教義傳統完全可以與西方的聖經解釋傳統和中國的經學解釋傳統相媲美。

張廣生的著作一開始就從「軸心時代」入手，實際上就包含了中國經學傳統與西方哲學－神學傳統的潛在對話，政教合一與政教分離才是經學／法學的根本問題。現代西方法學從自然正當的自然法轉向自然權利的自然法，實際上包含了從政教合一向政教分離的轉變。而中國古典憲制秩序的根本也在處理政教關係。張廣生對經學與理學、今文經學與古文經學關係的處理，恰恰着眼於政教關係的建構而將其看作是經學內部的分歧，而不是外部的根本對立，從而建構起中國古典政教互動的經學傳統，以及由此形成的禮與法、法與律相互滲透支撐的禮法體系與法律體系。如果從這個角度看，「大一統」、「通三統」和「異內外」是不是可以被理解為中國古代最高的憲法原則？而這些概念基本上沒有出

現在梁治平和蘇力的著作中，這足以看出在理解在中國傳統法秩序的問題上，現代的視野與古典的視野存在着重大差異。

張廣生的著作講的是古代中國憲法的故事，但想的是現代中國憲法的建構，從而讓中國與西方、古代與現代之間形成潛在的對話。在這個意義上，如果法學院學生不去認真閱讀和思考中國古代經學和西方政治哲學，實際上根本無法理解法學和憲法學。同樣，如果法學院學生只會一些刑律、民律、商律的東西，而對法理和憲法缺乏相應的研究，那都不敢說自己是法學院畢業的。

事實上，蔡元培當年在創建北京大學的系科劃分時，就在法學院下面設立了三個門：政治門、經濟門和律學門。可見，蔡元培先生完全是在中國古典法律傳統的意義上來理解「法學」的。而與內地大學法學院的學科設置差不多的香港各大學中，都稱之為「法律學院」，而非「法學院」，這也符合中國傳統古典法律傳統的理解，既要傳授法學的東西，但重心已經轉向了律學。而上個世紀 90 年代以來，我們內地大學的法律教育在與西方（美國）接軌程中紛紛從傳統的「法律系」升格為「法學院」，實際上已經喪失了在中國傳統法律傳統中認真區分「法」與「律」的思想能力，而是在清末法制改革的傳統上將「法」與「律」差不多完全混同起來。無論如何，我真心希望我們的法學院能夠成為名副其實的「法學院」，而不是在不經意間變成「律學院」。

我們的十年：法學的成長 *

　　一年一度，不經意間我們到了第十屆「政治、法律與公共政策年會」。今天在座的大多數都是新面孔，但又有不少老朋友。比如第一屆年會時于明還是博士生，戴昕也剛剛畢業不久，而今天他們成了學界中堅力量。我們一起共同見證了法學理論的成長。

　　第一屆年會的時候，我們有一個會議主題：「和平崛起與中國法理學問題」。十年來，我們的研究和討論幾乎都在這個問題背景下展開。那麼，今天我們要問：法學理論應該如何思考中國崛起？如何將一個現實問題轉化為學術問題的思考，這首先取決於我們的問題意識，恰恰是我們的問題意識為法學理論提供了新的思考目標和方向。在年會十周年之際，我想簡單梳理一下我們展開理論思考的心路歷程，我們實際上在持續不斷地思考、討論和研究以下五個問題：

　　其一，我們試圖超越法學界流行的、充滿西方意識形態色彩的法學理論，立足中國本土的經驗和法治實踐來探討中國法學的理論命題，建構我們中國自己的法學理論。比如在法學理論中，最具意識形態

---

* 2018 年 12 月 27 日，在北京大學法治研究中心舉辦的第十屆「政治、法律與公共政策」年會上的開幕致辭。

色彩的概念莫過於「憲政」概念，然而，我們需要在更為客觀和科學的意義上討論「憲制」問題。這個思考問題的方式有助於我們打破種種人為劃定的古今中西的對立，不僅思考中國古典的憲制，而且思考中國現代的憲制，不僅思考西方小國的憲制，也思考西方大國的憲制。這就意味著我們在法治問題，不僅要著眼於中西之間的互動，更要打通古今。中國法治乃至法學不僅要與西方對接，更重要的是與中國古典傳統對接，從而將古今中西融會貫通的基礎上，重建現代中國的法治和法學。在今天的會議上，我們會集中討論蘇力的《大國憲制》，可以說是這方面思考的典範。這意味着你不再會用一種西方中心主義的視角追問：中國古典有「憲法」「法治」嗎？不管你是否贊同蘇力對中國古代憲制的概括，你都必須從這個角度來思考中國和西方的問題。這也意味著我們要突破西方法學理論提供的各種「詞」，而關注西方法學理論所關注的那個「物」，以及在中國社會生活經驗中類似的「對應物」，並以此為基礎重新賦予更為恰當的「詞」，並由此建構新的闡釋世界的概念體系和理論體系。

其二，如果從「詞」與「物」的互動關係來考察中國法治和中國法學，那麼就必須突破規範法學（法律教義學）或者規範憲法學單純從規範文本角度來討論法律問題或國家憲法問題，而是致力於推動從政治的角度來思考法律問題，尤其是憲法問題。這就意味這我們必須秉持政法法學的研究傳統，尤其要從現代政黨制度的角度來研究國家的法治和憲法，探討現代政黨與國家治理、法治和憲法的關係，探討中國共產黨在中國法治秩序和憲制秩序中發揮的作用。如果從這個角度看，中國現在是否已經形成一個獨特的憲制模式，這個模式能不能稱之為「黨國憲制」可能還有爭論，但沒有人能夠否認中國共產黨在中國憲制秩序中的

核心領導地位。在這方面白柯教授（Larry Backer）有大量深入的研究，他率先提出中國的「黨國憲制模式」。而今天他剛好出席我們的年會並作關於中國民主政治的主旨演講。

其三，我們試圖矯正法學界主流的「國家法一元論」的理論視角，始終堅持並推動「法律多元主義」的理論範式，不僅討論習慣法問題，而且關注古代禮法問題到當下的黨規國法問題，都成為我們思考和研究的突破點，並以此推動構建「多元一體法治共和國」。這種法律多元主義理論源於蘇力二十多年前提出「秋菊的困惑」問題。在前年我們的年會上專門組織了紀念蘇力發表「秋菊困惑」論文 20 周年的學術討論。而我們將在三聯書店結集出版這個領域中的研究成果，陳頎就是著作的主編。在第一屆年會時他還是個學生，如今已成為法哲學和法律與文學研究領域中有影響力的重要學者。

其四，我們之所以試圖推動上述三方面的理論突破，歸根結底是要在理論範式上反思這些學說背後預設的、以歐洲政治經驗為藍本的「主權國家」理論。為此，我們試圖突破 17、18 世紀以來西方現代法學理論誕生時所產生的主權國家想像，持續地展開對「帝國」和「國際法」問題的研究。在此基礎上，我們推出了「帝國與國際法」的譯叢。在第一屆年會時，孔元還是旁聽的學生，而如今成為這套叢書的主編之一。今年，我們更是舉辦了以「帝國、革命與憲制」為主題的第一屆「法意」暑期班，相信這會成為以後我們持續思考的問題。

其五，我們試圖打通部門法之間的專業壁壘，始終從「政法」和「公共政策」的角度來討論刑法、民法、經濟法、行政法、訴訟法，甚至金融法等領域的問題。在專業化越來越壁壘森嚴的今天，如果局限於規範法學或者法律教義學，那麼各個部門法專業之間必須缺乏對話的專

業語言，甚至陷入「老死不相往來」的局面，最多局限在形式主義的視角下陷入分析哲學的概念陷阱中，討論法律概念的確定性問題。然而只有從政法視角和公共政策視角才能打通這些專業，我們才能看到這些分門編類的專業都面對的是一個共同的中國社會、共同的國家政治秩序、中國文明秩序，這才是我們各個部門法專業共同成長的土壤，以及產生的法律問題的根源，這也構成各部門法展開對話的共同問題意識。因此，讓我們在不同的專業領域中分享共同的問題意識、共同的思考對象乃至共同的思考方法，從而進行部門法的學科對話。在北大法學院，我們專門組織了「法律與公共政策」的法律碩士專業方向，致力於培養跨專業的問題意識和研究方法。

上述五個問題雖然在不同的層面上展開的，但都指向了法理學中的根本問題，即我們所理解的法不是單純的規範或者規則，而是一套完整的秩序建構。用我在十幾年前的話來說，就是我們的法理學研究要從著眼於司法訴訟的「法律人的法理學」轉向着眼於秩序建構的「立法者的法理學」。如果說中國崛起具有法理學意義，那麼就意味着我們從秩序建構的角度來思考「法」。概而言之，今天主流法學理論中所理解的「法」「法治」和「法學」實際上過去五百年來西方文明建構的現代秩序的一部分。而今天，我們無疑需要從未來中國文明秩序建構乃至世界秩序建構的角度來思考「法」。這難道不正是中國崛起給我們法理學思考帶來的挑戰和機遇嗎？

「十年樹木，百年樹人」。我們的年會在這十年中所推動的學術努力，對於中國法學發展而言，不過是一小步。我們編輯的《政治與法律評論》就是這個時代腳步的印跡。學術發展和人才培養是一個緩慢的過程，需要我們有足夠的耐心。我們始終在努力，我們永遠在路上。

全球化時代的政治與法律[*]

在全球化時代，我們如何思考法律？這是每一個中國法律人和關心法律的人應該思考的問題。這更是中國法律學人應該深入思考的問題。

全球化實際上已經形塑了我們的法律制度，也形塑了我們的法律思考模式。在全球化推動的法律移植浪潮中，我們用了短短三十多年左右的時間了就基本上建立起與西方「接軌」的法律體系和法律制度。在這種背景下，法律現代化和全球化自然變得很流行，但這些主張在理論上的推進不夠，很容易在「衝擊－回應」框架下淪為全球化的意識形態教條。相反，像孟德斯鳩那樣從社會生長的角度考察「法的精神」或者像吉爾茲那樣從文化想像入手來理解「地方性知識」，法律的「本土資源」理論構成了對全球化時代的中國法律發展的理論反思，它更多地突顯了全球化時代中國法律的特殊性。但無論對普遍性的宣揚，還是對特殊性的強調，都需要我們對全球化的性質和結果，以及中國在全球化中扮演的角色、面臨的挑戰和未來的命運有透徹的理解和深切的體悟。唯

---

* 本文是為《政治與法律評論》（第一輯）（強世功主編，北京大學出版社，2010年）撰寫的編者序言。

有如此，我們才能夠真正嚴肅地思考全球化時代中國法律和法學的未來發展和走向。

全球化本身先於「全球化」這個概念。作為一種歷史過程的全球化運動，無疑要訴諸於所謂的「地理大發現」。從此，地球上先前相互隔絕的各種族、各文明形成了真正具有實質意義的政治互動。「地理大發現」本身就是一個政治的概念，它表明歐洲文明以自己的政治想像塑造了由此展開的長達 500 多年的全球化進程。從此，人類文明史上發生的一切，無論是技術、食物、貨幣、貿易、生產方式和市場交易，還是戰爭、法律、社會治理、政治制度乃至確立善惡、正當之準則的價值觀和思想意識形態等，無不作為這場全球化運動的注腳，只有放在這一政治大背景下才能獲得完整的理解。然而，直至後冷戰時期，「全球化」才作為一個概念被美國人提出來；「全球化」不僅標示着「美國時代」的來臨，而且成為美國在全球推廣的政治意識形態。全球化意味着市場經濟、自由貿易、法治人權、憲政民主和文化多元因素。

全球化概念的提出標誌着地理大發現以來全球化運動的終結，甚至不無誇張地被形容為「歷史的終結」。然而，和「歷史的終結」所遭受的到批評和質疑不同，「全球化」概念差不多已經被當下的政治人物、社會精英所接受。「世界是平的」就成為 500 多年來地理大發現進程中最後的發現。人們之所以質疑「歷史的終結」但卻毫不掩飾地擁抱「世界是平的」，就在於前者暴露出一種毫不掩飾的政治意識，而「全球化」概念卻以非政治的方式展現出來。市場經濟、自由人權、民主憲政之類的東西似乎不再具有特定的政治意涵，而變成了一套「普世價值」。而需要警惕的是，這裏所謂的「價值」已不再具有任何值得人類去追求的某種有意義的東西，而是全人類共同生活的最低限度的準

則，是一種只有程序意義而不具有實質內涵的自然法則，類似於客觀必然性的技術準則。換句話說，全人類要生活在「地球村」，就必須接受這些最基本的法則，就像原始人要生存就必須遵守漁獵的技術法則一樣。在這個意義上，全球化意味着人類的永恆恢復，恢復到了源初狀態。就像在人類的野蠻時代，只有戰爭才似乎稱得上是唯一具有政治意義的舉動。當代的「全球化」概念不過是替換了「普世價值」的具體內容而已。

全球化帶來了政治的集中化。人類歷史上的政治曾一度集中在莫斯科和華盛頓這兩個中心，而現在則集中在華盛頓這個中心，這就是「美國時代」取代「冷戰時代」的意義所在。儘管這個華盛頓的中心地位受到挑戰，但政治的集中化已經成為歷史的趨勢，目前所有的政治鬥爭都應當理解為這種集權化的伴生物。伴隨着政治的集中化，就是「政治的去政治化」，具體而言，如果全球政治要集中在華盛頓這個中心，那麼美國之外的其他地區就必須實現「去政治化」。由此我們才能理解「冷戰」之後世界範圍內去政治化趨勢，不僅政治出現了技術化趨勢，而且價值也出現了程序化趨勢。

於是，在全球化時代，真正的政治隱沒了，仿佛沒有歷史，也沒有倫理，更沒有政治。一切依賴於技術，技術統治了一切，即便戰爭也是如此。尤其核武器的發展以及威懾策略的運用，戰爭逐漸變成了一套心理控制技術，變成了國家綜合實力的較量。9·11 事件引發的「文明衝突論」表面上意味着政治的復活，以至於連施米特（Carl Schmitt）這樣曾長期遭到詆毀的德國法學家如今在美國也變得炙手可熱。但在處理 9·11 問題上，取勝的依然是一套技術化的解決思路。且不說，軍事技術的迅速發展使得今天的戰爭差不多喪失了政治含義，士兵不需要忠

誠和勇敢，將軍不需要審慎和決斷，統帥不需要智慧或敬畏，戰爭勝負取決於不斷翻新的武器和裝備技術。處理 9‧11，既不是懲罰「犯罪」，也不是發動「戰爭」，而被看作是一場全球治理中的「危機處理」，一種全球化時代的治理術。

在這樣的背景下，認為印度、巴西和中國的崛起意味着一個「後美國時代」的到來，如果不是過分的樂觀，就是流於表面的淺薄。且不說流行於街坊的種種「唱衰」美國的著作多數屬於美國人「居安思危」，展現其對長期維持「美國時代」的意志和警醒；就是印度、巴西和中國的崛起很大程度上也是因為遵循美國人推行的全球化規則；更不用說伴隨着這些國家崛起而誕生的新興精英階層以及他們塑造下的大眾，多少人又不是把美國作為追求的目標，把美國生活方式作為生活的夢想呢？以美國在科技、軍事、經濟領域中以及由此衍生的全球化意識形態中的絕對優勢，美國時代似乎才剛剛開始。美國人有理由感到自豪，正如他們所想像的那樣，世界上任何三個國家的小孩在一起，只有麥當勞、流行音樂和《阿凡達》之類的東西才能成為他們共同的話題。

中國的崛起無疑得益於這場全球化運動，得益於「華盛頓共識」。如果說中國的改革開放沒有遵循「華盛頓共識」，顯然低估了這場持續了五百多年的全球化運動的力量。如果說「北京共識」有所貢獻，那絕非當下對「北京共識」的自由派解讀，以對抗「華盛頓共識」的保守派解讀，而在於「華盛頓共識」與「北京共識」之間存在着一個潛在的、需要我們今天加以闡明的原則分歧，即技術與政治的分歧。換句話說，中國的崛起是一套放之四海而皆準的技術的勝利，還是政治的勝利？技術可以標準化推廣，而推廣的前提就是對人進行符合技術要求的標準化訓練。人不需要教育，只需要規訓。全球化運動在根本上就是這

樣一場規模空前的技術對人的規訓。然而，政治從來不可複製，因為政治不僅需要政治家在特定時空下交織在一起的當下與未來、偶然與必然、人事與天命的複雜局面中做出決斷，而且需要良好政體和公民美德來約束並支撐這個政治家集團，更需要善良禮俗和文明傳統來培育良好政體和公民美德。在最根本的意義上，政治必須依賴於教育，依賴於一個文明中長期形成的政教傳統。

因此，我們需要追問的是：在這個全球化的技術時代，政治家何為？政治教育是否必要？教育是否可能？這個問題其實早在二戰後就在第三世界一波又一波的民主化挫敗中不斷被提出來，而西方提供的答案卻是技術之上疊加更多的技術。現代化、民主化和自由化的技術思路實際上在鏟除非西方文明的政教傳統，將政治連根拔起，從而試圖將政治完全奠基於技術之上。因此，長期困擾着拉美、東南亞、非洲、中亞和伊斯蘭世界的民主化問題不過是這個全球技術化時代的病症之一，其根源恐怕在於全球政治的集中化導致這些地區政治的喪失和文明傳統的崩潰。而今天，這種病症似乎也以另一種不同的方式威脅到歐洲文明：福利國家已成為以技術解決問題卻帶來更多問題的傳統病症；移民問題帶來的政治認同分裂表明技術化處理在根本上的失效；技術話語支撐的歐洲碳政治的破產加劇了歐洲的衰落。歐洲既沒有政治意志，也沒有政治能力，只能在美國的政治庇護下滿足於充滿藝術感的後現代政治。十八世紀歐洲啟蒙思想家把絕對的權力看作是絕對的敗壞，而今天面對遠離權力意志的後現代歐洲，他們又能作何感想呢？

中國傳統文明的衰落以及今日的復興無疑與「地理大發現」以來的全球化進程有着複雜的關係。但從中國捲入這場全球化進程開始，就包含着對這場全球化運動的內在拒斥。這種拒斥絕非今天流行的所

謂「閉關鎖國」的俗見，要知道在「地理大發現」時代，中國是全球上最開放、全球貿易最活躍的國家。非洲的奴隸貿易與南美銀礦開採，正是通過中國推動的全球貿易才與歐洲宮廷的奢華建立起聯繫。中國從來不曾排斥歷史意義上的全球化，但卻一直堅守着「政治」，始終對全球化帶來的技術化及其背後的非政治化的政治本身的拒斥，因為古典中國的「天下大同」理念與今日西方主導的「全球化」是兩個完全不同的政治概念。中國在這場「不情願的全球化」過程中始終保守着古典的政治理念，保守一種完全不同於西方的自由理念，保守着中華文明和中國人的政治尊嚴。這種保守的政治立場既為民族國家時代凝聚古老的文明國家奠定了基礎，也為迅速「現代化」甚至「西化」提供了精神動力和政治的目標。也是由於這份保守的政治立場，這份對政治的本能捍衛，才使得中國崛起無法被理解為「全球化運動」或「華盛頓共識」的自然產物，而必須理解為中華文明在全球化背景下的一次「文明復興」。這其實也是我們正在經歷的全球化時代政治的復興。

與目前討論的改革開放前三十年或前六十年的「中國崛起」相比較，「文明復興」是一個相當漫長的演變過程。西方文明的復興大約經歷了從 11 世紀的文藝復興一直到 19 世紀的西方殖民體系完成近千年的歷史，其間古典中國的衰落大約經歷了從 15 世紀以來參與全球白銀貿易一直到 20 世紀初晚清的終結大約五百年的歷史。而今天我們所說的「文明復興」至少要從 19 世紀「睜眼看世界」開始，而最終究竟要持續幾百年，並非我們可能預想的。無論如何，這要求我們真正以一種大歷史的眼光看待中國的過去、現在和未來，而非以流行的西方中心主義的狹隘眼光，把當代中國解讀為穿越「歷史三峽」最終融入「歷史終結」大海的最後時刻。這無疑需要對中國在全球化格局中的位置和發展

方向有一個健全而理智的判斷：中華文明的復興必將在全球化背景下帶來政治的復活，它不僅成為全球化的動力，也會為全球化時代思考人類命運提供新的契機。這意味着我們無論對西方現代的崛起或古典中國的衰落，還是現代中國的崛起以及中華文明的復興，都必須有細緻深入的研究和長遠嚴肅的思考，而不是陷入學術界和思想界流行的左派或右派這種意識形態的立場顯示或缺乏理論思考的相互攻訐。

當然，這並不意味着我們要放棄左派或右派的這樣立場劃分，陷入技術化的「第三條道路」。相反，這或許要求我們從「文明復興」的角度來重新定位左派或右派的理論主張，甚至產生更多的理論派別，從而展開嚴肅的理論思考或理論交鋒，最終使得當下的左派或右派變成名副其實的「中國左派」或「中國右派」，而不是西方左派和右派在中國的理論延伸或偽裝起來的「中國支部」。這意味着我們目前的理論主張和政治爭論必須自覺地放在「文明自覺」的政治基礎上，從而共同承擔起文明復興的重任。我們需要的是嚴肅的、理性的、健康的、批判性的理論對話，而不是目前這種因為簡單意識形態教條而形成的相互敵對或相互沉默。換句話說，中國左派、中國右派乃至中國的其他派別之間絕非彼此的「敵人」，而是值得相互尊重的「對手」。

在這種文明復興的大背景下，中國的法律思考理應把全球化背景下中華文明的復興作為自己最基本的問題意識。法律的事業絕非法律學科的事業，法律的事業在法律規則之外，這應當成為我們法律學人的共識基礎。由此，我們的法學研究不僅要超越部門法設定的專業界限，也要超越法律與社會、法律與政治、法律與文化之類的「交叉學科」設想，而在最基本的秩序安排意義上來理解法律。法律是一門安排秩序的藝術，它涉及到社會秩序、經濟秩序、國內和國際政治秩序的安排，也

涉及到心靈秩序、人與自然的秩序的安排。這意味着我們的法律思考必須超越單純的法條，我們的法律學人也應當具有「法律人－政治家」的全球視野。

法學既要超越法律，但又必須扎根於法律之中。在全球化的時代，真正的政治問題往往看起來不是政治問題，對政治的思考往往要轉化為治理問題，採用技術化的要素來處理。因此，發生在今天中國社會生活中的法律問題，不論制定法律還是形成政策，無論是訴訟、調解，還是上訪、鬧事，無論應對金融危機，還是應對精神病人，都是政治問題。但對這些政治問題的理解都不可能拋開現代法律技術提供的治理便利和正當性，更不可能不受到現代法律技術本身具有的建構性和反映性之間的張力所帶來的困難和問題。在最一般的意義上，法律是一種「定紛止爭」的技術，它總是涉及到正當性的確立，涉及到利益的分配，法律過程始終是一個公共政策過程，最終是一個政治過程。因此，儘管不同的部門法中使用不同的法律概念、法律原則或者法律技術，但我們彼此可以在公共政策意義上相互溝通和對話。而對法律技術的公共政策考量很容使法律人獲得了「立法者」的視野，從而意識到我們研究的每一個法條、每一個規則、每一項政策和每一起個案，不僅是某個部門法內部的專業技術問題，而是在法學理論或其他社會科學或人文學科中獲得普遍性，更重要的是，會在全球化時代中華文明的復興中獲得了普遍的意義。

正是基於上述考慮，我們編輯出版了每年一輯的《政治與法律評論》。需要說明的是，這並非一本關於「政治與法律」的交叉學科刊物。我們關心的不是學科，而是問題。我們不會考慮能否在學科上建構新的研究領地，而是集中思考在全球化和中華文明復興的背景下中國法

律和法學的發展方向。我們一方面希望從政治哲學的整全視角來思考法律，從而在技術化的時代恢復對政治問題的嚴肅討論，以對全球化時代中國的命運進行嘗試性解讀；另一方面更希望透過法律與公共政策的視角激活法學專業內部的相互對話，克服目前部門法中遮蔽政治思考的專業化傾向，把專業化的思考與政治的思考結合起來。

本輯評論就是在 2009 年底召開的「中國崛起與法理學問題」會議基礎上形成的。從本輯主題研討以及相關論文可以看出諸位作者試圖以大歷史的視野解讀中國政制的積極嘗試，而我們將在今年 10 月召開的「憲政、公共政策和法學研究的新範式」會議則試圖進一步推動傳統法學內外的相互對話，有關論文將會在明年評論的第二輯的主題研討中刊出。

在核心期刊以及相關的學科評審體系將學者變成計件小時工的時代，編輯這樣一份期刊在約稿方面無疑面臨着巨大的困難，而這恰恰考驗着我們的耐心、熱情、追求和信念。我們期待有更多學者加入對上述問題的思考，期待不同思想之間的對話，激活我們對未來好的生活秩序的想像。

政法：中國與世界[*]

　　中國自古以來就以「修身齊家治國平天下」作為最高政治理想。中國人始終致力於建構一整套文明秩序來囊括和整合不同的地理空間和社會風俗，由此形成一套獨特的政教體系。革故鼎新，生生不息，天下一家，萬物一體。這一切始終構成中國文明的精神，體現了中國人的核心價值觀。由此，中國文明的生成演化過程體現出不斷擴張、不斷吸收和不斷上升的過程。用今天時髦的話來說，這個過程也就是不斷推動走向全球化、一體化的過程。商周帝國的視野差不多囊括了整個東亞地區，從秦漢代以來絲綢之路到宋代以來南洋貿易圈的逐漸形成，直至明清朝貢貿易體系捲入到全球貿易體系中，中國始終是全球化的積極推動者、參與者和建設者。由是觀之，辛亥革命以來中國不斷探索國家治理體系和治理能力現代化，到今天「一帶一路」建設和積極參與全球治理，都是中國文明在推動全球化的歷史進程中不斷自我更新、自我發展、自我提升的內在環節。

　　在這樣的歷史時空中，我們不可避免要面對過去五百年來中國文

---

* 本文為 2011 年為「政法：中國與世界」文叢撰寫的總序，章永樂老師提供了很好的修訂意見。

明秩序和西方文明秩序在共同推動全球化過程中相互接觸、溝通、學習、衝突、戰爭、征服和更新的歷史。就政治而言，這可以看作是西方威斯特伐利亞體系和中國天下體系之間的衝突，這無疑是兩種普適主義的文明秩序之間的衝突。從目前流行的西方中心主義的歷史敘述看來，這一衝突過程被描述為西方文明的普適主義不斷擴張，將中國天下體系及其背後的文明秩序降格為一種作為文化傳統的「地方性知識」，將中國從一個文明秩序改造為威斯特伐利亞體系所要求的主權國家，從而納入到西方文明秩序中，以完成普適主義進程的「歷史終結」。這個過程也就是我們通常所說的現代化過程，即中國人必須拋棄中國古典天下秩序的文明構想，系統接受西方文明秩序中形成的資本主義經濟秩序和民族國家體系的政治秩序，以及由此形成的市場經濟、自由人權、民主法治等普適價值，並按照這些普適價值來系統地改造中國。

從這個角度看問題，全球化的歷史很容易被理解為西方文明的擴張史。對中國而言，這樣的現代化無不打上西方化的烙印，從器物技術、法律制度到政教體系莫不如此。因此，法律移植、法律現代化很容易在「衝擊－回應」框架下淪為西方中心主義的意識形態教條。而與此同時，基於法律地方性想像的「本土資源」論說也不過在相反的方向上與西方中心主義的法律全球化敘述構成合謀，以至於法學界雖然一直為「刀制」（「法制」）與「水治」（「法治」）的區分爭論不休，但不可否定二者似乎分享了對法律的規則化、技術化和中立化的普遍理解。法律主義（legalism）的技術化思路正在隨着法律共同體的成長在思想意識形態領域日益獲得其普遍的正當性，並逐漸滲透到政治和文化思想領域，從而侵蝕着政治和文化思想領域的獨立性和自主性。以至於中國文明除了放棄自身的歷史傳統和價值追求，按照所謂西方普適價值的要求

與西方「接軌」之外，不可能有任何正當的前途。

　　這種西方中心主義背景下的「普適價值論」和「接軌論」不僅造成對中國文明傳統的漠視，而且包含了對西方文明傳統的簡單化誤解。為此，我們必須區分作為過去五百多年真實歷史中的「全球化進程」與冷戰結束後作為意識形態宣傳的「全球化理念」。如果用西方政治哲學中的基調來概括，前者乃是「主人」的世界，即全球不同文明秩序相互碰撞、相互搏鬥、相互征服，相互學習、相互形塑的過程，這構成了全球歷史活生生的、動態的政治進程，而後者則是「末人」的世界，即試圖以技術化、中立化因而普遍化的面目出現，試圖將西方文明要求變成一項普遍主義的正當性要求，以歷史終結的態度拒絕回應當下的歷史進程，拒絕思考人類文明未來發展的任何可能性。

　　由此，全球化在今天展現出前所未有的內在矛盾：一方面全球化正以生機勃勃的歷史面貌展現出來，特別是全球秩序因為技術革命、階級衝突、政治衝突到文明衝突釋放出新的活力，激活了每個文明來構思全球秩序的活力，而另一方面西方啟蒙運動以來形成的普適主義敘事已變成歷史終結論的教條窒息着對全球化進程和人類文明未來的思考。由此，西方啟蒙思想正在滋生一種新的迷信，也就是對西方文明秩序中普遍主義敘述的迷信。這不僅無法面對全球化帶來的挑戰，而且喪失了探索重構全球文明秩序、追求更好生活方式的動力，以至於我們似乎進入了一個追求表面浮華但內心空空蕩蕩的時代，一個看似自由獨立卻身陷全球資本主義秩序不能自已、無力自拔的時代。

　　「啟蒙就是從迷信中解放出來」。啟蒙運動曾經勇敢地把歐洲人從中世紀基督教神學構想的普適價值和普遍秩序的迷信中解放出來，從而塑造了西方現代文明。而今天能否從西方中心主義的迷信中解放出

來，從法律主義的迷信中解放出來，從對法律的技術化理解中解放出來，則意味着我們在全球化陷入經濟危機、債務危機、福利社會危機和政治危機的時刻，在西方文明塑造的世界體系因文明衝突和地緣衝突趨於崩塌之際，在西方文明不斷引發虛無主義陣痛的時刻，能否重新思考人類文明的未來，重建天下文明秩序。

政教秩序乃是文明秩序的核心。在現代西方文明秩序中，法律乃是建構政教秩序的重要工具。法律不僅建構了國家秩序，而且建構社會生活秩序，由此產生與其相匹配的價值體系。然而，在現代法律高度發達所推動專業化和技術化的過程中，滋生出一種「法律主義」傾向，以為通過法律主義的技術化思路可以解決一切社會問題，甚至試圖用法律來解決政治問題和文化價值問題。由此，不少法律學人開始棄「政法」而張「法政」，陷入法律規則不斷自我繁殖、法律人不斷膨脹擴張、制度淪為空轉的「惡循環」之中。這恰恰是西方現代文明試圖通過技術化手段來推動西方文明普適主義擴張的產物。

「法令滋章，盜賊多有」。試圖用法律技術來解決社會問題等於砍「九頭蛇」的腦袋。中西古典文明的偉大哲人很早就對「法律主義」提出了警告。我們對法律的理解需要反思技術化的「法律主義」，反思西方普適主義的法治理念，反思西方文明秩序中理解普適主義的路徑。這意味着我們不是把法律從政教秩序中抽離出來進行簡單的技術化思考，而應當恢復法律的本來面目，將其作為構建社會關係和安排政治秩序的有機紐帶而重新安置在政教秩序和全球文明秩序中。法律需要扎根於政治社會文化生活中，扎根於心靈秩序中，成為政教秩序的一部分，成為人們生活方式的一部分。這意味着我們需要重新思考中國古老的禮法傳統和現代的政法傳統，中國文明如此，西方文明亦如此。無

論禮法，還是政法，這些概念可能來自中國的，而其意義恰恰是普適的。柏拉圖和亞里士多德無疑是西方禮法傳統的典範，而現代政法傳統原本就是西方啟蒙思想家開創的。

「法是由事物的性質產生出來的必然關係」。以政法的眼光來思考法律問題，恰恰是恢復到「法」的本來意含。「天命之謂性，率性之謂教，修道之謂教」。「命 - 性 - 道 - 教」的廣大世界必然有其內在的「法」，而法律不過是對其內在法則的記載，只有重返這個廣大世界中才能真正找回它本源的活力。這不僅是政法學人的治學路徑，也是思考中國文明秩序和重構全球文明秩序的必經之途。惟有對西方政法傳統有深刻的理解，才能對中國文明秩序的正當性有更深切的體會，而唯有對中國禮法傳統有真正理解，才能對當代西方文明秩序陷入困境有更真切的同情。一個成熟的文明秩序就在於能夠在「命 - 性 - 道 - 教」的世界中將一套完整普遍的最高理想落實在具體的政教制度、器物技術、日常倫理和生活實踐之中。

然而，在全球化歷史進程中，當代中國文明由於受到西方文明的衝擊，不僅在價值理想上存在着內在的緊張和衝突，而且在制度、器物、風俗、生活層面都呈現出拼盤特徵，雖然豐富多彩但缺乏有機整合。我們不斷引進西方各國的「先進制度」，但由於相互不配套，以及與中國社會的張力，其日常運作充滿了矛盾、摩擦和不協調，因為每一種技術、制度原本就鑲嵌在不同的政教體系和文明秩序中。如果說近代以來我們在不斷「拿來」西方政教法律制度進行組裝，那麼在今後相當長的時間裏，我們面臨着如何系統地「消化」這些制度，逐漸把這些西方文明中的有益要素吸收在中國文明有機體中，生長出新的文明秩序。這就意味着我們必須直面全球化，重新以中國文明的天下視角來思

考全球秩序，將西方文明所提供的普遍主義吸納到中國文明對全球秩序的思考和建構中。

全球秩序正處於動盪中。從過往西方中心主義的視角看，全球秩序發展距離「歷史終結」似乎只有一步之遙，目前在進入了「最後的鬥爭」。然而，從中國文明的漫長發展的歷史進程看，過去一百多年來的動盪不安不過是中國文明在全球化進程中自我更新的一個插曲而已。「風物長宜放眼量」。對當下西方文明的認識無疑要放在整個西方文明的漫長歷史中，而對中國文明未來的理解則更需要放在整個人類文明的歷史中來理解。「舊邦新命」的展開，無疑需要中國的政法學人持續推進貫通古今中西的工作。我們編輯出版「政法：中國與世界」文叢，無疑希望在此偉業中盡微薄之力：鼓勵原創思考、精譯域外學術、整理政法「國故」、建構研討平台，將學人的思想火花，凝聚成可代代傳遞的文明火把。

是為序。

如何思考政法[*]

現代法學傳統是隨着清末法律改革和現代法治建設而建立起來的，當然還可以進一步上溯到鴉片戰爭以來不平等條約和國際法的傳入中國。晚清憲制改革和法律改革以來，從西方移植的不僅是政治法律制度，還有現代教育和法律學堂。西方法學教科書以及相關的理論著作隨着「西學東漸」被大規模翻譯，由此奠定了現代法學的基礎。要理解現代法學的品格，理解政法法學在現代法學的地位和演變，則必須將法律問題放在古典文明秩序被毀滅而現代文明秩序建構處於艱難探索中這個古今中西之辨的大背景下來理解。

一、法律革命與政法法學

清末法律改革通常被看作是一場大規模的法律移植運動。這意味着「法律」被想像為一個獨立自足的存在，一套完備自足的規則體系、制度運作及其相關知識，因此「法律」可以跨越歷史、社會乃至文明

---

* 本文是作者為《政法傳統研究：理論、方法與論題》（邵六益著，東方出版社，2022年）一書所寫的序言，修訂後發表於《開放時代》，2023 年第 1 期。

進行移植，就像羅馬法發展為民法法系、普通法發展為普通法法系一樣。「法系」概念實際上是對法律移植歷史的概括和總結。然而，對法律移植論的批判往往強調法律與政治、經濟、社會、文化乃至自然地理的內在有機的整體性聯繫，意味着法律不可能脫離「法的精神」而存在，法律移植必然牽動整個政治、經濟和文化秩序的移植和重建。

羅馬法的移植運動首先通過歐洲大陸國家對羅馬法的繼受形成了大陸法系，這不過是發生在歐洲文明內部的法律復興運動。普通法的移植主要通過在初民社會建立殖民帝國而順勢擴展。比較之下，晚清以來發生在中國的法律移植運動要複雜得多，因為中國不屬於歐洲文明，也非初民社會，而是具有悠久歷史、幅員廣闊且高度發達的文明體系。從這個角度看，晚清以來的法律移植無疑是法學研究的重大題材，成為法律移植逐漸引發文明秩序的整體移植和重建的經典案例。這恰恰證明了孟德斯鳩關於「法的精神」的洞見：法律移植必然引發社會秩序乃至文明秩序的重建。鴉片戰爭帶來了「不平等條約」，從而引發國際法被引入中國，推動了中國政教文明秩序的變遷，不僅建立總理衙門、翻譯國際法和西方理論文獻，建立現代海關體系和財稅體系變革，更重要的是將中國的小農經濟納入到全球資本主義經濟體系中，促使中國小農經濟逐步解體，形成沿海口岸城市與內地農村的二元體系。為了廢除不平等條約並作為平等的主體加入到歐洲威斯特伐利亞體系中，中國被迫放棄傳統天下體系而將自己轉變為歐洲式的現代主權國家／民族國家，這就推動了晚清憲制改革、法律改革乃至革命，最終建立西方模式的共和國。然而，帝制復辟和共和國不穩固又被追溯到其文化基礎，法律移植運動引發文化革命，從而廢除中國傳統教育和知識體系，引入西方現代的教育和知識體系。由此，法律移植與經濟革命、政治革命乃至文化革

命緊密聯繫在一起，構成整個文明秩序大轉型中的內在環節。

在這樣的歷史背景下，法律移植實際上是一場漫長革命進程中的法律革命，即摧毀中國傳統文明塑造的中華法系，引入西方法律體系並在此基礎上逐漸生長出現代政治法律秩序。可以說，我們今天依然處在這場法律革命的歷史進程中。在這個法律與「法的精神」互動的法律移植進程中，一方面法律作為一套相對獨立完備的規則體系、制度體系和知識體系，有其自身的獨立性和穩定性，一旦確立起來就會形成一個自動運轉的系統，既是一種摧毀性力量，也是一種建構性力量，作用於其他社會系統。可另一方面，法律系統並非自足，法律移植、制度創制到法律制度的運行高度依賴於具體歷史情境中的政治實踐，包括政治觀念、政治決斷、政治利益和政治力量的推動等。無論在何種意義上說，法律始終都是活生生的政治生命的結晶。法律的誕生意味着規則和秩序的建立，意味着活生生的流變中的政治的消亡。然而，新的政治生命又必須摧毀舊的法律秩序而建立新的法律秩序。在這個意義上，「法律革命」這個概念本身包含法律與政治之間的內在衝突和張力，活生生的政治往往展現為生機勃勃的革命，而法律雖然可以成為革命的工具和手段，但它本身包含着對革命的約束和消滅。因此，理解近代以來這場漫長的法律革命，乃至世界範圍內法律移植運動引發的法律革命，首先必須考察政治與法律、法律與革命的內在關聯。如果說法律的生命在於「法的精神」，那麼將政體、經濟、文化、地理等要素統合在一起的活生生的力量乃是政治。在這個意義上，法律的生命就在於政治，法律的創生來源於政治，法律的死亡也歸因於政治，法律的運作也離不開政治。在最廣泛意義上說，法學從一開始就是政法法學，無論服務於法律秩序的建構，還是服務於法律職業技術操作，無論服務於法律的正當性

思考，還是服務於法律的運作分析，都需要從政治視角來理解法律。

二、政法的根基：承認政治與革命政治

由於近代以來法律制度、法學教育和法學研究的移植品格，法學研究從一開始就實現了與西方接軌。當時西方法學理論的思想主流乃是自然法學派、社會法學派和實證主義法學派。而在中國法學界，吳經熊可以在美國法學院開設自然法的系列講座並出版學術著作，而瞿同祖的《中國法律與中國社會》至今依然是法律社會學的經典之作，至於法律實證主義學派，它依憑的成文立法體現在民國的《六法全書》中，但就理論而言，最終體現在馬克思主義法理學中。

中華人民共和國成立之後，伴隨着《六法全書》的廢除和政法體系的建立，曾經的自然法學派、社會法學派等被看作是資本主義法學理論遭到批判，馬克思主義法學取得了唯一的正統地位。這在相當程度上是由於馬克思主義理論本身具有的綜合性和貫通性，馬克思主義法學本身統合了自然法學、社會法學和實證主義法學的相關要素。比如共產主義理想本身就具有自然法的痕跡，基於階級劃分、階級鬥爭和國家統治來認識法的本質本身就是一套社會學法學的路徑，而強調法律的暴力鎮壓職能無疑是法律實證主義的理論核心。由於馬克思主義與中華人民共和國建構的內在聯繫，馬克思主義法學理論首先是一種現代國家建構的理論，其法學理論服務於現代主權國家的建構。由此，與黨領導國家的政治制度和政法體系相適應，馬克思主義法學在中國也就形成政法理論，是關於「國家和法的理論」。可以說，政法理論乃是西方法學理論進入中國之後，與中國的國家建構和法制建構實踐相結合，形成的一套

扎根中國本土的現代法學理論。

馬克思主義的政法法學之所以吸收並取代三大法學流派而取得「罷黜百家，獨尊一家」的局面，不僅僅是思想的綜合性和貫通性，而是由於近代以來的中國革命進程經歷了從「承認政治」到「革命政治」的轉向。眾所周知，晚清的憲制法律改革乃至革命，無非是將自己從一個帝國文明秩序改造為主權國家，憲制法律移植與「改土歸流」以及新疆、東北設行省的政治舉措同出一轍。這場憲制法律移植與其說是槍炮下的被動接受，不如說是中國人在接受西方關於文明野蠻觀念的新尺度之後，展開的一場積極主動的革命運動。在西方理論話語中，中國傳統被描繪為一個愚昧野蠻的國度，而西方被塑造為開化文明的國度。在這種文明與野蠻的話語塑造中，中國如何全面學習西方的技術、器物、制度和文化就成為中國走出愚昧邁向文明必須思考的問題。在這種背景下，戊戌變法、辛亥革命乃至國民革命始終秉持「承認政治」的邏輯，即以西方文明為尺度和標準，對「野蠻愚昧」的中國進行全盤改造，從而將中國變成西式的文明國家，獲得西方文明國家的認可，加入到西方主導的「國際社會」這個俱樂部中。「承認政治」的典範就是作為文明「優等生」的日本，因此，甲午戰敗後的中國的政治改良和革命乃至法律移植實際上是以日本作為樣板，而日本又以歐洲為樣板，今天很多西方法律概念的中文翻譯是由當年日本人完成的。正是在「承認政治」背景下，先是日本的法學家、後來是英美的法學家直接指導中國的法律改革和法律教育，從而推動中國法學與當時西方的法學研究接軌。

然而，巴黎和會沉重地打擊了幾代中國人期盼獲得西方認可的「承認政治」，由此引發五四運動並加速馬克思主義在中國的傳播。馬克思主義恰恰是從政治經濟學視角來分析法律，從而揭露西方所謂的「文

明」話語，指出包括清末法律移植而來的一套法律話語和法學理論，最終不過是服務於其帝國主義和殖民主義的經濟掠奪和政治壓迫的工具。中國人要想獲得真正的獨立解放就必須從「承認政治」轉向「革命政治」，將人民大眾凝聚為真正的政治主體，徹底推翻歷史上封建主義、資本主義和帝國主義通過法律支配建立起來的階級壓迫制度，實現人民當家作主的社會主義制度。中國共產黨領導中國人民建立中華人民共和國並將確立馬克思主義的正統地位，無疑是這種「革命政治」的產物。因此，「承認政治」和「革命政治」的根本區別在於中國人的政治主體性和獨立性問題。「承認政治」實際上否定了中國人的政治主體性，中國在國際上只能作為殖民地或半殖民地依附於西方主導的世界帝國秩序，在思想文化上必須認同西方人確立起來的價值觀念和生活方式。一句話，西方人作為政治主體展開文明創造和文明秩序的建構，而中國人作為尾隨者只能努力學習西方成果而爭取獲得西方的認可。在這個意義上，承認政治從一開始就假定了歷史終結，全面的法律移植以及由此帶來的文化改造就成為必然。然而，「革命政治」肯定了中國人的政治主體性，即中國人有確立自己的價值觀、選擇自己邁向現代化的發展道路乃至生活方式的能力。「世界上本沒有路，走得人多了就變成了路」。由此，人民為自己立法的自由精神恰恰是「革命政治」的核心。

在「承認政治」下，立法工作基本上就採取法律移植，傳統社會中形成的禮法習俗唯有符合西方法律標準才就被吸納為法律，不符合西方法律標準就被看作「非法」而廢除，而在司法過程中就形成「法言法語」的法律職業主義的專制。然而，在「革命政治」下，人民的主體性首先就體現在立法中，即唯有在生活實踐中經過人民的檢驗行之有效成熟之後，再總結經驗將其上升到法律，在實踐中檢驗的過程恰恰是用黨

的政策和國家的政策來摸索、實驗的過程。因此，採用一種實驗主義的思路，將成熟的政策上升為法律，讓政策和法律形成有機的互動，乃是人民自下而上作為立法者來立法的重要途徑。這種人民立法的模式與法律移植採取的自上而下專家立法的模式形成了截然對比，在後一種立法模式中，真正的立法者其實是創造這些法律的外國人民，而中國人面對移植法往往變成被動的有待馴服的客體，由此引發「秋菊的困惑」。同樣，在司法過程中，司法判決也不是專業化的法律機器運作，而是創造出馬錫五審判方式這種獨特的法律調解制度，其要義無非是讓普通百姓的意見與職業法律人的意見、傳統習慣法與國家法，進入到一個平等交流的民主政治空間中，形成法律的人民性與民主性、法律的科學性與專業性之間的平衡。今天司法活動中強調的司法判決實現法律效果與社會效果的統一，依然秉承了馬錫五審判方式所強調人民主體性的精神。而這一切意味着中華人民共和國不僅在開闢自己的現代化道路，而且也在開闢「人民立法」與「人民司法」的獨特法律道路，逐漸在實踐中探索和創造出不同於西方的法治模式。

三、從政法理論到新政法理論

在法律革命的背景下，政法理論必然包含了法律與革命之間的矛盾。這就意味着政法理論所建構的法秩序始終處在一種動態運動和變革狀態中。恰恰在這種活生生的政治運動和變革中，法律在不同的時代因不同的政治環境和政治理念而呈現出不斷變化的面貌。因此，我們不能簡單地將改革開放之前的法制建設與改革開放之後的法治建設割裂開來，將所謂「刀制」的「法制」建設與所謂「水制」的「法治」運作割

裂開來，沒有完善的法律制度，就無法實行法律的治理。相反，我們恰恰需要在政法理論的視野中，將這兩個不同的歷史階段納入到革命（改革）與法治內在辯證運動的「連續統」中，理解法律在不同歷史階段上不同面貌和不同功能（比如前三十年致力於發揮法律的懲罰功能，後三十年強調法律的社會恢復功能）。事實上，改革開放的提出和推動本身就是一場革命，我們唯有在政法理論基礎上才能理解這場政治革命所要奠定的法秩序。

改革開放致力於推動建立與全球資本主義秩序相兼容的市場經濟體系。這場政治革命無疑推動了一場聲勢浩大的法律革命。不僅市場經濟建設需要一套相適應的法律制度，而且市場經濟必然推動了整個國家治理體系的變革，從而需要建構與國家治理體系和國家治理能力現代化相匹配的法律制度。這場法律革命無疑是一場大規模的法律移植運動，以至於曾經遭到批判的資本主義法律制度和法學理論又重新回到法律革命的舞台中央。晚清以來三大法學流派又以新的面目出現了。自然法理論通過法律文化理論這個中介環節演變為一套基於市場經濟的權利理論，由此形成了法律的權利本位說。社會法學派也從當年龐德來中國傳授的法律社會控制理論演變為後現代法學影響下的法律與社會的交叉學科，尤其在美國推動法律全球化的新自由主義理念的影響下，法律經濟學在其中扮演着越來越重要的角色。而法律實證主義則隨着立法和司法的完善而逐漸蛻變為面向司法實踐的技術化的法律教義學。隨着人權（權利）自然法思想、法律與社會科學和法律教義學變成當代中國法學的三大主流，曾經扎根本土的馬克思主義政法法學逐漸邊緣化。

與這場法律移植相伴隨的是「承認政治」在相當程度上的復歸。在後冷戰歷史終結的全球意識形態中，革命政治的衰退和馬克思主義的

邊緣化乃是普遍現象，整個世界在不知不覺中被編織進美國建構的世界帝國體系中。改革開放實際上處理的就是中國如何重新融入這個世界體系中。法律革命蛻變為一項簡單的法律移植運動，其底層邏輯就是與世界體系實現「接軌」。正是在「接軌」的政治邏輯下，法律制度乃至法治建設似乎變成不需要政治思考就能完成的中立化、技術性和專業化的操作。可以說，三大主流法學理論雖然有方法論上的分歧，但在「去政治化」這一點上形成了默契。比如在憲法問題，權利自然法理論會強調一套作為標準和尺度的「規範憲法」來衡量「憲法規範」；在法律教義學的思路中，則需要按照「規範憲法」對「憲法規範」展開解釋甚至變成「憲法司法化」下的法官解釋。在社會科學路徑下，唯有這套規範憲法才符合公共選擇所達成的重疊共識；更重要的是將研究重點集中在法院是如何運作和思考的這個主題上。

然而，「去政治化」並不意味着沒有政治，而是在歷史終結的意識形態下，認為政治問題隨着世界帝國的降臨而終結。這種政治終結意味着中國不需要（或者不配）思考政治，更不需要參與政治，需要的只是移植作為現代文明唯一成果的西方自由民主法治等等，這無疑遵循的是「承認政治」邏輯。因此，這種「去政治化的政治」恰恰是在世界帝國的歷史終結意識形態下形成的一種新的政法理論，那就是頗為高深的一套關於「法政」的學說，將「政法」這個概念的次序做一個顛倒，認為「法」是一種高於政治的放之四海而皆準的規則（無非是西方政治生活中的凝練出來的自由民主法治之類），而「政」就是中國人的政治生活和政治實現，必須將其置於與西方接軌的「法」的約束之下。這就意味着用與西方接軌的「法」在不知不覺的潛移默化中瓦解着國家建構的政治基礎。由此，這種「承認政治」以及由此形成的「法政」新說必然與

「革命政治」以及由此形成的政法理論造成緊張乃至衝突。

在這種背景下，處於邊緣地帶的政法法學面對三大主流學說的壓力，應時代政治變化，與時俱進展開了艱苦的理論革新，不僅提出新的問題意識，更重要的是藉助新的學科理論，提出新的政法理論命題。法治本土資源論的提出以及由此形成的批判法律運動展現了全新的政治意識，揭露法律移植運動強調的法律職業化不過在爭取成為「資本的語言和權勢的工具」，法治建設不過是成為「資本帝國」的行省。面對「去政治化」的職業法律人的法理學，有意識地建構具有政治自覺和文明自覺的「立法者的法理學」。這就首先從最具有政治性的憲法問題開始，建構一套政治憲法學。比如圍繞制憲權問題開闢出新的研究領域和問題意識，並以此對抗解釋主義的規範憲法學，圍繞「代表制」問題展開的政治哲學研究直接觸及到「黨的領導」這個政法理論的核心主題，圍繞古代禮法傳統的研究為理解當代中國的政法傳統奠定歷史文化基礎，圍繞黨章和憲法問題展開的政黨法治國家的理論建構直接回應國家政治建構的關鍵問題等等。在此基礎上，政法法學圍繞帝國與國際法問題展開對帝國乃至全球法秩序建構的思考，進一步拓展了政法法學的理論視野。當然，我們不要忘記在批判主流三大法學理論基礎上，需要思考建構「自主性中國」的法哲學，雖然這是一項未完成的任務。至於用法律社會學方法來研究傳統政法問題，則是讓政法問題保持更為具體鮮活的經驗現實的理論呈現。

可見，這種新政法理論與傳統政法理論在問題意識和理論方法上具有很大不同。就問題意識而言，傳統政法理論關注如何按照經典作家構想來推動來展開國家建設，包括政法體制的建設，而這種問題意識受到冷戰影響，強調政法制度的社會主義性質，既區別於封建法制又區別

於資本主義法律制度。新政法法學的問題意識完全突破了冷戰意識形態的框架，更突破了經典作家的理論構想，將國家制度的建設深入到文明秩序的建構上來，在一個全球化時代重新思考現代中國文明與人類文明的關係，在吸納資本主義現代文明和傳統文明的基礎上，建構一種新的現代中國文明。因此，新政法理論實際上在致力於構思新文明秩序中的新政法秩序。就理論方法而言，新政法法學思考打破了舊政法理論的意識形態窠臼，採取不同的、多學科的理論話語來思考政法問題，從而將政法法學從意識形態教條中解放出來，讓古今中西的不同理論面對未來新文明秩序和政治秩序的建構展開有益的對話，使其真正獲得了理論思考的持久生命力。新政法法學理論的革新雖然並不一定將自己歸入到傳統的「政法法學」這個標籤之下，但無疑大大開拓了政法法學的視野和理論邊疆。新政法理論無疑是伴隨着中國特色社會主義法治的建構而成長起來的。可以說，當三大主流法學理論逐漸淪為法律制度和法律職業的附屬品，喪失理論思考的動力和能力而日益技術化、教條化、碎片化乃至平庸化的時候，唯有新政法法學始終保持着理論思考的品格和理論創新的能力，通過邊緣地帶的學術革命而逐漸成為法學理論思考的中堅力量。

四、「小政法」到「大政法」

邵六益博士的這本著作是在其博士論文的基礎上形成的。他進入博士學習階段正是政法法學處於低谷時期，選擇這樣一個主題作為研究對象無疑需要很大的理論勇氣。這本著作無疑是新政法法學領域的重要著作，而且是繼《政法筆記》之後為數不多直接用「政法」來命名的學

術著作。他用新政法法學的理論框架和研究思路，激活了傳統政法學說中的諸多重要主題。因此，本書的內容很大程度上是針對政法理論重大問題與其他三大主流法學理論展開對話的產物，具有鮮明的問題意識和時代特徵。作者有意識地從研究對象的建構到研究路徑的選擇展示出政法法學與其他三大主流法學理論的差異與關聯。

就研究對象的建構而言，第一編圍繞「黨的領導」這個主題來研究作為制度基礎的政法體制，第三編進一步將政法問題深入到具體部門法領域，比如行政法問題和民法典問題等，試圖與部門法的專業技術研究展開對話。法律生活原本就是具體而細微的，政法法學的理論魅力不僅在於關於國家制度和憲法體制的宏觀敘事，而且要深入到具體的法律實踐乃至司法個案中，從而展現政法理論的視角如何用新的方式照亮法律生活，讓其他法學研究從中獲得教益和啟發。這實際上將政法法學從「立法者的法理學」推進到「法律人的法理學」，從而圍繞具體的法律問題審視政法法學與社科法學、法教義學的關係。本書的第二編特別提出從「研究路徑」的建構與社科法學和法教義學展開對話。比如針對刑法學界法教義學的「去蘇俄化」浪潮的研究表明，一種以科學化、中立性名義展開的「去政治化」的專業研究是以「私權至上」「公權為惡」的自由主義法學理論為基礎的，以至於刑法學說的「去蘇俄化」反過來變成了無意識中的美國化和西方化。比較之下，他關於政法法學與社科法學的對話，更強調社科法學作為一種獨特的理論範式變成一種學科共享的基礎性研究方法，從而強調社科法學研究中政法議題的回歸。

如果從技術性、中立化的角度看，不僅社科法學，包括法教義學在內，都始終在政法法學的影響之下，畢竟政法法學是一個更為宏觀的視角，無論社科法學關注的法律運作邏輯，還是法教義學關注的文本解

釋，都是在特定的政治法律制度中展開的，最終都會指向特定的政治利益和政治理念。如果說用社科法學方法研究政法主題可以納入到政法法學傳統中，那麼闡釋法律文本的法教義學無疑也是政法傳統的重要組成部分。比如對中國憲法文本的法教義學研究，尤其對憲法序言的教義學解釋，始終是政法法學平衡規範法學的重要研究領域。因此，問題不在於解釋，而在於如何解釋。法教義學不僅可以闡釋憲法，而且可以闡釋黨章，而如何將黨的路線、方針和政策乃至黨規黨法闡釋到國家法體系中，形成政策與法律、黨規黨法體系與國家法律體系的有機互動，無疑是政法法學未來努力的重要方向。這意味我們的核心價值、國家制度乃至政法傳統不僅需要政法法學的理論闡釋，更需要法教義學對法律文本的精心闡釋。一個文明秩序不僅有其道統和正統，而且也必然有其法統。從這個角度看，法律教義學實際上復興中國傳統的律學，但中國傳統律學的靈魂乃是經學，如何從法律教義學上升到新的經學無疑是政法法學面臨的重大主題。如果單純因為研究方法的不同，而將政法法學與社科法學、法教義學區別開來，無疑是政法法學的誤讀。近些年來，社科法學與法教義學之間吵吵嚷嚷，數據庫裏增加了不少相關的文章，政法法學顯然沒有興趣捲入這些畫地為牢的方法論爭論中。

就研究方法而言，政法法學絕不能將自己局限在某種方法上，因此它從一開始就不是因為某種研究方法或研究論域而畫地為牢的學派，而這恰恰是社科法學和法教義學的基本特徵，前者離開科學分析和理性計算推理就不會思考問題，後者離開法律文本也不知從何談起。而政法法學的要義在於政治處於生生不息的千變萬化之中，因此政法法學的最高境界恰恰是「法無定法」，可以在不同的時代、針對不同的問題借用所有學派的不同方法來思考和解決這些問題。在這個意義上，其他

任何學派的理論概念和分析方法都可以成為政法法學工具箱的有用工具。如果想要釘釘子，當然可以掄起錘子，但如果要想要上月球，那就必須建造飛船。如果處理個案問題，當然不能拋開法條的解釋，但如果是思考政治認同和法律認同這樣的人心問題，怎麼可能拋開藝術、文學、詩歌等文教體系建構的政治想像呢？正因為如此，我們看到近代以來的三大法學派的內容能夠被政法法學所吸收，哪怕它是一種「承認政治」，那也是特定歷史時代政治生活的必然產物，如今不也成為新時代中國特色社會主義法治的有機組成部分，不也成為新政法法學的有機組成部分？在這個意義上，法律移植當然也可以成為「革命政治」的一部分，這就是魯迅所說的「拿來主義」。

政法法學對研究方法的這種包容性，這種「法無定法」對具體研究方法的超越性，恰恰源於政法法學研究領域的整全性和涵蓋性。現代理論按照分化社會的理論將整個社會劃分為政治、經濟、社會和文化等等，形成所謂的分化的系統，然而能夠將這種分化的系統整合起來的力量無疑只能是政治。這就意味着我們要區分分化社會中的「小政治」和將分化社會整合在一起的「大政治」。「小政治」有其內在規則和運行邏輯，但「大政治」恰恰要將政治、經濟、社會和文化整合在一起，需要借用這些分化領域的各種方法，從而成為「法無定法」。如果說其他學派是思考社會法律生活中的某一類問題或者某一個領域，那麼真正的政法法學則以思考人類文明秩序建構作為其核心主題。如果說其他學派研究關注的都是某一種獨特的樹木、花草，那麼政法法學關注思考的卻是整個森林。如果說其他學派關注的是一個大廈建造中的磚瓦、房間、裝修等具體問題，那麼政法法學要關心的恰恰是整個大廈的設計、建造、使用和保養。在這個意義上，唯有文明秩序建構時代的經

典理論家才具有這樣的理論雄心，將法律秩序納入到整個文明秩序的思考中，而一旦文明秩序建構完成之後，往往是經典作家隱去，而各種工匠式的學派紛紛興起，一時間熱鬧非凡，無非是從不同的領域、不同的角度來填補經典作家留下的空白。就像近代以來，三大法學流派在中國的起伏，都是假定現代文明秩序建構已經被西方啟蒙時代的經典作家構思完畢，剩下的工作就是如何展開社會科學的或者教義學的技術化的操作，甚至連權利自然法學也將啟蒙思想家對現代文明秩序的豐富思考變成了僵死的教條，出現了自然法學與法律實證主義的合流趨勢。如果從這個角度看，政法法學在中國的意義並非是在西方建構的現代文明大廈中爭取到一塊領地，而是面對人類文明秩序轉型的大變局，思考中國崛起對於未來人類文明秩序建構的意義。新的文明秩序建構必然需要新的政法法學。政法法學才剛剛開始，而且永遠在路上。

　　如果從這個角度看，我們可以區分出兩種政法法學。一種就是圍繞「小政治」所建構的獨特政法體制，從政治角度來解讀法律，從而將自己與其他法學流派，尤其是目前流行的法學流派區別開來，在法學學科中爭得一席之地，但也意味着將政法法學研究局限在法學院和法律人職業羣體中。這種研究可以稱之為「小政法」法學。然而，一旦超越法學院和職業法律人的小圈子，就會發現不同學科最終圍繞文明秩序建構展開，由此從不同學科視角來構思一種美好的生活方式，針對不同問題採用不同理論方法，就會圍繞「大政治」形成一種「大政法」的思考方式。新政法法學的目標就不僅僅在法學院的法律人職業小圈子中展開對話，更要從政法視角出發，着眼於文明秩序的建構，代表法學與整個人文學科和社會科學展開對話，從而展現出法學作為一門學科（而非職業）不同於理學（科學）、經學對於人類知識和智慧的貢獻。政法法學

不僅要思考「什麼是你的貢獻」，而且要思考在哪個領域中做出貢獻。唯有在「大政治」與「小政治」、「大政法」與「小政法」之間形成的相互接力和對話中，才能讓政法體系的運作與整個文明秩序建構建立起內在的關聯。

如果從這個角度看，本書的研究內容無疑屬於「小政法」的範疇。然而，在本書導言探討「如何研究政法問題」中，邵六益博士展現出一種「大政法」的視野，探討中國法秩序建構中的「合眾為一」問題，從而將研究的時段拉長到源於歐洲崛起所推動的現代文明秩序轉型。這個導言雖然放在全書的最前面，但肯定是在全書完成之後才寫的，無疑代表着作者完成「小政法」研究之後的最新想法。因此，我們有理由期待邵六益博士在政法法學領域中推出新的研究，讓「小政法」主題與「大政法」視野形成有機的互動。

法理學視野中的公平與效率 *

一、問題的提出

著名法學家龐德有句名言:「法律必須穩定,但又不能靜止不變」。[1]
社會生活的變化決定法律變化。把這種變化作為自己主要研究對象之一
的法理學就必須透過法律變化本身,深入到社會結構的最底層來把握時
代的精神,從而回答現實生活給法理學提出的挑戰。

中共十四大提出建設中國特色社會主義市場經濟這一重大決策
結束了「摸着石頭過河」的探索歷程,為改革提出了明確的目標。
它提出產權改革、建立現代企業制度等具體措施,同時明確要求在
分配制度上實行效率優先、兼顧公平的原則。本文試圖從法理學的
角度,探索在分配制度上效率優先、兼顧公平這一原則的理論基
礎、社會經濟背景和具體內涵,以及以效率為社會首要價值取向的
法理學轉向。

---

* 原載《中國法學》,1994 年第 4 期。

1 〔美〕龐德《法律史解釋》,華夏出版社 1988 年版,第 1 頁。

二、公平與效率的理論回顧

在人類思想史上,「公平」和「效率」是兩個含義極其複雜的概念。人們常用公道、正義、平等等概念表達公平的含義,也用速度、效益、效用等概念表達效率的含義。正是由於這兩個概念的含義極其廣泛,人們在討論公平和效率的關係時往往由於使用概念的含義不同而發生爭論。[1]

「效率」的含義比較清楚,一般是指投入與產出或成本與收益之間的關係。這裏的產出或收益是指對人有用的物品,因此效率也就成了投入與效用之間的最佳函數關係。還有一種是指制度效率,即指整個經濟制度的安排是否促進生產效率,有時籠統地稱之為經濟效率。

「公平」含有公正(正義)和平等兩方面的意思,通俗地講就是得其所應得。早在古希臘時代人們就把公平正義看作是人類社會所追求的目標。柏拉圖認為在社會分工基礎上人按其不同才能和天性形成不同的等級來擔任適合其天性的不同職務;不同等級之間各司其職、各守其序、各得其所就是正義。亞里士多德認為正義就是平等,服從法律並得其所應得,它包括分配正義和平均正義。前者指人們根據其才能、地位、職務等特質按比例取得與之相稱的物品;後者指人們獲得同樣的對待或同樣的物品,既包含機會均等又包含結果平等。資產階級啟蒙思想家孟德斯鳩、洛克、盧梭等人將平等歸入天賦人權。他們主張人依照自

然生來而具有平等的權利，即自然權利或天賦人權，其中包括自由生存權、財產權、追求幸福和反抗壓迫的權利。為此，伴隨着資產階級革命，在傳統的法律體系中又產生了一種全新的法律部門——現代生活中保障人權必不可少的憲法。天賦人權寫入資產階級憲法中，平等就歸結為法律面前人人平等。

資本主義制度的建立為資本主義經濟發展提供了廣闊的前景，機會均等就成為經濟發展自身的要求。機會均等是指使人的自主能力得到充分的發揮，並由此成就的機會（如就業、發財、受教育、參政等）向每個公民平等地開放。法律面前人人平等使社會生活中的機會均等成為可能，而自由放任政策又為機會均等提供了實現的途徑。正如亞當·斯密（Adam Smith）所言：「每一個人，在他不違反正義的法律，都應聽其完全自由，讓他採用自己的方法，追求自己的利益。以其勞動及資本和任何其他人或其他階級相競爭」。[1] 在機會均等和自由放任的原則下，經濟效率提高了，生產力飛速發展。

資本主義的發展，社會財富的增加，使人們將個人自由追逐利潤看作是增進個人利益和國民財富的主要手段。於是承接亞當·斯密以來自由主義傳統的功利主義思想佔據了主導地位。其鼻祖邊沁（Jeremy Bentham）認為趨樂避苦是人性的規律，功利就是外物能給人帶來福澤和幸福同時避免痛苦不幸的特性。當某種行為能促進「最大多數人的最大量幸福」即社會利益時，就符合功利原則。國家和政府的活動要以功利（利益）最大化為指針。為此他要求立法活動要圍繞「安全」「生存」「富足」「平等」四項目標。關於平等，邊沁認為它有倫理和法律上的平

1　［英］亞當·斯密《國富論》（下）商務印書館，1974 年版，第 252-253 頁。

等與財產和經濟上的平等兩種。就前者而言，是指人們苦樂感受機會的平等。他認為政治權利的分配越平等就越能增加社會幸福的總量，即機會均等促進經濟效率。而對於後者，邊沁堅決反對財產平等分配的做法，認為財產不平等才是人類發展的前提，即結果平等違背效率。

值得注意的是，機會均等在促進效率的同時，也帶來了一些負作用。在資本主義制度下，機會均等的背後是佔有的不平等，進而必然導致結果的不平等。社會貧富分化造成了失業、貧困、痛苦、暴力等社會問題，加之經濟危機的頻繁爆發，使人們認識到傳統的為追求效率而宣揚機會均等、撥棄結果平等的思路必須加以改變。對此，凱恩斯主張由國家出面來刺激有效需求，通過各種社會福利來擴大消費。而這一切都由大量的經濟立法來實現，比如最低工資法、一同工時法、失業救濟法、累進稅法等，產生了一個新興的法律部門——經濟法。與此相適，福利經濟學通過推行充分就業、財富和收人公平分配、社會福利等政策解決自由經濟所面臨的困境。

在結果公平觀念的指導下，當代西方普遍實行了「從搖籃到墓地」的社會福利體系，「瑞典模式」「福利國家」成為資本主義引為自豪的驕傲。但隨之而來的是財政赤字上升、經濟效率低下和市場競爭能力減弱。顯然，過分強調結果公平損害了效率。在這種困境中，「回到亞當‧斯密」的口號引導新自由主義經濟學紛紛興起，市場競爭和效率再次成為西方經濟學的主題。比如弗里德曼主張自由選擇可以促進效率。哈耶克堅持分配正義，強調不能靠犧牲效率、機會均等來換取結果平等，否則就是更大的不平等。在追求效率和利益的最大化這一主題的引導下，法學和經濟學日益靠攏，經濟分析法學派悄然興起，其理論淵源直溯新制度學派的經濟學家、諾貝爾經濟學獎的獲得者斯蒂格利茨

（（Joseph E. Stiglitz）、科斯（Ronald H. Coase）等人。

　　與此同時，仍有一些思想家追求公平、正義和權利。比如當代西方新價值論法學的代表人羅爾斯（John Rawls）就主張正義是社會制度的首要價值，而他所謂的正義就是平等地分配各種基本權利和義務，並儘量平等地分配社會合作所產生的利益和負擔，在機會公平的前提下，只允許給最小受惠者帶來補償利益的不平等分配。因此，羅爾斯的正義論具有某種平均主義的傾向。還有一些學者力圖調和公平與效率的衝突，比如阿瑟·奧肯（Arthur M.Okun）就主張在平等中注入一些合理性，在效率中注入一些人道，從而在一個有效率的經濟體制中增進平等。[1]

　　通過對公平與效率理論的回顧，我們可以看出，公平有以下幾種不同的含義。其一是指法律面前人人平等，這是一種競爭規則的平等；其二是指機會均等，即在法律面前人人平等的基礎上，「前程為人人開放」。由於自然和歷史原因形成人與人佔有資源上的不平等，因此機會均等還意味着通過國家干預為每個人提供資源，讓他們享受同等的機會；其三是分配公平，即分配正義，在機會均等的條件下每個人獲得與自己投入有效資源相稱的收益；其四是結果平等，是指人們在最終消費上的平等，也意味着國家通過對收入的再分配向每個人提供等量的報酬。在這四種公平中，法律面前人人平等是其他公平的前提和條件，而機會均等使得人們在自由競爭的公平條件下取得與自己有效投人相稱的收益，從而實現分配正義。但是由於分配正義所依賴的分配標準受自然、歷史條件的不平等而形成結果不平等，只有通過國家干預來追加機會均等並實現結果平等。

1　參見［美］阿瑟·奧肯《平等與效率》，華夏出版社，1987年版。

公平概念的內涵如此複雜，它與效率的關係也就必須具體考慮。無疑，法律面前人人平等和機會均等與效率是一致的，或者說這兩種公平是效率的邏輯前提。分配正義和結果不平等是追求效率的必然結果，因此，效率與分配正義是一致的，分配正義促進了效率，而效率與結果平等是相矛盾的。但是追求效率所導致的結果不平等在社會不能承受的情況下也會妨礙效率。因此，適度的結果平等也會促進效率。只有平均主義要求絕對的結果平等才與效率是矛盾的。當然，如何把握好公平與效率的關係，還必須回到現實生活之中。

三、協調公平與效率的歷史嘗試與教訓

公平與效率的衝突是在十九世紀資本主義發展到一定階段後才日益尖銳起來的。資產階級和無產階級的對立使這種衝突成為社會的主要問題。為此尋求協調公平與效率成為當時一項重大的歷史課題。除了資產階級尋求通過國家干預實行福利政策來解決這一問題外，無產階級則要求徹底消滅造成這種衝突的社會經濟基礎——生產資料的資本主義私有制。馬克思提出在共產主義取代資本主義後，實行生產資料的社會主義公有制，在此基礎實行各盡所能、按需分配的原則；而在共產主義的初級階段即社會主義社會，實行的則是各盡所能、按勞分配的原則。這一原則將公平與效率協調起來，它使分配以人所提供的勞動能力為標準，從而既實現了公平，同時又將勞動與報酬聯繫起來，提高了效率。

馬克思按勞分配的思想在列寧那裏變得更為具體。即由國家統一佔有生產資料，由它進行統一生產、經營，由它按「多勞多得、少勞少得、不勞不得」這一按勞分配的思想將公平與效率統一起來。整個社會

主義國家的經濟制度基本上是按這一思路建立起來的。

中華人民共和國成立後，人民當家作主，實現了人人平等。在此基礎上社會主義公有制經濟和按勞分配原則也確立起來。值得注意的是，這在事實上確立的是一種「公平優先、兼顧效率」的分配模式。其體現為農村合作社的工分制和城市的工資制。經過幾十年的實踐證明，這種平等導致了經濟效率的低下。為什麼將效率與公平協調起來的按勞分配原則會導致平均主義和低效率呢？其原因還必須在生產結構中去尋找。

其一，在公有制的前提下，生產資料的所有者是作為社會整體利益的代表者國家，勞動者只是名義上的所有者，他們不能真正現實地履行所有權的職能。因此，在實際的生產過程中，國家作為擁有生產資料的「僱主」與勞動者作為其勞動力擁有者之間的「僱傭關係」必然有利益上的衝突。過去我們解決這種衝突的辦法是通過政治誘導和強制並輔之以宣傳教育使人們忽視自己的利益而謀求整體社會利益。這在短期內是有效率的甚至可以是高效率的，但從長遠看則是低效率甚至是無效率的。

其二，實際存在的國家和勞動者之間的「僱傭關係」是由國家單方面決定的。勞動者個人沒有選擇的自由，勞動者實行就業終身制，導致「吃大鍋飯」和「端鐵飯碗」。另一方面勞動報酬也由國家單方面決定。雖然國家努力貫徹按勞分配，但是直接測定勞動量所需要的巨大成本費用使國家不得已只能實行將勞動報酬機械地與學歷、職稱相結合的非按勞分配原則的工資制，最終使報酬與勞動能力相分離。加之，由於生產資料公有，人們只能取得有限的生活資料，而從生理需求上講，人在消費能力上的大體相當必然導致分配的平均主義。

其三，由於國家所擁有的生產資料在數量上和種類上非常廣泛，國家不得不將其分配在成千上萬的企業中，而國家對這些企業又擁有經營決策權。這樣，一方面企業不是為自己生產，而是為國家生產，企業的積極性必然受挫。加之企業不承擔經營風險，沒有責任壓力，其生產效率必然低下。另一方面，國家依賴計劃指導經營決策必須要有龐大的決策機構來提供信息，從而增加了成本費用，加之決策機構不直接承擔決策風險，必然出現官僚主義、「瞎指揮」「一刀切」等，導致國家計劃本身的低效率、無效率，或者出現生產效率很高而沒有經濟效率的怪現象，如「大躍進」時的大煉鋼鐵。

由此可以看出，在傳統僵化的經濟體制下，按勞分配只能導致低效率的平均主義。所以，改革開放以來，效率優先的改革導向成為人們的共識。而提高效率的根本方法就是重新貫徹按勞分配的原則，讓利益和生產掛起鈎來。在現實中形成一種「兼顧公平與效率」的分配模式。從農村實行家庭聯產承包責任制到企業放權讓利，從勞動工資制改革到承包、租賃經營地位和收入的界定，從消費品市場逐步完善到生產要素市場日益放開，都圍繞利益的分配展開。分配制度的改革必然引起生產結構的變革，人們很快發現有計劃的商品經濟與按勞分配之間發生了衝突。這主要表現在以下三個方面：其一，計劃體制和市場機制並行的「雙軌制」使得不同的商品經濟主體在經濟運行中處於不平等的地位。其二，國有企業的利益分配仍掌握在國家手中，但國家又無法真正按企業的經營水平和資產增殖進行利潤分配[1]。其三，不同地區、不同職業、不同單位的收入分配不均衡。

1　詳見忠東《平等與效率的對話》，中國社會科學出版社，1993 年版，第 54—58 頁。

這一切最終導致公平與效率兩敗俱傷。其根本原因就在於整個社會缺乏公平競爭的機會。因此，要實現效率優先，增加國民財富就必須使經濟制度本身建立在機會均等這一原則上。這一在實踐中摸索而達成的共識，終於在中共十四大提出的建設社會主義市場經濟這一實現機會均等、促進經濟效率的制度選擇中得以實現。

四、市場經濟：效率優先、兼顧公平

「市場經濟」這一概念通常是在兩種含義上使用的。一方面市場經濟指一種經濟運行方式，另一方面是指一種經濟制度，這兩者是同一事物不同的兩個方面。作為一種經濟運行方式而言，市場經濟本身就有一種效率（生產效率）功能，它通過市場價格自發地均衡供求並調節供求這一機制實現稀缺資源的合理配置，這種稀缺資源包括自然資源和人力資源等各種生產要素。但是這種市場的生產效率功能能否實現還取決於市場作為一種制度能否體現以機會均等為前提的制度效率。「一個有效率的制度的最根本特徵在於它能夠提供一組有關權利、責任和義務的規則，能為一切創造性和生產性活動提供最廣大的空間，每個人都不是去想方設法通過佔別人的便宜來增進自己的利益，而是想方設法通過增加生產，並由此實現自己的利益最大化。」[1]市場制度要實現效率必須具有與此相應的配套措施。

其一，從理論上講，要承認人對自身利益的要求，承認人的利己性動機。事實經驗證明，人總是追求利益的最大化，投入最少而產出最

---

[1] 樊綱《漸進之路》，中國社會科學出版社，1993 年版，第 21 頁。

大，即在各種約束的限制下，追求目標函數的最大化。這就是經濟學上所謂的「經濟人」。[1] 這就要求我們轉變觀念，重新肯定功利主義思想對社會進步有一定的積極作用；同時在市場制度中貫徹這一原則，將利益作為制度設計的核心，而在分配制度上的效率優先、兼顧公平正是要貫徹這一思想。

其二，必須要有一套嚴格而完善的法律體系來確實市場主體的權利、義務和責任，為追求效率提供機會均等的前提。正是在這個意義上，我們說「市場經濟是法制經濟」。這一套嚴格的、可預測的「形式理性法」[2] 以及一系列量化的「可計算」的制度（如會計制度）是市場效率所必須的。現在規範市場經濟的立法成為八屆人大的立法重點，規範市場主體的公司法已經頒佈；保證公平競爭的證券法、反不正當競爭法、消費者保護法等有的已頒佈，有的正在制定之中；加強宏觀調控的法律制度如稅法、預算法等也已頒佈。確立市場規範的主要法律可望在近幾年得以完善。

其三，保障市場主體的自由，儘可能為他們提供選擇的空間。人才市場的形成已成為市場制度效率的必要條件。

總之，效率優先是市場經濟自身的功能。分配制度必須符合市場經濟的要求。只有理解改革的歷程，才能明白三種分配模式的變遷，即傳統計劃體制下「各盡所能、按勞分配」的「公平優先、兼顧效率」

---

1 參閱《新帕爾格雷夫經濟學大辭典》第 2 卷，經濟科學出版社，1992 年版，第 57 頁 -58 頁。

2 「形式理性法」是指一套明晰的可預測、可操作的符合程序的普遍適用的法律規則。它是由德國社會學家韋伯提出來的。韋伯認為「形式理性法」和「可計算的制度」（如會計制度）是資本主義產生的必備條件。

模式，有計劃商品經濟下「按勞分配為主體前提下實行多種分配方式」的「兼顧公平與效率」模式，市場經濟下的「效率優先、兼顧公平」模式。但是在現實中如何具體確立「效率優先、兼顧公平」這一分配模式呢？傳統的按勞分配雖然體現了效率和公平原則，但它建立在「勞動價值論」的基礎上，在市場經濟下，它無法解釋「炒股票」、搞期貨交易的及拍賣「吉祥號碼」等經濟收入現象。因此，在市場經濟下必須根據「效率優先、兼顧公平」的原則，探索新的分配制度。

在市場經濟中，市場所配置的不僅是商品和勞動產品，而且有各種可以獲得收益的稀缺資源。馬克思的勞動價值論基於資本主義早期的以手工勞動和簡單的機器勞動為主的生產階段。而在現代社會裏，早期所謂的那種「勞動」已不再是形成商品價值的唯一源泉。市場上交易的除商品外，更主要的是其他稀缺資源，如股票交易是產權交易，期貨交易是風險交易等，市場範圍大大拓寬。同時，「在信息經濟社會裏，價值的增長不是通過勞動，而是通過知識實現的。『勞動價值論』誕生於工業經濟初期，必將被所謂的『知識價值論』所取代。知識是一種完全不同類型的勞動」。[2] 這樣，在現代社會裏，知識（包括技術與管理）和資本成為創造財富最主要的源泉。單以按勞分配為原則顯然已不完全適合現代經濟發展的規律。因此，有人提出「按獻分配」，即「按各種生產要素的對財富的創造所做出的實際貢獻向各生產要素所有者支付報

1　參見徐國棟《公平與價格——價值理論》，載《中國社會科學》1993 年 6 期。

2　［美］約翰‧奈斯比特《大趨勢》，新華出版社，1984 年版第 15-16 頁。

酬」。[1] 從理論上講,「按獻分配」比按勞分配進了一大步,但是它仍沒有擺脫過去所講的「勞動貢獻」的影響。既然財富的創造要依賴知識、資本等稀缺資源,那麼我們在一定限度內提「按資分配」也未嘗不可,這裏所謂的「資」就是指進入市場由市場配置的能給人帶來收益的各種稀缺資源[2] 它包括兩大部分,其一是物質資源,如環境資源、自然資源、生產設施、產品和資本等;其二是非物質資源,即「人力資本」,它既包括個人所具有的自然稟賦(如體力、智力和能力)、教育程序和職業專長(如技術和管理),又包括人與他人關係中形成的信譽、名望、人際關係等。實行按資分配,能夠促進各種稀缺資源的有效配置,促進經濟效率,儘可能地增加物質財富,提高人民的生活水平。因此,在市場經濟下實行按資分配就要用法律來保護市場主體擁有各種稀缺資源的合法性,比如對知識產權、人身權和私有財產權的法律保護;同時還要對這種稀缺資源的合法交易予以法律保護,這就要允許一定的原來認為是「投機」的商業行為和適度的壟斷。

市場經濟通過按資分配可以提高效率。但是由於市場主體在對資源的擁有上天然地不平等,比如我國南方靠海,環境資源好,又有極廣的海外關係,易於發展商業貿易,而北方地處山區、交通不便、文化落後,但資源豐富,易於建成能源基地;城市裏的人受教育條件好,農村人受教育條件差,擇業機會不均等;官僚子弟擁有廣泛的關係網,

---

1 谷書堂《所有制結構、分配制度和運行機制的改革》,載于光遠主編《中國著名經濟學家論改革》,北京出版社,1992 年版。

2 馬歇爾專門討論了「資源」或「財貨(goods)一詞,大大拓寬了商品的範圍。參見其《經濟學原理》(下),商務印書館。

平民子女一無所有；有膽量的人敢冒風險「炒股票」，膽小的只能做小本生產……凡此等等使得在機會均等的自由競爭裏，優勝劣汰，有利於強者，不利於弱者，導致個人貧富分化、社會各階級的經濟力量懸殊拉大，地區收入不均，經濟發展不平衡。這必然影響到整體的發展效率。因此，在效率優先的條件下，必須兼顧公平。兼顧公平實際上是對國民收人的二次分配。一般來講就是建立社會保障體系，發展教育、醫療衛生事業，加強基礎科學的研究等。但是，兼顧公平絕不是要求絕對地縮小地區之間、行業之間和個人之間的最終消費差距，而是將按資分配所形成的結果不平等狀況維持在社會可以承受限度內，將這種不平等維持在妨礙到整體經濟效率的邊際上。而這一邊際的具體確定就要看特定的政治、經濟環境。就我國目前的國情來講，兼顧公平要注意兩點。

兼顧公平絕不能影響效率。在這一點上要克服傳統平均主義造成的影響。目前我國結果不平等現象雖已存在，但還沒有發展到社會不能承受的程度上。所以，要在考慮建立社會保障體系，着手進行有關的立法的同時，更重要的是要把「經濟之餅」做得更大一些。在這點上鄧小平同志早就指出，共同富裕（兼顧公平）的「解決的辦法之一，就是先富起來的地區多交點稅，支持貧困地區的發展。當然，太早這樣辦也不行，現在不能削弱發達地區的活力，也不能鼓勵吃『大鍋飯』。什麼時候突出地提出和解決這個問題，在什麼基礎上提出和解決這個問題，要研究。可以設想，在本世紀未達到小康水平的時候，就要突出地提出和明確這個問題。」[1]

---

1 《鄧小平關於建設有中國特色社會主義的論述專題摘編》中央文獻出版社 1993 年版，第 242 頁。

　　兼顧公平絕不是實行「從搖籃到墓地」的社會福利。一方面我們的經濟實力不允許，另一方面要防止過分平等的福利政策影響到效率而產生的「英國病」。[1]我們的目標是將國家的再分配放在促進機會均等上。針對我國的具體狀況，首先大力發展中西部地區，重點放在交通、通訊、能源等基礎設施上，縮短地區差距，但是這種國家干預政策必須通過市場來運行，圍繞效率，改變以往政策補貼這種無效率的經濟投入。其次大力發展教育事業，提高全民族的素質，追加人力資本。正如舒爾茨（Theodore W.Schultz）所言。「採用和有效地利用優越的生產技術所要求的知識和技術，也就是我們能夠為發展中國家提供的最有價值的資源 …… 離開大量的人力投資，要取得現代農業的成果和現代工業的富足程度是完全不可能的」[2]。西方功能主義社會學認為國家不發達不在於政治經濟結構不平等，而在於個人缺少教育，通過教育縮短人與人的佔有資源上的差距，實現機會均等和結果平等。所以，二戰後美國提出「到學院去」的口號，將教育本身看作平等化的機器，它免費提供「公平競爭」的階梯。[3]儘管西方自身對教育促進機會均等也有疑議，[4]但是對於我們這個文盲、半文盲佔比例較大的國家裏，教育對增進公平、促進效率仍起重要作用。最後，國家保證基礎科研等方面的經費，改革國家工作人員的工資制度，使其收入保證在適度的水平上。

1　二戰後，英國工黨執政，大量推行福利政策，使英國經濟一蹶不振，日漸衰敗，形成有名的「英國病」，直到撒切爾夫人執政，才摒棄福利經濟，經濟才有所回升。

2　［美］西奧多·舒爾茨《論人力資本投資》，經濟學院出版社」1992 年版，第 16 頁。

3　參見 S·鮑爾斯金蒂斯《美國：經濟發展與教育改革》，上海教育出版社 1990 年版。

4　參見［美］瑟羅《公平、效率、社會公正和再分配》，載經濟合作與發展組織秘書處編《危機中的福利國家》，華夏出版社 1990 年版。

五、結語：以效率為價值取向的法理學

從邏輯上講，公平和效率不存在先後的問題。但是具體到歷史和現實生活中，公平和效率總是具有時間差和空間差。從西方歷史上看，從重商主義到自由放任政策再到凱恩斯主義一直到現在的新自由主義，總是出現追求公平與追求效率交替更迭的局面。與此相適應，法理學也從博丹（Jean Bodin）的主權論和馬基雅維利主義，發展到古典自然法，再發展到功利主義法學和實證主義法學，再到社會學法學乃至新自由主義權利法哲學和經濟分析法學並存的局面。正是公平與效率這兩種不同的價值追求使社會總保持一種必要的平衡，從而在促進社會經濟發展的同時進一步實現人作為人的各種權利。所以說，公平與效率哪一個優先不是一個理論問題，而是一個實踐問題。新民主主義革命以來，為實現人民當家作主，追求公平自然成了整個社會的目標；但是「貧窮不是社會主義」，所以，改革開放以來，由「兼顧公平與效率」發展到「效率優先、兼顧公平」。就目前而言，以效率為社會首要價值取向的法理學除了在傳統的研究領域裏改變思維方法外，更主要的恐怕是開拓我們原來忽略的兩個重要領域。

其一，市場經濟既然需要一套嚴格的「形式理性法」，那麼法理學就應當為此提供理論依據。在這方面，西方的分析實證主義法學、學術匯纂派和法律社會學為我們提供了有益的啟示。過去，由於受意識形態和道德論傾向的影響，我們一般重視法律實體價值的研究，關注於法的本質、功能之類的問題，如法理學界圍繞人治與法治、法的階級性與社會性、權利本位和義務本位展開過三次大討論，而對於具體的法律體系的構建和運作機制以及可行的法制模式的研究卻很薄弱。可喜的是目前有些學

者已意識到這個問題，有意識地轉變其研究視域，已取得一定的成果。[1]

　　其二，現代西方經濟學已由傳統的資源配置的科學轉變為一種「選擇的科學」，由商品的科學轉化為有關權利的科學，它研究人類行為與效果的關係。因此經濟學的分析方法向各個學科領域浸透，[2]而經濟學和法學的關係就更密切了。正如科斯在諾貝爾經濟學獎的獲獎演說裏指出：「在市場上交易的東西不是經濟學家常常設想的物質實體，而是一些行動的權利和法律制度確立的個人擁有的權利。」[3]而新制度經濟學所講的「制度」就是法理學上最廣義的「法」或規範。因此，法律與經濟學的靠攏使西方的經濟分析法學派成為最活躍的法學流派之一。關於這一學派法學界只有一些泛泛的介紹，更談不上用其方法研究當下的法律制度了。

　　總之，法理學雖然應當關心諸如法的本質之類的形而上學的問題，但它不能僅僅生存於純粹的思辯之中。它的生命更多地植根於活生生的社會現實。真正關注於社會現實恐怕是目前法理學走出困境的唯一轉機，這不僅取決於法理學研究者的理論修養，而且取決於他們的現實感和歷史感，乃至於承擔道義的勇氣。

1　比較法學者梁治平在中西法文化比較中特別注重西方法律的權利、正義等價值，並對西方自然法做了一定的研究，同時強調法律與終極關懷的聯繫（見其譯著《法律與宗教》序，三聯書店 1991 年版）。後來他對西方的法律實證主義有了新的認識，並着手清理中國的法律實證主義。參見其論文《法不等於法律》（《讀書》，1993 年 8 期）和《法律實證主義在中國》（《中國文化》1993 年 8 期）。另外，季衛東先生對法律程序特別關注，將其看作是法治的基礎，在這方面的論述頗多，參見其較有影響的長篇論文《程序比較論》（《比較法研究》1993 年 2 月）。

2　經濟學向倫理學的浸透體現在羅爾斯的正義論和諾齊克的權利論等理論中，向政治學的浸透體現在詹姆斯、布坎南的公共選擇理論中。美國經濟學家貝克爾將經濟學方法用諸分析犯罪、婚姻、家庭等社會問題而榮獲諾貝爾經濟學獎。

3　科斯《生產的制度結構》，載《經濟社會體制比較》，1993 年 2 期。

比較法・文化・文明 [*]

　　就一種方法而言，比較法很早就存在了，亞里士多德的《政治學》和孟德斯鳩的《論法的精神》都是比較法的傑作，而作為一門獨立的學科，比較法學在 19 世紀才被提出來並加以研究，20 世紀初進入其鼎盛時期。比較法學的誕生有兩個根本性的問題需要解決，其一是比較法的基礎，即對各種不同的法律制度和法律觀念在怎樣的層次和範圍內進行比較，其二是比較法的任務，即比較法在多大的程度上有助於消除不同法律體系之間的分歧，實現法律的統一。本文就這兩個問題進行初步的探討。

一

　　毫無疑問，之所以對法律進行比較就在於法律之間存在着差別。如果這些差別僅是法律明文規定上的差別，比如有關成年人年齡界限，有的法律規定為 18 歲，有的規定為 16 歲，那麼這種比較就沒有

---

* 本文為 1990 年寫作的本科畢業論文，指導老師為梁治平教授，全文刊載於《法律科學》，1991 年第 5 期。

多大的意義。因為法律條文的改變是非常容易的，就人類歷史的發展而言，可以說法律條文處在朝令夕改的變動不居狀態之中。而比較法一旦深入到法律條文的背後就會發現一種不變的東西，它與我們的思維方式和行為方式緊緊地聯繫在一起，這種聯繫與我們人類的歷史一樣古老。立法者可以改變法律條文，但他不可能改變法律條文背後這種相對不變的東西。正是法律中這些不變因素的存在使我們透過法律條文和法典的變更看到法律自身內在的連續性，從而使法律成為一門科學，比較法學的建立才成為可能。那麼作為比較法基礎的這種不變因素究竟是什麼呢？要回答這個問題，需要首先區分「法」與「法律」兩個概念。

「法」與「法律」這兩個概念的區分在比較法學者眼裏具有相當重要的意義。比較法學家達維德（Rene David）曾指出：「把法與法律混為一談，把法律視為獨一無二的法源是違反整個羅馬日爾曼傳統的，」「要使人們拋棄法不是法律這一傳統觀念可能要進行一場真正的革命。法作為所有善良人尤其是法學家的研究對象不能單純地從成人法中去尋找。」[1]在這裏，他所說的「法律」就是指成文法，包括議會立法、國王的令狀及行政規則和判例法案等規範化的條文準則。而他所說的「法」就是法律條文背後相對穩定不變的因素，也就是歷史積澱下來的體現在法律裏的文化因素。在此我們還必須搞清法與文化的關係。

到目前為止，關於文化的定義，已不下百餘種，但還沒有一種具有無可辯駁的權威性。無論如何，文化的定義應當在創造文化的主體中去尋找，所以，文化實質上是人類生存方式的體現。這種生存方式主要包括思維方式與行為方式，體現在文化裏就是觀念價值形態和制度習慣

1　〔法〕勒內・達維德：《當代主要法律體系》，上海譯文出版社，1984年版，第96頁。

形態，前者籠統地稱為文化裏的觀念因素，後者稱為文化裏的技術因素。觀念因素常常體現在技術因素裏，並支配着技術因素，技術因素反過來又強化着觀念因素。而法就是法律文化，是文化在法律裏的體現，它也包含觀念因素（如法律的價值追求等）和技術因素（如法律制度、法律概念與分類、法律解釋等）。法與文化相互依存、又相互作用。法律條文的差別在根本上是它所體現的文化差別，這種差別形成了不同的法系，也就是把同一文化類型中的法律文化歸結為一個完整獨立的體系。正如達維德所言：「每個法事實上是一個體系，它使用和一定概念相適應的一定詞彙，它把規定分成一定的種類，它包含對提出規定的某些技術和解釋這些規定的某些方法的運用，它和一定的社會秩序觀念相聯繫，這些觀念決定着法的實施方式和法的職能本身。」[1] 事實上，法系的這一定義也同樣暗含了法的技術因素和觀念因素。法和文化的辯證關係從理論上加以探討是相當空泛的，我們只有深入到整個文化的歷史中才能有活生生的感受。羅馬法的復興運動就是這種辯證關係的典型例證。

公元 5 世紀，野蠻的日爾曼人侵入了羅馬，羅馬帝國所造就的輝煌文明包括其完善的法律制度一起消失了。從此，教會代替了法院，仲裁代替了審判，仁慈代替了正義。這種狀況一直維持到 12、13 世紀出現的羅馬法「復興」為止。羅馬法的復興首先是法的技術因素的復興，即羅馬法中的法律用語、規範分類、法律體系重新被人們接受。稍後便是觀念因素的復興，即人們認識到只有法律才能保證秩序和安全，才能促進經濟與社會的繁榮。從此，人們不再把道德與宗教同世俗的法律秩

1　〔法〕勒內·達維德：《當代主要法律體系》，上海譯文出版社，1984 年版，第 22 頁。

序相混淆，承認法固有的作用、尊嚴與獨立性。這種新觀念的出現之所以被看作是羅馬法的復興，是因為羅馬人或更早的希臘人就已經接受了這個觀念。把法建立在公平、正義和理智之上，並用法來維持社會體的存在的觀念一直支配着當時的社會生活。這種觀念經過好幾個世紀的壓制之後得以復興的確是一場革命。它不僅使歐洲人恢復了法的意識、法的尊嚴、法的至高無上的價值（即世俗世界必須受法的支配），而且在於法觀念的復興推動了一場文化的革新運動，最終塑造了整個近代歐洲文明。具體地講，羅馬法的復興推動了對羅馬法的研究、註釋，特別是後註釋法學派對法的闡釋日益脫離了查士丁尼法典，而以理性為基礎，建立普遍適用的、系統的法，法律由此成為科學。這就完成了從對羅馬法的崇敬到對理性法的追求的轉變。這實際上為古典自然法學派的興起奠定了基礎。但是，古典自然法不僅僅單純是法的理論，而主要是西方文化中著名的自然權利理論。它把用法律來維護的社會秩序建立在對人的思考之上，把一切規定和人聯繫起來，人被看成是存在着的唯一現實。這種關於人的主體性觀念又與文藝復興和啟蒙運動所創造的文化背景緊緊地聯繫在一起。人權理論推動了整個西方的資產階級革命，最終導致了民主政治的建立。從這裏我們可以看出法與文化之間相互作用的動態過程（圖見下頁）：

後註釋法學派從對法的技術因素的研究上升到對法的觀念因素即對法的理性基礎的尋求，法的觀念因素又發展為一種文化的觀念因素，即從理性法發展到自然權利理論；文化的觀念因素通過社會革命而轉變為文化的技術因素，即民主政治制度的確立；而文化的技術因素最後又反過來影響着法的技術因素，即民主制度確定了三權分立的法制模式而且推動了法典編纂運動。從這裏我們可以看出，法與文化之間不僅

是相互依存、包容的，而且是相互促進、相互轉化的。不理解法與文化的這種關係就不明白為什麼塑造歐洲文明的主導力量竟然是一種法學理論（古典自然法）。所以，不了解羅馬法的復興就無法理解歐洲文明為什麼是今天這個樣子，也就無法理解羅馬日爾曼法系所包含的獨特的法觀念，因為羅馬日爾曼法系正是在這種背景下成長起來的。有了法與文化的這種關係，我們就可以從這裏入手對現存的幾大主要法系進行比較，從而探討比較法的文化基礎。

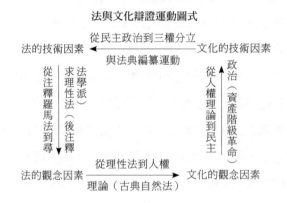

法與文化辯證運動圖式

就法的觀念因素來講，產生於英格蘭的普通法與羅馬日爾曼法系是一致的。兩者「都受到基督教道德的影響，自文藝復興時期以來風行一時的哲學理論都把個人主義、自由主義和權利的概念提到了最高的位置」。[1]而且在解決問題的辦法上，兩者都受到傳統正義觀念的啟示。兩大法系在法觀念上的相同是由於處在共同的希臘——基督教文化的背景之下。正因為如此，兩大法系又被稱為西方法系。而與此相反的法觀念

1　〔法〕勒內·達維德：《當代主要法律體系》，上海譯文出版社，1984年版，第27頁。

則存在於另一文化背景之下的遠東的中華法系。遠東各國人民並不把維護社會秩序和公平正義的希望寄託於法，而是寄希望於說服教育和調解的辦法，寄希望於個體內省所引發的自我批評與相互謙讓和解的精神，法在社會中的地位相當低，只起次要的作用。這一點最突出地表現在中國。在這裏，「法的價值本身發生了問題」，「在中國人看來，法遠遠不是秩序的條件與正義的象徵，而是專斷的工具與混亂的因素」。[1]所以中國人解決爭端很大程度上依賴的是法外因素，比如倫理、道德等，法律是不得已的最後手段。

如果把西方法系與中華法系中法觀念的不同僅僅看作是法在社會中的地位和作用不同，那遠遠不夠，還沒有深入到文化的根本中去。為了說明這個問題，我們還是看一看另外一種法律觀，那就是伊斯蘭文化與印度文化中的法律觀。在這兩種文化中，法在社會中的地位比在西方法系中更為重要、突出，甚至到了神聖化的程度，原因就在於伊斯蘭文化與印度文化中的法律與宗教是合一的。伊斯蘭教的聖經《古蘭經》與印度教的經典《達摩法論》首先是兩部法典。因此，這兩種宗教常被看作是法律的宗教。但是他們對法的重視與西方法系是完全不同的。伊斯蘭法系與印度法系中的法潛藏的含義是指對真主（或達摩）的義務，這與西方法系中法包含的主觀權利的觀念相去甚遠。由此引伸出西方法系奉行的個人本位原則與伊斯蘭法系、印度法系奉行的社會本位原則的區別，而後者又與中華法系是一致的。就法而言，西方法系、中華法系、伊斯蘭‐印度法系，這三種法系（這裏暫且把伊斯蘭法系和印度法系看作一種法系）既有共同點又有差別，一下子很難看清楚問題的實質

1　〔法〕勒內‧達維德：《當代主要法律體系》，上海譯文出版社，1984 年版，第 31 頁。

所在，而一旦把他們深入到其文化背景中去，不同之處一下子就顯示出來了。說到底，這三種法觀念的不同在於整個文化所追求的理想社會秩序本身發生了分歧。儒家文化追求的是與自然秩序相吻合的自然倫理化社會秩序；西方文化追求的是與人的本性相符合的理性化的社會秩序[1]；伊斯蘭文化和印度文化追求的是與人的生命狀態相符合的神祕空寂的非社會秩序。三種不同的理想秩序都有自己獨特的實現手段。而作為社會控制手段的法律在不同文化追求中所扮演的角色就不同了。倫理化的社會秩序靠道德、禮儀的內在約束來實現，法律只是一種消極的防範工具，而不是積極的實現手段。理性化秩序正是依賴法律來實現，法律作為成文法就是韋伯所謂的「形式法」，這種形式法只依賴於法律條文對法律事實作出判決，而不考慮政治和倫理因素，特別是排除了宗教禮儀、感性衝動和巫術等非理性的因素。所以，沒有法律就沒有西方的理性秩序。對於非社會秩序的實現只能依賴於禁欲苦修與玄思冥想（印度教與伊斯蘭教略有不同），其第一步就是「戒」，即通過遵守嚴格的宗教戒律來排除欲念，所以，法律只能是宗教戒律。

比較法從法系中的觀念因素深入到文化中的社會秩序觀念，看到了法系區別的本質所在。但是，僅僅依賴法的觀念因素，我們就無法理解法國人與英國人對於共同的正義觀念所作的不同理解。在法國人看來，只要制定合乎理性的法律（法律條文或法典）就實現了法律正義；而在英國人看來，只有通過合理的訴訟程序才能實現法律正義。要理

---

1 「理性化」源於古希臘的理性主義，是西方文化的傳統之一．其另一傳統源於希伯萊的天啟秩序，這種傳統經過馬丁．路德的宗教改革之後，成為資本主義精神，即以「禁欲」為核心的合理性的價值觀念產生的動力。從理性主義的角度看，「禁欲」也是理性化的表現。參見韋伯的《新教倫理與資本主義精神》一書的論述。

解這些差別除了考慮觀念因素外，還要考慮法的技術因素。達維德指出，「法的主要部分顯然是法的結構本身，它所認可的分類，它所使用的概念，作為它的基礎的法律規範典型。」[1]正是法的技術因素形成了一系列獨特的相對穩定的法律範疇。這也正是我們區別羅馬日爾曼法系與普通法系的一把鑰匙。

在普通法系中，我們看不到公、私法的劃分，看不到民法、商法和行政法的劃分，而這些劃分恰好構成羅馬日爾曼法系的基礎。相反，在普通法系中的判例法、普通法與衡平法等概念又是羅馬日爾曼法系中完全陌生的東西，更有趣的是相同的法律術語在不同的兩個法系中代表不同的含義。比如「法律規範」一詞在羅馬日爾曼法系中是指從學理出發制定的在大多數場合普遍用來指導解決可能發生的爭端的準則；而在普通法系中，這種概括性的規範只能是道德教育的訓示，而不是真正的法律。所以 Legal rule 一詞對於英國人來講是和解決具體的爭端聯繫在一起的。正是從這裏出發，有人把羅馬日爾曼法系稱為解釋各種理論的「封閉體系」，把普通法系稱為解決具體爭端的「開放體系」。不過，這種法的技術因素的差別只有深入到產生這種差別的文化背景中才能看得更清楚。事實上，羅馬日爾曼法系追求法的合理性和邏輯性與普通法系傾向於法的傳統性和適用性分別代表了西方文化中兩種不同的思維傾向，即歐洲大陸的理性主義和英倫三島的經驗主義。除此以外，我們還應當深入歷史去尋找兩大法系的差別，因為法不僅是文化的而且是歷史的。如果說羅馬日爾曼法系中對法的合理性的追求是由於它是在尊重各民族分歧之上的一種文化自身融合的產物，那麼普通法對法的

1　〔法〕勒內・達維德：《當代主要法律體系》，上海譯文出版社，1984 年版，第 314 頁。

可操作性的追求則是由於它是在王權統一的前提下的一種政治操縱的產物。只有了解英國法的歷史才能理解英國法為什麼會有普通法與衡平法的區別，以及賦予判例法如此重要的作用，才能理解英國法如何在「程序的縫隙中成長起來」，以及由此產生的一套完全獨立的法律範疇。

在現有的幾大法系中，社會主義法系是一個新生的法系，它實質上是意識形態理論取得政治上的統治權後推行的一套法律制度與觀念。在法的技術因素上，它與羅馬日爾曼法系大體相同，但是其概念所包含的內容則完全不同了。在法的觀念因素上，它把西方法系中的實證主義的法律觀推向了極端，但是卻在一個根本問題上發生了分歧。在社會主義法系的國家裏，法是改造社會，實現共產主義從而使自身走向否定的手段。儘管如此，人們仍然想在這種政治強制的背後尋找到某種文化上的聯繫。於是共產主義理想可以在俄羅斯的宗教與道德意識中找到其深遠的根源，同樣，東歐的東正教傳統與中國儒家宣揚的大同世界也與社會主義法系所追求的目標建立起文化上的聯繫。但是，這種聯繫是由於政治因素促成的，社會主義法系的內涵僅僅停留在政治宣傳之上，還沒有深入到人們的觀念之中。這樣，社會主義法系面臨着兩種選擇。如果這種法觀念具有生命力的話，它必須深入到各國傳統之中，並擔負起改造各國文化傳統的任務，使其存在的政治合理性變成文化的合理性。否則，這種政治強制一旦超出其彈性限度，社會主義法系就會由於缺乏共同的文化基礎而最終走向分化，從而回到其文化傳統上去或按照自己的文化傳統進行重新選擇。

以上，我們從法的觀念因素和技術因素入手探討了現存的幾大法系。可以看出，法與文化之間的辯證關係使得比較法通過不同法系的比

較必然深入到文化的比較中去。就比較法而言,「用文化來闡明法律,用法律來闡明文化」[1]已成為必然。而這一切構成了比較法學的基礎,即為比較法提供文化的出發點。

二

比較法學是從法律之差異入手的,但是,「比較法學主要反映社會生活的永恆需求,而不在於比較法律的差別,差別不應當過分強調」。[2]而「涉及國際的法律關係的法在國際上的統一毫無疑問是我們時代的主要任務之一」。[3]我們暫且不管作為比較法學的任務,即追求法的統一在多大的程度上可以實現,重要的是法律統一的思想表達了這樣的信念,即法是超地區、超民族和超傳統的東西,它是符合人類永恆願望的理性產物,它是向未來開放的世界社會的法。事實上,這種法的信念也並不是什麼新觀念。羅馬法復興後,這種觀念在歐洲各大學裏司空見慣,特別是自然法學派的法學家們從世界主義的理想中得到啟發,力求公佈一部一切時代與各族人民所共有的、普遍適用的法的正義規定。這種理性主義的自然法觀念在今天之所以如此陌生,是由於法典編纂運動所引發的法律實證主義與法律民族主義的興起。特別是法律民族主義,它強調法是民族的、地域性的和歷史傳統的法。「那種認為在歐洲(並且越來越多的歐洲以外)國家之間存在着法律共同體與認為存在

1　梁治平:《比較法與比較文化》,載《讀書》1985 年第 9 期。

2　〔法〕羅達埃:《比較法總論》,上海譯文出版社,1989 年版,第 50 頁。

3　〔法〕勒內・達維德:《當代主要法律體系》,上海譯文出版社,1984 年版,第 15 頁。

着羅馬日爾曼法系的思想在法律民族主義中似乎消失了。」[1] 這種法律民族主義往往由於比較法對文化傳統的強調而得到強化，用歷史法學派的觀念來說，法就是民族精神或民族個體的體現。在此，我們看到比較法學本身包含的不可克服的矛盾。因為法的比較深入到深層的文化之中就出現文化相對主義。連達維德也不無感慨地稱，「在法的問題上並無真理可言，每個國家依照各自的傳統制度制定與規定是適當的。」[2] 然而，比較法學的職能與任務卻又要揚棄傳統，克服文化相對主義，追求法的「真理」，即在理性主義的基礎上謀求法的統一。如果這種統一不僅僅是理想，而且要變成現實，那麼還必須從國家法入手。

正因為如此，比較法所包含的貌似矛盾的兩個方面正是比較法所追求的兩個方面。其一，法植根於文化傳統之中，傳統的並不等於合理的，也不一定就賦有生命力。比較法正是通過法系之間的比較、借鑒、補充乃至融合增強法系自身存在的生命力，促使法系自身存在的合理性。其二，儘管法是民族文化傳統的產物，但它作為一種對人與自然、人與人關係的思考的理性產物，作為一種社會控制的特殊手段，必然有其相同之處，能夠超民族、超地區、超時代而獨立存在。比較法正是在不同法系的比較、借鑒中發現共同的東西，從而謀求法的統一。前一方面屬於國家法的領域，後一方面屬於國際法領域。而在國際法中的統一又必須以國家法的合理化為基礎。我們首先從前一個方面開始探討。

法系的差別實質上是不同文化、不同文明的差別，因而，法系之

---

1 〔法〕勒內・達維德：《當代主要法律體系》，上海譯文出版社，1984 年版，第 62 頁。

2 〔法〕勒內・達維德：《當代主要法律體系》，上海譯文出版社，1984 年版，第 2 頁。

間的借鑒與吸收就是不同文化、不同文明之間的借鑒與吸收。具體來講，一方面是非西方法系國家的法制及文化的現代化，另一方面是西方法系國家吸取其他文明之長使其文明趨向於合理化。法制現代化從某種意義上講就是非西方文明在某種程度上吸收、借鑒西方文明的東西。因為西方法系賴以存在的西方文明在市場經濟、民主政治等方面所取得某些的成就使其成為其他文明效仿的楷模。而這就涉及到文明的成長、接觸與相互借鑒等問題。

就基督教文明（西方文明）本身而言，它是在眾多文明互相吸收、融合基礎上成長起來的一種文化的產物，雖然這種文化融合的同時也伴隨着軍事征服和政治統治。但是此後，基督教文明在與其他文明的接觸中，主要採取軍事上的征服與政治上的殖民化。這種殖民化過程助長了「歐洲文明中心論」，西方文明從而被強行推廣到「未開化的野蠻地區」。我們只要看看今天的非洲、美洲在法律制度上或採取羅馬日爾曼法系的法典主義，或採取普通法系的判例主義就夠了。但是，西方法系的推廣僅限於法的技術因素，觀念因素的觸擊非常弱。在此我們看看非洲的例子。

在非洲人的傳統觀念中，習慣是與靜態的宇宙秩序相聯繫的，所以，他們關心的是與時空概念無關的集團，比如部落、家族等。在這種觀念下，與個人本身相聯繫的主觀權力就沒有什麼地位了。這種以義務為本位，以和解為主要解決爭端的辦法，以維護習慣為目的的團體精神都構成了非洲各國的法律傳統。但是殖民時期各國的法律都是「宗主國的翻版」。即使在各國獨立後，為實現現代化各國領導人仍然效仿法系，頒佈法典或彙編判例。不過這些法律並沒有深入人心，也沒有改變其行為方式與思維方式，「人們還在繼續遵守從前的習慣，按照傳統進

行仲裁，或者更經常的是按照傳統取得和解，越過了國家的法院」。[1]

　　非洲的法律是殖民的強制產物，文化與民族的自尊性使非洲人無形中排斥西方的法律制度與法律觀念，從而頑固地維持、保持其習慣法。這往往是文明相互融合和吸收失敗的常例。而我們在日本那裏看到的是另外一幅景象。日本法律的現代化與其說是西方列強強迫的結果，倒不如說是日本人積極主動去吸收的結果。當然，這是一個很痛苦的過程。這是文明接觸中吸收和借鑒成功的一例，儘管如此，「法的思想至今還未進入日本人的日常生活」。[2]

　　文明發展不完善的非洲與積極吸收西方文明的日本在法律現代化中尚且如此艱難，那麼對於具有高度成熟的文明而且採取某種牴觸情緒的中國、印度等國，走向現代化的困難就可想而知了。所以，在法制現代化的問題上，困難的不是法的技術因素而是法的觀念因素。在技術因素上現代化了，而在觀念因素上仍然是傳統的。這種法的技術因素與觀念因素之間的距離降低了法在社會生活中的價值與法自身的嚴肅性，不能不說是法制現代化中的一個「通病」。仔細考察一下就會發現法的技術因素與觀念因素的距離是不可克服的。如果技術因素與觀念因素徹底加以改變，那不是文明的借鑒與吸收而是文明的替代，即用一種文明完全替代另一種文明。這樣的話，只能說原有文明已是一個僵死的文明，沒有一絲生命力，它即使不被替代也必將自行滅亡。這與我們現代化的原意是不符合的，因為需要現代化的文明只是其生命創造力受到窒息，而不是枯死，一旦這樣，就必然有不可克服的「通病」。在這二律

1　〔法〕勒內·達維德：《當代主要法律體系》，上海譯文出版社，1984年版，第537頁。

2　〔法〕勒內·達維德：《當代主要法律體系》，上海譯文出版社，1984年版，第508頁。

背反的窘境中，我們不得不回過頭來，對我們的出發點即法律現代化本身進行深刻的反省。

事實上，我們之所以把法律現代化中法的技術因素與觀念因素的距離看作是「通病」，是由於我們一直受一個錯誤觀念的支配。如前所述，現代化就是某種意義上的西方化。但是產生現代化的直接原因在於非西方文明在按自己的發展軌跡中受到西方文明和內在生命創造力的嚴重挑戰，在這場挑戰中，非西方文明失去應戰的能力而被納入文明發展的軌跡當中。這時，非西方文明所面臨的重大選擇就是要麼徹底排斥西方文明而使自己封閉窒息走向死亡，要麼就在吸收、借鑒西方文明的基礎上使生命創造力得以再生，後者就是現代化的問題。所以，現代化在本質上所注重的不是在多大深度和廣度上吸收、效仿了西方文明，而是如何使自己的文明再生，也就是說，現代化的着眼點不在於「量化」的「度」的思考。正因為如此，所謂現代化中觀念因素與技術因素的距離問題的關鍵在於是否促成或刺激文明，使文明迸發出新的生命創造力。如果僅從量化的角度出發，把這種距離看作是非治不可的絕症，那麼在文明的接觸和吸收上只能有兩種態度，即全面排斥其他文明的狂熱主義，與徹底放棄自己文明以便全盤接受其他文明的希洛德主義。前者保持了自身文明中技術因素與觀念因素的統一性，是可能的，但其存在與發展則是沒有希望的；後者保持了外來文明中兩種因素的統一性，但卻是不可能的。這兩種方式本身就是文明接觸中失敗的方式，之所以失敗就是僅從量化的角度來考慮現代化問題。這種思維方式潛含了這樣一個錯誤觀念，即一種文化裏的技術因素只能與自身的觀念因素相協調，而不能與另一種文化裏的觀念因素相協調。那麼，我們拋棄這種量化的思考方式而轉到文明的生命力上來，有沒有別的選擇？

　　湯因比在分析了文明的接觸之後指出，當一種文明受到內在的生命創造力和外來強大文明的壓力時，它並不是只有兩條路可走，或墮入過去（即狂熱主義）或跳入未來（即希洛德主義），「還有一條得救的中間路線，在舊秩序和新方案之間取得相互調整，達到更高水平的和諧。」[1]說得再明白一點就是在原有文明的觀念因素與外來文明的技術因素之間做一種新的協調，使文明的生命力得以恢復，以適應歷史的挑戰，這就是文明的再生。不少人對此仍抱懷疑態度，但是他們一直迴避一個關鍵性的問題，即傳統的觀念因素究竟在多大程度上排斥現代的技術因素，以致於我們必須對它加以徹底的改換？對此，梁治平先生很通達地講：「現代化並不等於全盤西化，傳統的東西只要發揮得當就會變成現代化的創造因素。」[2]這已暗示了傳統的觀念因素與現代的技術因素之間相互協調的可能性。那麼，這種具體的協調過程又是怎樣呢？這一問題歷史似乎給了我們有益的啟示，我們還是再回到法的問題上來。

　　前面已講過，基督教文明本身就是文明相互吸收、融合的典範，與其聯繫的羅馬日爾曼法系亦是如此。在幾大法系中，羅馬日爾曼法系是一個例外，它不像其他法系那樣產生於一個國家然後向外傳播影響了一大片地區，我們很難說它是產生於意大利、法蘭西還是德意志，而它正是在希臘羅馬文明與日爾曼文明融合的基礎上對羅馬法、習慣法與教會法的技術因素與觀念因素進行重新協調的產物，這種協調就在於：「羅馬日爾曼法系在尊重歐洲各族人民的分歧中把它們聯合在一起」，它「從來只是以文化的共同性為基礎而建立起來的。它的誕生和

1　〔英〕湯因比：《歷史研究》（下），上海人民出版社，1986 年版，第 288 頁。

2　梁治平：《法制傳統及其現代化》，載《讀書》1986 年第 1 期。

繼續存在與政治目的無關」。[1] 這實際上道出了文明之間互相接觸的成功通則，即承認並尊重各文明存在的價值與合理性，採取兼容並包的平和態度，積極地在文化的層次上進行平等的交流、吸收乃至融合。

就基督教文明吸收、融合的成功經驗是否能得出一條文明吸收、融合的通則，不少人持懷疑態度。因為希臘、羅馬文明與日爾曼文明以及希伯萊文明是同質文明，它們以西方文化為共同基礎與背景，而現代化中遇到的是西方文明與非西方文明兩種不同質文明的接觸，而西方文明的成功融合經驗能否適用到西方文明與非西方文明之間？對於這一問題的回答只能在文明的歷史中去探尋。

事實上，在文明的發展史中，沒有絕對的同質文明，也沒有絕對的異質文明。上面所提到的同質文明與異質文明的區分是基於我們今天的歷史經驗，假如我們的歷史經驗只限於公元 4 至 6 世紀的歐洲，那麼日爾曼文明、希臘羅馬文明與希伯萊文明也同樣是異質的，假如有一天我們人類接觸到外星文明，那麼西方文明與非西方文明也就變成了同質文明。文明的同質與異質建立在已有的歷史經驗和歷史材料之上，這種材料與經驗隨着時間而變動，因而它是文明史自身的可變要素。那麼文明史自身有沒有不變要素？只要我們對歷史進行哲學的分析就會看到文明的發展使歷史材料和經驗不斷豐富，日益變化，但它永遠圍繞着一個東西，那就是處於文明史之中又獨立於文明史之外的精神主體意識，黑格爾把它稱作是「自我意識」或「自由」，湯因比把它看作是主體的精神創造性和自由，而中國哲學則把它看為「分久必合，合久必

1　〔法〕勒內・達維德：《當代主要法律體系》，上海譯文出版社，1984 年版，第 43 頁、第 49 頁。

分」的「道」，這種意識實際上包含了人類對待世界和歷史過程的基本態度，就文明吸收、借鑒而言，它是一種對待外來文明、文明接觸、文明的生長與死亡的態度。因此，文明之間借鑒成功的具體操作過程是各不相同的，而對待這種借鑒的態度是一致的。這種態度涉及到了人類的生存狀態本身，它一方面包含了「法自然」的平和、寬容態度（如中國的「道」），另一方面又包含了「天行健，君子以自強不息」的主體能動力（如黑格爾、湯因比）。我們從西方文明成功融合中得出的通則正是這兩種對待文明吸收、融合的態度。

如果我們承認這一通則的有效性，在現代化中首先就要採取積極的態度去借鑒、吸收西方文明，其次還要採取平和、寬容的態度從文化的意義上借鑒吸收，要排除民族的功利色彩，排除文明先進與落後這種簡單劃分所引起的偏見。中國在現代化上的某些失誤正是缺乏這種積極而又平和的文化態度，從盲目排外的民族情緒到「師夷長技以制夷」的政治功利目的，再到「全盤西化」的文化偏見，無不妨礙現代化的進程。相反，日本人既不菲薄西方文明，也不菲薄自己的傳統，而是採用積極樂觀而又寬容冷靜的態度把二者巧妙地結合起來。[1]

20 世紀已為各文明之間的相互吸收、借鑒和融合提供了優越的環境，政治上的殖民、經濟上的掠奪日益被文化上的交流、競爭所取代，西方文明日益認識到東方文明的價值，甚至把挽救西方文明危機的希望寄託於中國，而非西方文明的現代化也逐步完成。就法律而言，法典主義與判例主義日益趨同；西方法系也開始吸收中華法系中調解、人治等許多優良傳統。但是，到此為止，我們並沒有為不同文化之間技術

1　參見吉田茂《激蕩的百年史》，世界知識出版社，1987 年版。

因素與觀念因素的重新協調找到具體的辦法。事實上,這都是文明融合中的可變因素,我們無法對具體操作性過程作出安排。文化的協調從來都是文化自身運動的結果,我們關鍵要按照上述通則,採取積極的、寬容的態度。如果這樣的話,不僅可以完成法制的現代化,使各法系趨向合理化,而且我們前面提到的第二個問題,即謀求法的統一,也不是遙遠的夢想;因為人類在生存與發展同題上是休戚相關的,文化的借鑒與交流使得在一些重大問題上取得共識成為可能,而且更重要的是人們逐漸認識到我們是生存在同一星球上的同類人。

第二部分

無形學院

自由的靈魂 [*]

——再憶沈宗靈先生

　　2012 年 2 月 24 日，是沈宗靈先生 89 歲壽辰。按照中國人的慣例，法學院領導和先生的弟子們準備為先生籌辦九十大壽。先生從不搞這樣的慶祝活動和聚會，唯一的例外是 1999 年法學院組織了紀念先生執教五十周年的學術研討會。這次也是拗不過院領導和弟子們的好意，他只同意和自己指導的研究生們簡單聚餐，此外不搞任何活動。對於我們來說，這樣的聚會也是破天荒的一次。從 1978 年帶研究生開始，先生從來沒有組織過學生聚會，以至於我們這些晚輩甚至不知道師兄師姐們的名字。比如我很早就認識了港大法學院的李亞虹教授，可直到先生去世才知道她也出自先生門下。也許是受先生的影響，我們這些在校讀書的學生很少以師門名義聚會或集體看望先生，每個人與先生都是單線聯繫。

　　2 月 16 日上午，我突然接到張騏老師電話。說沈老師住院，病情

1　本文寫作於 2014 年先生去世之後。文章前半部分以「法律社會學的北大學派」為題發表於 2019 年《讀書》第 8 期，這裏刊出的後半部分未發表的內容。

嚴重，如果方便，可否來一趟醫院。果然有先生的風格，在這個時候了還客客氣氣，不願麻煩任何人。我心裏有種不祥的預感，第一反應就是通知趙曉力，希望能趕上見先生最後一面。然而，我們遲了。趕到醫院時，先生已化成了記憶的碎片。

一

在「法律社會學的『北大學派』」這篇文章中，我將先生放在法律社會學在中國發展的脈絡中來理解先生對法律社會學乃至中國法學的貢獻。然而，讓我時時不能忘懷的不僅是先生的學術，更有先生的人格。

先生雖然很早就建議我關注法律社會學，但是等到趙曉力和我在讀碩士時，我們都是在蘇力的影響下轉向法律社會學研究的。那時候，我們都曾向先生表示碩士畢業之後能夠跟着先生讀博士，畢業之後從事學術研究。先生一生淡泊名利，熱愛讀書，以學術為天職，我們本以為會得到先生的讚許。然而，他從來不正面支持我們做學問，哪怕我們後來都跟他讀了博士，也從來沒有聽他說過讚許或鼓勵的話。我們當時妄猜，可能是先生經歷了「反右」和「文革」，看到了學術研究在中國的政治風險，況且當時知識分子待遇差乃是人所共知。可是，我們讀碩士博士的時候正是 1990 年代法學在中國社會科學中強勢興起的時代，也是強調學術自主性的年代。在我們的眼裏，先生似乎脫離了時代，顯得過於謹慎和多慮了，就像齊海濱後來在回憶文章中說先生「不合時宜」一樣。

在讀研究生時，趙曉力迷上了法律經濟學。有一次他從考特和尤倫《法和經濟學》上看到了一段對「理性人」概念的經典描述：「理性

人總是替別人着想，謹慎是他的嚮導，『安全第一』是他的生活準則。他常常走走看看，在跳躍之前會細心查看一番；他既不會心不在焉，也不會在鄰近活動門或碼頭邊還沉在冥想之中；⋯⋯他從不罵人、從不賭博或發脾氣；他信奉中庸之道，即使在鞭打小孩時他也在默想着中庸之道；他像一座紀念碑矗立於我們的法庭上，徒勞地向他的同胞呼籲，要以他為榜樣來安排生活。」這是英國普通法中虛構出來的一個理性人的神話。作者把這個人看作是「一種理想，一種標準，是我們要求優秀公民具備的品德的化身」。不知怎麽，這段話讓我們不由自主地想到先生。謹慎、理性和中庸，無疑是先生最大的美德。連熟知先生的齊海濱也曾強調先生的自由個性恰恰在於「嚴格地循規蹈矩」，是「嚴守學術規範與社會規範的楷模」。然而，這樣一個理性人的道德楷模是怎樣練就的？我們都不敢妄加猜測。

直到先生逝世後。師母和親人們回憶起先生，我們才知道先生年輕時完全是另一幅形象。他充滿理想和熱情，生活浪漫且有情趣。1948年從美國法學院畢業回國到復旦大學任教，1949年底就從上海來到北京，參加新法學研究院的思想培訓和改造，而師母當時是從檢察院抽調來接受培訓的幹部。他們彼此認識並開始了浪漫的戀愛。他們每周都去逛北京名勝，而先生最大的愛好就是美食，且喜歡喝咖啡、吃西餐，差不多陪師母吃遍當時北京的著名餐廳，往往到月底發現錢快花完了，才改為吃水餃。先生也非常喜歡交朋友，因為他們結婚後的新家離單位很近，所以許多同事、朋友經常來他們家裏聚。記得在紀念先生的追思會上，已擔任國家領導人的羅豪才教授一定要來參加，回憶年輕時在沈老師家裏同事們相聚的美好時光。

然而，「反右」運動開始之後，先生作為「反動學術權威」捱批，

用師母的話說先生「完全變了一個人」。從此，他沉默寡言，主動和朋友們疏離，在家和師母也很少說話。與此同時，先生也把全部精力放在讀書上，用讀書和沉默來保持自己的尊嚴。禍福相依，正是這種與世無爭的自由，再加上謹慎的性格使得先生遠離了「文革」中法學院最激烈的派系鬥爭，反而在下放勞動的閑暇從事翻譯工作。先生後來出版的許多譯著都是在那時完成的，其中不僅有尼克遜（Richard Nixon）的《六次危機》等作為政治任務的譯作，而且包括龐德的《通過法律的社會控制》、凱爾森（Hans Kelsen）《國家和法的一般理論》和馬里旦（Jacques Maritain）的《人和國家》等法學經典。改革開放後，這些譯著陸續出版，而同時先生接連出版的《美國政治制度》《當代西方法律哲學》和《比較憲法》等學術著作，其實也都是那個時期積累的資料。因此，和後來許多依靠「反對學術權威」的招牌在公共領域中贏得喝彩和權勢不同，先生是依靠自己的學術著作和學術品格贏得師生和學界的由衷尊敬。

二

先生性格的這種劇烈變化讓我想到先生早年的一篇文章「立場問題」。這篇文章出現在互聯網上，是先生 1950 年在新法學研究院接受思想改造時寫的一篇思想彙報，發表在《新法學研究院院刊》第 1 期。剛讀到這篇文章，我甚至懷疑是偽作，因為與先生謹慎、簡樸的文風不同，這是一篇發自肺腑、思想深刻、文筆優美的佳作。然而，看其中個人經歷和心路歷程，似乎又非常符合先生的經歷。在香港工作時期，有一次與先生通話，我唐突地提到這篇文章，先生讓我發給他看看。先生

收到郵件之後始終沒有給我回覆，我也不敢再問。直到先生逝世後，我問起師母才知道這篇文章的確是先生寫的。

「在中學讀書的時候，自己就立下了將來要做一番『經國濟民』大事業的人生觀。」（以下引號內的文字來自先生的「立場問題」一文）文章劈頭一句話就展現了先生年輕時代的雄心，而這個雄心伴隨着他的讀書生涯。正是由於自覺「對世界背負着這麼一個崇高的責任」，先生開始「埋頭讀書，結果是學得一大套高深而且『正統』的理論，我原來的人生觀從此有了具體而豐富的基礎與內容了」，這就是「對資產階級民主政治的無限崇拜。我認為三權分立與尊重少數派這種政治形式是與天賦自由最適合的，我記得最足以說明我對三權分立的崇拜是表現在下面的小動作上，我最歡喜的一張相片，就是我在美國最高法院門口攝的那一張，那個大門口有着刻在大理石上面的幾個大字——『法律前人人平等』。我從不曾懷疑過能代表民主制度的，除了總統制與內閣制以外，還有什麼形式。斯大林憲法亦曾當作參考資料看過，然而只有很簡單的反應——集權政治，與『民主』精神完全不合。我又對和平轉入社會主義，以及所謂『進步』（改良）資本主義有無限的響往。」

可以說，這段內心獨白代表了當時大批留學西方的主流知識精英的想法。辛亥革命失敗之後，中國知識精英陷入苦悶，而一戰後全球依然籠罩着歐洲殖民主義的黑暗中，中國作為戰勝國並沒有看到勝利的曙光，而依然處在列強的瓜分之下。在這種背景下，威爾遜的「十四點計劃」和列寧的「十月革命」所彰顯的世界主義理想照亮的整個世界，吸引着中國知識界的精神嚮往。「五四運動」既是馬克思主義在中國傳播的開端，同時也是美國在中國展開「公共外交」的重要開端，即美國為了打破歐洲列強的「祕密外交」，通過大學、傳媒、民間機構來宣傳

其政治理想和價值觀念，來爭取落後國家的支持，尤其是爭取中國知識界的支持，從而將中國作為邁向世界帝國的跳板。而美國利用「庚子賠款」在中國創辦的學術機構剛好培養一批親美的學術精英。在這種背景下，一個有理想抱負的年輕人，尤其東南沿海「國統區」的知識分子自然會被美國所宣傳的自由民主理想和世界主義的理想所吸引。

這種理想信念自然決定了先生對中國與世界格局的看法。「我認為中國可以成為美蘇二國之間的橋樑（正如英國的工黨一樣），世界上這二大體系可以通過國際組織而取得永久和平，並最後得到『合流』。因此，我對學校裏所規定的聯合國的學習工作發生很大的興趣。事實上，我對羅斯福個人的崇拜有一個主要的原因，就是我認為他『預見』了並『開闢』了這二大體系『合流』的前途。每次我坐在聯合國的會場上，我便想起了威爾斯所說的『天下一家』！由於這種幻想的發展，我就覺得『世界主義』可愛了。為了國際間的和平，為了人類的共同發展，為了要取得二大體系的『一致』，為什麼大家一定要固執於十七世紀陳舊的民族主權呢？為什麼不通過一個『世界議會』或者『世界政府』來調解一切『糾紛』呢？」

1948 年，正是在二戰向冷戰過渡的短暫的世界主義理想的曙光中，先生帶着自己的政治理想回國，選擇教書。但「我又決不願終身做個教書匠，因為這會埋沒了我的抱負。另外我把律師業務作為我的工作重點，因為這一職業是可退可進的」，「我這律師絕不是做一個『訟棍』之流，專門打錢債官司的，而是像美國那樣完全政治氣味的律師。譬如我所崇拜的羅斯福以及當時的副國務卿艾契生都是律師出身，他們的事業活動都是從律師競選國會議員而展開的，當然我亦應該這樣做。事實上，早在我那人生觀成熟的時候，自己就已想到要實現這種大事業，

非站在最上層政治社會上去不可！國會議員，就是我所指的那種上層社會。我要爭取到這樣一個位置，站在議壇上，我可以滔滔雄辯，拿我那一套『經國濟民』的大道理變成無數的法案，經過這種長久的努力，中國就可以富強起來。」如此看來，先生選擇翻譯凱爾森的《法和國家的理論》不僅是因為對法律規範的關注，更是與凱爾森在當時倡導的「世界政府」的理念有關。需要注意的是，差不多就在同一時期，凱爾森倡導「國際法高於國內法」的《國際法原理》也被王鐵崖先生翻譯為中文。這顯然不是孤立的學術翻譯，而是民國知識分子對羅斯福所描述的自由大同理想的共同選擇。遺憾的是，他們剛好趕上杜魯門時代，美國政治思想從羅斯福時代的左翼理想主義轉向了右翼的冷戰思維。

1948 年之後的中國政治也發生了翻天覆地的根本性變化，這一切對於充滿英美自由主義理想的先生無疑是一個措手不及的打擊。如此集理想、學識、才華和激情於一身的年輕人，怎麼就在一夜之間變得沉默、謹慎、孤離和理性呢？理性來源於巨大的恐懼，來源於戰爭狀態所帶來的恐懼，這是霍布斯的教導。或許唯有理解「反右」運動給先生帶來的黑暗和恐懼，才能理解先生性格的轉變。這不僅與具體的政治運動有關，更與人性的黑暗有關。當整個社會陷入造反運動，羣眾造官僚的反，子女造父母的反，學生造老師的反。當這種造反超出了法律、道德等文明社會的規範界限，變成了一場自然狀態下的原始戰爭時，人若要超越於動物而保持人的尊嚴，唯一的可能就是離羣索居。對於先生而言，選擇沉默、疏離以及由此表現出的謹慎和理性，也許恰恰是為了保持人的自由和尊嚴。

然而，「歷史的發展對我那一偉大的人生觀以及在旅途中所安排好

了的實踐的計劃真是一個大諷刺。」淮海大戰之後，先生意識到「我那有具體內容的人生觀破了產！沒有話可以形容當時我的沉重心情。我採取的態度是二三個月來完全閉門讀書——整理過去讀『國際公法』的筆記，當時這種『與世隔絕』的態度充分表示了自己的失望、空虛，彷徨與痛苦，到底我錯在什麼地方呢？歷史要對我開這樣大的玩笑！」如此看來，先生「反右」以後閉門讀書、「與世隔絕」並非第一次，而應該看作是第二次。然而，先生又是怎麼渡過 1948 年的苦悶彷徨的孤離狀態，以青春浪漫的姿態出現了 1949 年之後的北京法學界？

怎麼辦？留下來，還是出國？這不僅是先生面臨的選擇，而且是一代中國知識分子面臨的抉擇。「我是中國人，我生在這塊土地上，我要死在這塊土地上。我記得波蘭那個大音樂家肖邦在離開家乡時拾起一撮泥土放在衣袋裏時那種暗傷的神情，我想起了我是黃種人，想起了有色人種受白色的『紳士』們歧視的神情，我想起了我在愉快的工作時要被人罵『白華』的神情。」和許多知識分子一樣，先生最終做出留在祖國的決定。和歷代中國士大夫一樣，晚清以來中國知識精英自覺地承擔起自己的責任，孜孜以求地探索中國獨立和富強之道，既然他們的抱負是「經國濟民」，那麼中華人民共和國的成立無疑符合自己的理想抱負，怎麼不可以留下來呢？但是，讓他們真正矛盾的是「中國已開始強大起來了，可是它並不是我所希望的那種強大起來的方式」。面對這種個人理想抱負與政治現實之間的巨大差異，這一代知識分子不得不思考一個根本的問題：究竟是個人的理想錯了，還是祖國強大的方式錯了？當思想與現實之間出現差距，究竟應當以哪個為衡量的準繩？這是一個真正的哲學問題，因為它和一代人生存意義的精神困境有關。

三

正是在這種背景下，先生開始接受思想改造的歷程。1949 年，復旦大學校長推薦先生等人參加北京新法學研究院的培訓。先生欣然接受，但是沒想到第一天，新法學研究院的教務長陳守一先生在給先生的談話中，明確指出這個「新法學研究院」不是美國式的學術研究院，而是思想改造的地方。對於那時的民國自由派知識分子而言，1949 年的「思想改造」就像 1978 年的「思想解放」一樣，讓他們突然接觸到以前被看作是異端而禁止閱讀的理論和學說。一種全新的哲學思想和理論裏挾着現實的成就出現在他們的眼前，和金岳霖等許多自由派知識分子一樣，先生也是第一次接觸到歷史唯物主義思想，並立刻迷上了這個思想。正是歷史唯物主義的哲學武器成功地改造了類似先生這樣一大批正派的自由知識分子。

和已經接受的自由主義學說不同，歷史唯物主義首先用階級概念取代了個人概念，「整個社會發展史的學習對我最重要的收穫，就在了解到一切事物都有階級性。了解了這一點，我的人生觀本質被找出來了，我的過去的思想以及行為被找出規律來。」先生意識到自己的所思所想和人生選擇深深地打上了階級的烙印，那一套「經世濟民」的理想不過是資產階級的思想意識。先生真誠地剖析自己資產階級家庭的背景，不僅為他出國留洋提供了經濟基礎，而且為他的人生選擇奠定基礎。「我才真正感到我那人生觀的實現是與蔣介石政權的存在，美國的存在分不開的，沒有了他們，我的『中間路線』，我的實踐計劃就都垮台了。」

而一旦接受了階級理論，那麼階級差別、階級剝削和階級統治這

些概念也就隨之而來。平等這個現代價值必然摧毀所有的階級意識、階級利益和階級統治。正是在平等的政治理想面前，像先生這樣出生於資產階級家庭的正派知識分子第一次對自己的階級身份產生了恥辱感，為他們作為寄生階級高人一等的觀念感到恥辱，而且他們會自覺地反省曾經的自由平等理念不過是資產階級的自由和平等，而不是普羅大眾的自由和平等。在此基礎上，歷史唯物主義提出了一個更為尖銳的問題：歷史發展的動力是什麼，勞動還是自由理念？歷史的天命是什麼，共產主義還是資本主義？究竟誰是承擔起這個歷史天命的主人，無產階級的人民大眾，還是資產階級的個人精英？思考這些問題的哲學方法是什麼，唯物主義還是唯心主義？馬克思主義就提供了這樣一套完全的世界觀、價值觀和人生觀。當歷史唯物主義成為一套新的天命觀，成為一種新的哲學真理時，接受思想改造就像接受心靈洗禮一樣，成為一種心悅誠服的幸福。

現在，關於這段「思想改造」的歷史敘事，實際上有兩個不同的版本。一個是現在最流行版本，將 1957 年「反右」政治運動之後的批鬥、挨整以及下放勞動等，看作是通過身體馴服來強迫「洗腦」「洗澡」的過程。然而，我們不要忘記，另一個版本的思想改造，那就是 1949 年用新舊中國的歷史現實和馬克思主義學說作為教材，在馬克思主義與自由主義、唯物主義和唯心主義的理論對比過程中，在腐朽黑暗的舊中國與光明正氣的新中國的現實對比中，讓正派的自由知識分子心悅誠服地接受馬克思主義的過程。金岳霖、馮友蘭、汪子嵩、朱光潛等一大批正派的自由知識分子就是在這種背景下心悅誠服地接受了思想改造，和他們相比，先生不過是跟隨在他們後面的學生而已。「往事並不如煙」。我們不該忘記這個版本的思想改造故事，更不能混淆兩種不同

的思想改造。中華人民共和國奠基的人心基礎或道統基礎不是建立在
1957 年之後的思想改造版本上，而是建立在 1957 年之前的思想改造版
本上。甚至前一個版本不過是後一個版本的延續，即將思考建立在「勞
動」這種新的哲學和生活方式的基礎上，徹底顛倒了傳統社會中建立起
的「勞心者」與「勞力者」等級結構。由此，改造「舊知識分子」和改
造戰犯、妓女、流浪漢一樣，是一次基於「勞動」而讓人的靈魂脫胎換
骨地獲得新生，讓他們成為人民共和國的「普通勞動者」大家庭中的平
等一員。

　　然而，問題在於這些心悅誠服地接受了思想改造、認同了中國共
產黨領導的知識分子是怎麼面對「反右」？在「反右」問題上，有太多
的問題依然晦暗不明。面對三民主義、新民主主義和社會主義之間的差
異，凝聚在民主黨派旗下的大批中間派知識分子無疑把美式多黨民主體
制作為政治理想。由於這種政治理想的分歧，在中華人民共和國成立之
後，民主黨派的政治定位究竟是參政議政還是輪流執政，這成為中華人
民共和國確立的政體模式究竟是人民民主專政還是美式多黨民主體制的
分界線，究竟走新民主主義道路還是社會主義道路的分界線。在某種意
義上，這兩種政體結構及其背後的階級基礎和政治理想乃至生活方式的
分歧乃是五四以來中國必須面對的「政治原則」（the political）問題，
它包含了深刻的對立，也是由此成為劃分敵我矛盾與人民內部矛盾的分
界線。

　　在建國初的思想改造中，大批知識分子接受了馬克思主義，也接
受了人民民主專政的憲制安排，以至於在思想解放運動中，他們對黨和
政府的批評無非是希望黨和政府改善其政策，尤其工農幹部粗暴地對待
知識分子的愚蠢政策。但是，也不排除一些知識分子在對「黨天下」的

批評聲中重提採取「輪流坐莊」的多黨民主政治改革。然而，更複雜的問題在於，其中許多知識分子不是單純的學者，而是黨派領袖，甚至就是政府的高級領導人員。由此，在對待這個複雜的政治問題，我們不僅要區分知識分子在「治理政策」（politics）層面上提出的批評改進意見，與政黨人物在「政治原則」（the political）層面提出改變國家憲制結構的政治主張，而且要區分哪些是學者提出的學術主張，哪些是政治家的政治主張，哪些屬於人民內部矛盾，哪些可能涉及到了敵我矛盾。

在現代政治中，治理政策與政治原則、學者與政治家有着嚴格的區分，因而也有完全不同的倫理要求。當毛澤東提出劃分敵我矛盾和人民內部矛盾時，他似乎為「政治原則」與「治理政策」的區分找到了標準，但是，他似乎並沒有提出「學者」與「政治家」的區分標準，從而也未能劃分出學者的言論自由與政治家的政治責任的區分。而更為麻煩是，民主黨派的政治領袖本身都是大知識分子。他們的學術言論與政治主張往往混在一起難以區分。因此，當針對個別民主黨派的政治領導人提出的「輪流坐莊」政治主張而發起的「反右」運動，必然殃及池魚，連發表類似言論的學者和學術觀點也作為「反動學術權威」也一併打倒。而當時簡單化的馬克思主義理論又為此推波助瀾，將某個階級的政治家與主張這種理論的學者也同等對待。這就導致針對政治問題的「反右」運動擴大化，擴展到了學術言論領域。中央後來正是意識到這二者的區分，以至於給大多數「右派知識分子」陸續摘帽並平反，但對有些黨派領袖至今未能公開平反，這或許就是在於嚴格區別了「政治原則」與「治理政策」「政黨領袖」與「知識分子」，政治主張與學術主張。事實上，後來有許多知識分子回憶自己當年是如何被錯劃為「右派」的，但又有不少人在政治上驕傲自豪地回憶自己如何被「準確地打成右

派」。歷史也許就是這麼一本糊塗賬，可分明都記在歷史的賬上。

四

1948 年面對國民政府的敗局，先生曾在痛苦與彷徨中選擇了「與世隔絕」。然而恰恰是新中國的勃勃生機激發其內心的愛國熱情，隨之而來的歷史唯物主義教育的洗禮幫助先生走出了精神的困境，給我們留下了一個生機勃勃、青春浪漫的形象。然而在「反右」運動中，先生第二次選擇了沉默和孤離。然而，這一次不同於第一次，與許多我們熟知的那些「文革」後老當益壯、雄心勃勃、充滿戰鬥精神又精神飽滿地活躍在法律界的「反動學術權威」們不同，先生並沒有因為「春天的到來」而恢復往日的激情。他始終保持着沉默寡言、與他人保持距離乃至於自我孤離的狀態。也許有人會說，「一朝被蛇咬，十年怕井繩」，這種說法依然脫不開用霍布斯的恐懼－理性的功利主義模式來理解人生。在霍布斯的世界中，理性源於恐懼，恐懼源於戰爭，戰爭源於人性中的欲望。如果不能遏制人性中的欲望，戰爭與恐怖就不可避免。在這種狀況下，一個人要想獲得自由，要麼變成一個為所欲為的「利維坦」（狼），要麼被「利維坦」帶來的恐懼徹底征服。由此，在每個自由主義者的內心，都有一個蠢蠢欲動的「利維坦」怪獸，這就是不可遏制的欲望和激情。如果不能用激情來對抗激情，野心來對抗野心，不能用國家這個「利維坦」來對抗每個人內心的「利維坦」（狼），自由將不復存在。

當先生在剖析自己的人生觀，他承認自己原來幻想着作為美式的「法律人政治家」來拯救國家，「包含了英雄主義、領袖欲、或者權力欲望等成分」，而這種強烈的「欲望」使得自己不僅具有了「崇高感」，

而且具有「優越感」。出國留學也是由於「求知欲與提高自己社會地位的企圖加上當時的虛榮心——到資本主義的王國去可以取得多少榮耀。」從西方留學回來，自己的「虛榮心得到最大的滿足」，而一開始自己不願意到北京去，最主要的考慮就是「自己的虛榮心太受打擊了，無論如何，我到底亦是一個在大學教過書的人，我到底還是個研究『國際公法』以及『國際組織』的『專家』，管理國家大事是我們份內的事，可是現在卻要向共產黨，向無產階級討管這份事的飯吃了！」

可見，對於先生而言，1949 年以來的思想改造過程實際上是如何在精神層面徹底根治人性中的「虛榮心」、徹底馴服靈魂中的「欲望」和「激情」的利維坦怪獸的過程。在這個意義上，先生的立場轉變就絕不是簡單的從自由主義者變成馬克思主義者，因為二者同樣是在霍布斯所描繪的現代性籌劃中相互折騰而已，無論是右派對左派的屠殺，還是左派對右派的革命，終究是在人性中「得其一思其二、死而後已、永無止盡的權勢欲」（霍布斯語）在作怪。因此，在「立場問題」一文的結尾，先生坦稱「立場的轉變不是一件容易的事！」反右運動對所有的知識分子而言無疑是一場災難，然而先生在災難考驗中獲得了真正的教益，徹底根治人性中的「虛榮」和「欲望」。遠離世事紛爭，埋頭學問，只問耕耘，不問收穫，真正做到了無所求、無所欲、無所執的「無我之境」，真正做到了把自己的有限生命投入到無限的為人民服務的「大我」之中。而這恰恰是反右運動的思想初衷，即知識分子能不能擺脫自身的小資產階級屬性，成為為人民大眾服務、捍衛人民利益、以民族和國家利益為重的「守衛者」。

「文革」之後，知識分子獲得了解放。有人在懺悔，有人在詛咒，有人在聲討，有人在炫耀，一時間泥沙俱下，欲望翻騰。而此時，無論

在「文革」的困境中，還是改革開放的順境中，外在環境變化似乎已影響不到先生的內心自由。淡泊名利就可以做到寵辱不驚。當自由主義者把「利維坦」壓制欲望的法治社會看作是自由的標準時，先生享受的這份自由絕非因恐懼而守法的行為自由，而是一種馴服欲望之後「心隨所欲不逾矩」的自由，是一種靈魂的超然自由。這樣的自由完全超越了自由主義可見的畫地為牢的欲望世界，已進入到不可見的存在世界之中。

在蘇格拉底看來，肉體對追求真理的哲學家終究是一個累贅。也許在先生看來，整個人間世事對於靈魂的自由而言也會成為一種負擔。先生始終承擔起自己的責任，但卻最怕自己成為他人的負擔。記得在先生執教五十周年紀念會上，江平先生曾用一句話評價先生：「沒說一句違心的話，沒做一件違心的事」。在一個政治社會中，要保持這種靈魂的自由不受打擾，也許只有保持沉默和謹慎，保持對他人和世事的距離才能真正做到。由此，先生沉默謹慎的性格及其對世事的孤離不是由於對政治運動的恐懼，而是為了保持靈魂的自由，不想成為他人的負擔。在生活中，先生從來不麻煩別人，哪怕是自己的家人和親人，更不用說單位和學生們了。我們去先生家裏，從來不敢帶任何禮物，哪怕帶點水果都不敢。而這次也是拗不過法學院和弟子們的意見，答應舉辦一個簡樸的壽辰聚會。可距離聚會還有 9 天，先生突然駕鶴西去，讓所有人熟悉情況的人感到愕然。這也許是先生再次做出明智的選擇，以保持靈魂的自由。

願先生自由的靈魂與真理同在。謹以此紀念先生！

學堂的日子 *

——憶鄧正來先生

前些天，給學生上《法律社會學》。我問學生「研究對象的重要性並不意味着理論的重要性」這是什麼意思？下面有學生有各種各樣的回答，可沒有一個能說到點上。「我是花了很長時間才理解鄧正來老師的這句話。」我說這句話，其實是在回憶我的一段讀書生活。

在北大讀研究生的時候，真正把我帶入學術之路的，是梁治平老師主持的「法律文化研究中心」。當時，鄧正來先生是這個中心的「鐵杆成員」。每次討論問題的時候，他總是說「研究對象的重要性並不意味着理論的重要性」。我一開始不明白，但也不好意思問，後來每次他在提這個問題時候，我都很認真地聽。我自認為還不算太笨，可過了很長時間才理解了這個問題的關鍵所在，也由此理解了他後來的論文：「中國社會科學研究的自主性」。這其實說的是同一個道理。

對於我（我相信還包括趙曉力和鄭戈），「法律文化研究中心」是一個「無形學院」，是我學術研究的第一學堂，我們應該說是在這裏畢

---

* 2013 年鄧正來先生去世之後撰寫的紀念文章，曾在互聯網上刊出。

業的。在這個「學院」裏，我們與梁治平、蘇力、賀衛方、季衞東等老師平等相處，亦師亦友，這構成讀書時代最美好的一段時光。當然其中少不了「老鄧」。也不知道從什麼時候開始，我們在私下裏都這麼稱呼他。

當時，「老鄧」是個學術個體戶，並沒有學院體制中的正式學術頭銜。這讓我們這些習慣稱呼「梁老師」「朱老師」的同學們一時不知道該如何稱呼他。記得一次學術討論會上的間歇，一個年輕老師當面直接稱呼他「鄧老闆」。老鄧突然一臉嚴肅，毫不客氣地說：「什麼老闆不老闆，老師就是老師。」說完他就一扭頭和其他老師繼續談笑風生，好像剛才什麼也沒有發生，毫不顧忌這位年輕老師的面子。「老鄧」平時嘻嘻哈哈，沒大沒小，但這一刻這讓我們看到「老鄧」嚴肅的一面。而這種「嚴肅」恰恰來源於他對知識的執着和真誠。在知識面前，他毫無架子，一律平等，也因此對朋友不留情面。因此，他在「中心」中始終推動「嚴肅」的學術批評，而許多經常參加會議的老師們都已經習慣了這種直言不諱的批評，而一些不經常參加討論的老師，偶爾受到這樣的批評就接受不了，以至於影響到他們之間關係和友誼。

有一次，「中心」討論結束之後。我們在北大東門外的一個餐廳裏吃飯。席間，老鄧說，我們不能光討論，還要讀書。自然大家都響應。老鄧盯着鄭戈、趙曉力和我問：「願意不願意」。這時，我們只有點頭的份了。「好，伸出手來。」老鄧就像一個老頑童，把手握成爪子狀放在桌上，意思誰後悔就是那地上爬的，而且一定要我們三個人也把手放上去，這是在發誓了。有時候，老鄧的這點江湖氣還是蠻可愛的。讀書還要發誓的！喜歡讀書到了這個份上，你還能有啥脾氣？

就這樣，「六郎莊學堂」就開始了。一開始，我們分別讀完一本

書，進行討論，比如《法律與革命》《現代社會中的法律》等。但這種討論最後總覺得有點空泛，於是他提倡我們逐字逐句讀韋伯的《經濟與社會的法律》。當時，我們手中有這本書的還未出版的中譯稿。我們先讀中譯稿，發現翻譯有些問題，直接讀英文版。

那時，老鄧的生活是黑白顛倒，晚上通宵工作，上午睡覺直到中午起來，下午接着工作。我們的讀書就是從他起牀後的下午開始。我們每周吃過午飯就騎着破自行車，從北大小南門出，穿過西郊的稻田就趕到六郎莊。我們在學校都有午睡的習慣，這樣過去讀書難免犯困打瞌睡。所以，一上來老鄧就給我們每人一杯濃茶。我們四個人總要有一個人看着英文直接翻譯念出中文來，如果翻譯錯了，其他人更正。所以，翻譯的人總是最緊張。我們誰要是瞌睡了，就說「讓我來翻譯吧」。當然，主要是我們三個人翻譯，老鄧就像「監工」一樣，看看是不是翻譯錯了，讀完一段，或者一篇就其中的問題向我們發問，直到把我們的腦子問成一團漿糊。

我們就這樣每周末下午在六郎莊的兩層小樓上讀到黃昏。期間師母偶爾進來給我們倒水，但也會一聲不響地出去。只有老鄧和曉力抽煙的時候，我們可以稍事休息，閑聊幾句。有時候嘟兒進來，老鄧會放下書笑着逗她玩一會兒，然後說：「爸爸要讀書，嘟兒要乖」。嘟兒也就自覺地溜出去了。休息的時候，我們也會出去放放風。這是三層的小樓，樓下是老鄧的弟弟平平經營的一個排版打字店，他們一大家就租房子生活在一起。

下午結束的時候。我們就在附近路邊一家灰暗破敗的小餐館吃晚飯。每次都是老鄧請客，而且一定要點一條魚，說是要補補腦，自然我們也要喝上兩瓶啤酒提神。席間，除了討論讀書，老鄧也偶爾在高興的

時候給我們講一講童年趣事、學界逸聞之類的。說來說去，無非是闡明「萬般皆下品，唯有讀書高」的道理。這也是老鄧的精神境界，這個「讀書高」不是古代的「學而優則仕」，而是對知識本身的熱愛。

正是基於這種熱愛，他強調「研究對象的重要性並不意味着理論的重要性」，就在於強調知識與社會的區別。社會生活中有重要的問題，有不重要的問題，比如人權保護、司法改革就是重要問題，而家庭日常生活顯然沒有這麼重要。但從理論和知識的角度看，絕不能說些司法改革、人權保護的論文就比研究家庭日常生活的論文重要。這就意味着學術研究的重要性本身不是由研究對象的社會重要性所決定的，而是由學術研究自身所提供的理論範式以及由此形成的學術傳統中的重要性所決定的。法學界在人權保護和司法改革這些重大問題上發表的文章不知道製造了多少學術垃圾，而關於家庭日常生活的研究完全可以成為學術經典。

正是這種知識生活與社會生活的相對獨立性和自主性，才為學者的自由、獨立和尊嚴奠定了社會基礎。如果說社會生活話題的重要性是由政府的政策所提供的，那麼理論框架、理論範式、學術路徑和學理建構的重要性則完全是由學者所確立的學術傳統所決定的。因此，區分「問題的重要性」與「理論的重要性」，恰恰是為了區分國家與社會、政治與學術，從而捍衛學術自主性和學術自由。而老鄧從事大量的學術組織工作的努力，包括創辦刊物、出版書籍，就是為了捍衛知識生活自身的獨立性和學者自身的尊嚴。而老鄧始終活躍在法學界，不斷提醒法學界不能熱衷於圍着政府文件報告所提供的政策問題發表大量毫無知識貢獻的垃圾文章。而他後來着力研究同輩學者的法學思想，就在於從這大量的垃圾文章中挑選出那些知識上有所貢獻的經典，作為路標留給後

來的研究者。

有一次，曉力在網上發現一篇英文的文章，回憶 80 年代的北京生活。其中說道，「鄧正來是舞廳裏的活躍分子」（大意如此）。我們很好奇，就小心翼翼問其原委。這一個下午，我們不用費腦了，就聽他漫談80 年代的大學生活，就差一點說到他戀愛的日子了。我們自覺地就此打住，這是唯一一次我們主動問及他的私人生活。我們三個人的讀書原則是：只討論讀書和學問，不問私事，不問政治，不問學界的人與事。現在回想起來，儘管我們和老鄧如同朋友一樣，但是其實我們三人始終遵守着做學生的本分，學生就是學生，即使如同朋友，還是要守學生的規矩，不可隨便越界。

就這樣，我們一句一句閱讀韋伯。老鄧特別自豪的就是這種讀書「比慢」，而不是「比快」。有時候會為一個詞討論很長時間，比如韋伯在講「權利」的時候，始終強調「權利」是一種「可能性」。為了理解這個思想，我們會討論很長時間。而曉力在討論時往往有一股拗勁，會在一些問題上和老鄧相持不下。記得有一次討論到我們寫的關於基層司法調查的研究，其中不斷逼問曉力為什麼要選擇基層司法作為研究對象，搞得曉力回答不上來。

韋伯最終沒有讀完。我們都上了博士，選擇了不同的研究方向。我們讀到什麼東西，學到什麼知識，基本上想不起來了。在記憶中，只留下閱讀本身的快樂時光。當然，「六郎莊學堂」中學到的東西慢慢在我們的學術研究中發揮了作用。鄭戈的博士論文研究韋伯的法律社會學，顯然源於這一段閱讀經歷。我在《法制與治理》一書的後記中對這段日子有所記述和反思。無論如何，「細讀」成為我們後來讀書的重要方式，我們隨後參加到「福柯小組」這個「無形學院」，以另一種方式

延續着「細讀」的傳統。

再後來，「法律文化研究中心」的活動越來越少了。原來這些在體制邊緣的年輕老師們逐漸在體制中找到了自己的位置，甚至因為趕上了「跨世紀人才」的列車而進入體制的江湖中。有人的地方就有江湖，有江湖的地方就有爭奪，有爭奪就必然有恩怨。「法律文化研究中心」也就在這種彼此的恩怨中逐漸退出了學術江湖。我們從幾位老師們隻言片語中隱約了解到這些江湖恩怨，心中不免有些惋惜。也因為如此，我們三人有一個不成文的約定，學術的江湖無論如何不能損害我們的讀書友誼。

那段時間，老鄧堅持國家與社會理論，構想市場經濟形成一個體制外的自由空間。然而，他沒有想到，市場經濟加速了全面的體制化，一個基於市場經濟的新體制。體制外的老鄧無法立足，也毅然進入了體制。從吉林、北京到上海，在學術體制的江湖中繼續開辦「正來學堂」，組織高研院，搞得風生水起。老鄧依然是那個充滿江湖氣、有時又有孩子氣的老鄧，依然是那個愛讀書、愛討論的老鄧，依然是那個醉心於知識和學術的老鄧。

閱讀哈耶克[*]

　　在正式閱讀哈耶克之前，我所理解的哈耶克是計劃體制的批判者和自由主義的捍衛者，前者來源於被作為「供批判參考」的「內部資料」《通向奴役之路》，後者是通過林毓生對《自由憲章》的介紹。記得林毓生在介紹這本書的時候，特別提到他的導師殷海光在台灣專制體制下，為捍衛自由而不惜將哈耶克《自由憲章》的翻譯與對台灣政治的評論摻雜在一起。我想任何人讀到這種夾譯夾評的文字，無不為這種捍衛自由的政治信念所感動。正是在這個意義上，哈耶克仿佛是一種理想主義者，一個捍衛「自由」這一神聖價值的理想主義者，一個具有道德感召力的自由主義者。也許在許多年前甚至可能在現在，這依然是許多人心目中的哈耶克形象。這樣的「前見」限制了我們對哈耶克的理解，以至於我們將哈耶克對自由的論述看作是政治判斷式的主張，往往從其論述中尋找一些關於自由的具體說法作為權威的依據或者博學的標誌，而沒有認真地將其論述作為一種系統的自由理論而加以對待。

　　兩年前，正是《自由秩序原理》的翻譯出版以及鄧正來先生不斷的闡述，才為我們廓清了哈耶克的形象，才使我們看清楚了哈耶克對

---

[*]　原載《中華讀書報》，2000 年，收入本書做了相應的修訂。

自由主義理論的貢獻。將漢語學界習慣稱呼的《自由憲章》改譯為《自由秩序原理》，不僅僅是一個語言的翻譯問題，而是涉及到了對哈耶克理論的理解問題。它意味着不再將哈耶克簡單地放在道德哲學或政治哲學的基礎上來理解，而是將其對自由的論述放在社會理論的路徑上來理解。正是這個意義上，我們才看到了哈耶克對自由主義的獨特貢獻，即他不是將「自由」放置在道德或政治價值等級排序的最高位置上來加以捍衛，這恰恰是傳統自由主義理論的一貫做法。但是，這種做法無法避免價值相對主義的詰難，尤其是面對後現代理論對道德或政治形而上學的解構，這種對自由的道德捍衛或者政治捍衛甚至形成自由主義理論傳統的軟肋。比如在福柯的解構主義論述中，「自由」不過是一些空洞的「大詞」，「自由」不過將宏觀總體性的權力轉化為毛細血管式的權力運作，由此「自由主義」成為現代社會的「治理術」（governmentality）。如果從這個角度看，恰恰是哈耶克的理論將「自由」從傳統自由主義的道德或政治價值論述中解放出來，將「自由」概念放置在形成社會秩序的知識和一般規則的層面上，從而使「自由」成為一門真正的社會科學。由此，「自由」不再是不證自明的價值或者天賦人權，對自由的捍衛從此不再需要訴諸聲嘶力竭的道德政治價值宣揚和情感宣泄，而是冷靜地、細緻認真地對人類秩序的形成和進化加以歷史的、社會學的分析和論證。

　　儘管如此，我自己在耐心閱讀《自由秩序原理》的時候，總覺得像是在閱讀一些零散的、有時甚至是不着邊際的議論。儘管全書是在討論自由，但是我自己很難把握住論述的邏輯，像在一個迷宮裏徘徊，只能看到局部的景觀，而對其結構一無所知。若非閱讀鄧正來先生的研究著作，我們甚至難以把握他對自由的論述邏輯。尤其是其中關於法律和

法治的論述，往往不能令人滿意。然而，在現在閱讀《法律、立法與自由》的時候，這種感覺徹底消失了。相比之下，《法律、立法與自由》一書在理論上更為集中，論述也更有條理，目標也更為明確。依我看來，從閱讀和理解的方便來說，應該先閱讀《法律、立法與自由》，然後閱讀《自由秩序原理》可能收穫會更大一些，理解會更準確、清晰一些。但是，無論採取哪一種閱讀思路，重要的是我們從這種閱讀中有所收穫、有所啟發。

《法律、立法與自由》從名稱上看，無疑是一本法學著作。但是在中國，只有一個學法律的人在閱讀了本書之後，對自己正在學習、研究、依憑和實踐的「法律」產生了懷疑之後，它才真正成為一本法學著作，否則在那些受到強大的法律知識傳統影響和引誘的法律人看來，這樣的著作充其量不過是一個粗通法律的人寫給所有不懂法律的人看的，屬於政治學或者社會學著作，而不屬於法學著作，更不會成為法學教科書。因為哈耶克竟然說，我們每天在課堂上學的、在司法判決中作為權威引用的、白紙黑字明確書寫公佈的法律條文或規則不是法律，而是「立法」。難道法律不就是主權者頒佈的立法文件嗎？不就是統治階級意志的體現嗎？在我們所接受的法律觀看來，法律就是由主權者制定的、以制裁為後盾的（成文）規則。這樣的法律觀假定法律的制定者有能力制定指導人們之間交往行動的一般普遍的規則。這種法律觀其實就建立在建構唯理主義（constructive rationalism）的基礎上，這正是哈耶克在《自由秩序原理》中所批判的。然而，他從知識論的角度入手，認為人的理性是有限的，人們所掌握的知識是分散的，任何人都無法把握所有的知識，因此就不會有全知全能的哲學王，也就無法設計針對所有人的行動規則，無法對社會秩序加以設計和創造。這樣一種唯理主義

的努力必然對人的「自由」行動構成威脅，這其實是他早期在《通往奴役之路》中批判計劃經濟體制的理論基礎。

正因為如此，社會秩序在事實上必然不是理性建構出來的，而是一個在分散的知識互動逐漸形成的「自生自發的秩序」，這就是哈耶克主張的「進化理性主義」。因此，如果說法律是社會秩序的構成性規則，法律就不可能是理性設計或創制的，法律必然包含了行動的意外後果在內的秩序規則，這些規則是我們的理性所不及的（non-rational）。人們所能做的就是「發現」這種法律。這種「法律的發現觀」具有古老的歷史。它在歐洲大陸形成了影響久遠的「高級法」傳統。可是在英國普通法中則形成了一套複雜的發現法律的程序技術和技藝理性。正是笛卡爾的建構理性在歐洲大陸的興起，使得這種「高級法」傳統最終被「立法理性」所取代，拿破崙時代風靡歐洲的法典化運動意味着法律發現觀在歐洲大陸的終結，但這種法律發現觀始終保留在英美普通法的傳統中。這樣，哈耶克在《自由秩序原理》中區分的歐洲大陸的「建構理性」（理性主義）和英美的「演化理性」（經驗主義）就與大陸法傳統和普通法傳統構成兩種不同的自由理念。而在哈耶克看來，前者的唯理主義包含着理性的專制，並構成對自由的威脅，這無疑構成「冷戰」中西方主流思想界批判法國大革命的盧梭到蘇聯社會主義革命的馬克思列寧主義的大合唱的和聲。中國的思想界也有不少人應和這股全球反革命的浪潮，但似乎沒有真正理解哈耶克在這個浪潮中的地位和意義。

《法律、立法與自由》書名意味着作者所要探討的是這種「法律」所依賴的法律發現觀、「立法」所依賴的法律創制觀與自由之間的關係問題，這實際上涉及到了英美普通法的法治（基於司法技藝理性的法治）與歐陸的法治（基於立法理性的法治）這兩種法治模式與自由的關

係問題。在這個問題上儘管哈耶克具有深刻的洞見，但是由於哈耶克始終關注的是知識和基於知識的規則問題，所以就無法討論與這一主題相關聯的法律人共同體與自由倫理、公民權的變遷與憲政共和等重大問題。而這樣的問題有待我們從韋伯的行動理論和福柯的自我技術等理論路徑的觀照下，進行更進一步的探討。可見，哈耶克為現代社會的「自由」提供的並不是知識上的總結，而是理論上的起點。

如果從這個角度看，這本書或許翻譯為《法、律與自由》更為恰當。在中文中，「法」和「律」是兩個截然不同又相互關聯的概念。「法」是最為一般意義上的規則、法則和規律，而「律」就是專門指國家制定的成文法。如果「律」代表了一種法律創制觀，那麼「法」恰恰代表了一種法律發現觀，即法是內在於事物的規律性，我們只能發現這種規律並運用這種規律，但不能隨心所欲地創造這種規律。遺憾的是，近代以來由於受西方法律實證主義以及成文法典運動（包括現代憲法律、民律典等）的影響，我們將「法」和「律」這兩個概念合在一起，用「法律」來表達西方的國家法或實定法概念，從而導致「法」與「律」逐漸混淆起來。比如今天我們所說的憲法、刑法、民法這些概念其實是指「憲律、刑律和民律」，同樣，我們所說的「法學院」如果按照課程設置看，其實是「律學院」，或至少應當像香港大學那樣稱之為「法律學院」。如果我們要成為名副其實的「法學院」，那至少應當把哈耶克的這兩本著作納入必讀的法學著作中。

學術討論有什麼用 *

　　2001 年紐約訪學，一開始自然會到處走動，以便熟知城市的生活。對我來說，參加學術討論會比呆在圖書館裏看書重要的多，因為書可以帶回國慢慢讀，而學術討論會上感受到的弦外之音是讀書體會不出來的。儘管在國內也經常參加學術討論會，但和美國的學術討論會比起來，國內組織的往往更正式，更認真，參加的人數也更多，尤其是有很多學生來聽。而在這裏學術討論會不過是家常便飯，甚至只有幾個人也可以進行討論。即使德沃金（Ronald Dworkin）和哈貝馬斯在紐約大學法學院舉辦的研討會，每次也不過 20 多人。儘管人很少，但是討論很正規，凡是發言的大多都提前閱讀了論文，不像國內很多人是來聽會的。會上，儘管也有人藉題發揮，但不會有人問這種純粹的學術討論有什麼用。

　　記得前些年在國內剛剛開始舉辦學術討論會並討論理論範式的時候，總有人在會上問：「你們這些空洞的學術討論有什麼用？」因為那是時候，中國剛剛進入以「學術」取代「思想」的時代，主張多談些「問題」，少談些「主義」，因此討論往往從學術路徑、學術方法、學術概念之類看似技術性的問題入手。對於習慣 1980 年代直接針對現實

---

* 　本文於 2002 年 10 月在美國哥倫比亞大學法學院做訪問學者期間所寫。

問題的思想話語，的確有很多學生甚至包括一些老師不習慣，以至於提出這樣的疑問來。對於學術的「圈內人」來說，這樣的問題會被大家看作是不懂學術的外行的無知。儘管大家內心這麼想，但嘴上卻不便說出來，只好找各種各樣自己也不一定信服的理由來搪塞。最徹底的理由不過是說，這就是我們做學問的人的興趣和愛好，內心中其實想的是把學者從非學者中區分出來，構成一個自主的學人共同體。不過這種說法馬上轉化為更強大的理由，比如有一種說法就強調西方人正是出於純粹的學術興趣才發現了牛頓定律和相對論，而中國人太講實用了以至於沒有發現抽象的科學理論的大用等等。這顯然想強調抽象的學術空談是「無用之大用」。不過，學術討論會舉辦得多了，參加討論的人也漸漸懂得了一些起碼的規矩，也就再沒有人問這樣的問題了。

學術、民意與民主政治的隱祕關聯

對於學者來講，「學術討論有什麼用」的問題可能是一個外行的問題，但是，這個問題卻觸及到了學者們不加反思地認定的一些前提價值，這其實構成了學者們自己的意識形態。正是在這個地方，我們發現了學術研究與政治之間的隱祕關聯。

還是讓我從一個學術討論會說起。前些日子，美國紐約大學法學院舉辦了一場規模很大的關於中國刑事訴訟制度及其改革的學術討論會，我也不知道在哪裏看到的通知，就自然想去聽聽。會議安排得很正式，有人主講，有人評議，還有人總結。大會的發言人有我所熟悉的一些中國法專家，還有一些我不熟悉的中美學者。等到會議開始之後，我才知道有幾個主講人是曾在國內因為從事非法活動而被捕判刑的中國

人，他們在美國媒體上被捧為「人權鬥士」。他們在會上分別講述了自己在監獄或審訊中的經歷和感受。

在這樣的學術會議上，這些人對中國司法制度的描述已經不再是一個道聽途說的新聞故事，而是作為學術研究的科學證據。在會議休息期間，許多記者都圍着這些人採訪、拍照。我相信他們講述的故事不僅會出現在美國學者的學術論文中，也同樣會出現在美國新聞媒體的報道中，而媒體的報道直接影響了美國的公共輿論對中國形象的塑造，從而影響美國的政治家對中國的決策，因為在美國這樣的民主社會裏，政治家的決策的依據往往是公共輿論所反映出的民意。

但是，所謂的「民意」又是由誰塑造的呢？就我所接觸到的普通美國民眾，他們對中國的「無知」讓你感到驚訝。一般說來，美國人僅僅關心美國自己的日常生活，比如減稅、教育、養老保險、訴訟案件等等，對「天下大事」並不關心。美國的電視新聞裏沒有什麼「國際新聞」，也許在美國人的眼裏，他們周圍的生活小事就是天下大事。他們（甚至包括許多教授）關於中國的印象其實除了李連傑和成龍的功夫片（他們在美國的票房紀錄很高），就是長辮子的愚昧、紅衛兵的瘋狂或者形形色色的人權問題。這些印象要麼來自中國第五代導演的電影或《靈山》這樣的小說，要麼就是來美國學者關於中國的研究著作以及媒體上的各種報道。

電影、小說這種大眾文化對美國的民意產生一種潛移默化的影響，而媒體上的報道卻更為直接。其實，美國人並不迷信政治家的說教，也不是迷信一般的新聞報道，但是，美國人非常迷信科學，迷信專家的意見，迷信學術研究。一個美國記者關於中國人權的報道和一個美國教授關於中國人權的研究在公眾心目中的權威程度是不可比較的。因此，大凡關於中國的人權問題，在美國都是以科學的名目出現的，尤其

是以名義上中立的學術研究機構的調查和研究為基礎的。所有媒體上的渲染和政治家的判斷都是建立在這些研究機構的研究報告之上，從而獲得科學的正當性，也自然獲得了民眾的普遍支持。

可見，在美國這樣的民主社會裏，政治、民意和塑造民意的大眾傳媒通過客觀、中立、公正的學術研究巧妙地結合起來。專家意見成為政府決策與民意之間的中樞環節。學術研究所強化的民意會影響政府的決策，政府的意圖也會通過學術研究的方式來引導民意。政府想增加與中國的合作，媒體就會從學術機構那裏獲得中國經濟增長符合美國利益的報道，政府如果想制裁中國，媒體就從學術機構那裏獲得中國政治制度是對自由的威脅等等的報道。美國政治的背後就是這樣一些表面上中立的學術研究機構和調查機構，政治問題常常以學術的名義出現。因此，一個非常正式的學術討論會，往往就是美國政治的一部分。所謂客觀、公正的學術研究往往為這種「妖魔化中國」的媒體報道披上了合法的外衣，而這種媒體的報道為美國政府對中國的政治行動提供了充分的「科學」的理由和「民意」的支持。

在這個意義上，在美國，學術研究也貫徹美國的實用主義精神，學術研究就是為政治服務的。這話仿佛很不中聽，學術研究應該服務於科學真理，服務於更高的目的，怎麼能服務於政治權力呢？問題的關鍵在於「政治」是有價值追求的東西，而不僅僅是利益的分配。

學術、科學與現代政治

其實，現代的西方政治的祕密就在於它將自己建立在一些學術和理論所支撐的價值上面，因此，自由主義的政治思想與價值中立的學術

思想立場巧妙地結合在一起。無論是 19 世紀的殖民，還是 20 世紀的冷戰，西方世界的政治武器從來都不僅僅是槍炮和貨幣，而且還有更可愛、更迷人的思想：亞里士多德、康德（Immanuel Kant）、孟德斯鳩、洛克、哈耶克和羅爾斯（John Rawls）等等。回過頭來想一想，那些最遠離政治、最討厭政治的語言分析哲學，不正最強有力地支持了自由主義的政治意識形態？在這方面，波普爾（Karl Popper）可謂是一個典型的例子，科學自我增長竟然證明了開放社會的合法性。所謂的科學實證主義不過是說只有自由主義的政治才是科學的，因此才是天然正當的。培根（Francis Bacon）所說的「知識就是權力」，就在強調現代政治秩序建立在科學知識的基礎上，而啟蒙思想結束了「信仰就是權力」的神權政治時代。

看來，學術研究不再是要不要服務於政治的問題，關鍵在於服務於怎樣的政治，這種政治本身的價值何在。如果是有價值的政治，為什麼不為之奮鬥呢？馬克思的科學社會主義學說還不是為了實現共產主義的美好理想？美國的政治家們已經深諳現代政治的這種法則和技巧，或者說現代政治的這種法則和技巧尤其在美國人這裏發揚光大的。在民主社會中，這種政治技巧比起韓非子的「權術」和所謂的「官場厚黑學」顯然要高明得多。因為現代民主政治不是祕密政治，而是公開的圍繞正當性展開辯論的公共政治。所以，美國人的任何政治主張都會首先進行一番理論上的正當性包裝。打擊恐怖主義儘管包含了美國在中東和中亞的戰略利益，但是，美國口口聲聲主張的捍衛「自由的基礎」就是為了堵上其他人的嘴。不與美國人站在一起，就是站在「自由」這種價值的對立面，就是站在哈耶克和羅爾斯等人的對立面。因此，塔利班、薩達姆政權面對的不僅是美國的軍事霸權，而且是美國的意識形態霸權。然

而，如果沒有言論自由、學術自由和思想自由，怎麼能夠產生戰勝康德、哈耶克和羅爾斯的思想家呢？

現在回想起來，當時國內學術討論會開展起來的時候，正是知識界努力建立學術共同體，確立學術規範化，用理論範式自身的知識增長來取代學術研究的意識形態化，這實際上是用更為高級的「知識－權力」來取代比較初級的「宣傳－權力」。這在表面上讓學術研究遠離政治意識形態，建構起來不同於意識形態話語的學術研究的理論範式和辯論模式，但實際上是為了讓學術研究在學術軌道上自由發展，在現代科學知識的基礎上，培養出中國自己的康德、羅爾斯，最終培養出現代的孔子和孟子，從而超越西方的學術思想，這難道不正是中國學人最大的政治？這種發展獨立的學術和思想，和發展社會生產力一樣，難道不正是先進生產力和先進文化的代表在「講政治」中應當強調的「發展」硬道理嗎？

人權政治與文化國家

說起在紐約大學參加的這次學術討論會，內心的確很複雜。美國人權研究機構和美國政治之間的關聯是顯而易見。因此，這幾個中國人的舉動或許是客觀地講述自己的經歷，或許是從學術上分析中國司法制度的缺陷，但其後果卻構成了美國對中國展開人權政治的一部分。在這個意義上，他們的舉動本身就具有濃厚的政治色彩。而事實上，他們也正是在美國國務院人權事務委員會的干涉下，在中國加入 WTO 的中美談判前夕釋放的。

美國政府對中國政府乃至全世界進行人權干涉，我們都已經習以

為常了。然而，我注意到聽講座的很多中國學生感到有些不安。在這種國際政治利益的爭奪中，這些所謂的「人權鬥士」客觀上成為美國對中國展開人權政治的幫手，反過來在損害國家利益。中國文化強調內外有別，恰恰在於利益的分別。在國內批評政府是一回事情，但在國外和美國的人權機構結合在一起給中國政府施壓，那就不再是簡單的批評，而是和美國的國際政治戰略聯繫在一起了。我們的政府和人民無疑要為這種人權政治付出相應的代價，而這樣的代價最終又需要每一個中國老百姓來承受，尤其這些人權問題每一次都會與「最惠國待遇」問題聯繫在一起，需要我們出讓更大的商業利益。

因此，當這幾個中國人在台上講述那些故事時，儘管他們的遭遇或許令人同情，但在中美關係特殊複雜的政治背景中，他們的舉動對中國人的感情無疑構成一種傷害。我發現，一個人在國內的時候，他和國家往往表現為一種法律關係，可一到國外，他和國家的關係自然變成了一種基於倫理的情感關係。法律上的國家變成了倫理上神聖的「祖國」。因為恰恰是在異國他鄉，你的國家、民族和文化身份才變得非常突出。在中國，你沒有意識到自己是中國人，但正是在國外，別人對你的眼光、語氣甚至態度往往提醒你是一個中國人。因此，在美國的中國人，無論是學生還是學者都更容易顯示出愛國主義，因為只有在這個地方，你才深深意識到自己是一個中國人，你的身份認同不是自己選擇的，而是天然給定的。

在會議休息期間，我注意到會場有很多中國學生，但很少有人主動和他們打招呼。而且大家在談論中對這些人流露出鄙夷。是的，他們既然選擇作為一枚政治的棋子，在收穫政治經濟利益的同時，也必然要承受由此帶來的代價。那個晚上，穿越燈火通明的曼哈頓島，我們不斷

地觸及到一個沉甸甸的問題，作為一個中國人究竟意味着什麼。按照西方政治理論，我們彼此之間是通過訂立社會契約，制定憲法，才確立每個人與國家或者政府之間的權利義務關係的。如果今天你是一個中華人民共和國的公民，你必須遵守憲法和國家的法律，而一旦你加入了美國國籍就不再是中國公民，你已經解除了對這個國家的所有法律責任，但這是不是就意味着你已經解除了對所有中國人以及中國人所構成這個國家的倫理責任？這無疑是「法律國家」與「文化國家」的根本區別所在。

看來，在我們的憲法和法律之上，一定有一個更高的自然法。因為「中國人」就不是一個法律概念，而是一個比法律更高的倫理概念，一個文化概念。在中華人民共和國沒有成立的時候，「中國人」早已經存在，不僅存在於晚清的滿漢之爭中，存在於漢唐輝煌中，也存在於春秋、戰國、五胡十六國的戰亂中，一句話，我們都是炎黃之孫。這意味着作為一個中國人，我們彼此之間有着更為深層的血脈聯繫，有着更為隱祕的而且更高的倫理義務和自然法上的責任。背叛作為一個中國人，就是要斬斷這種血脈聯繫，就是要解除這種倫理義務和責任，這必然會刺痛所有中國人內心中這種深層的隱祕的情感和傷痛。因此，作為一個中國人，無論我們的公民身份在哪裏，我們都要面對一個問題：你對你的同胞承擔怎樣的倫理責任和義務？

國際人權的難題：個人權利與深層倫理

真正揪心的傷痛就是在這個最為矛盾的地方。正如中國古代的「忠」與「孝」的衝突一樣，在法律所建構的政府與倫理所建構的人民也可能是衝突的，法律國家與文化國家之間可能存在着張力。在這個可

能的衝突中，如果政府部門侵犯了你的個人自由和利益，而且沒有正當法律程序的保護和健全的公共討論空間，這時你將怎麼辦？你是不是會給美國的教授、朋友或者人權組織寫信，要求他們幫助呢？這就變成一個兩難的選擇。因為人權問題，不僅僅是個人權利問題，而且是一個國際政治問題。一旦陷入這個糾纏不清的國際政治，你的權利往往變成國際政治中博弈的籌碼。今天雖然是現代社會，但問題依然很古老，就像我們思考漢代李陵，能不能因為遭遇到不公平對待而獲得投降匈奴的正當理由呢？而在漢代，這個更高的自然法標準就是「義」，而今天我們應該秉持的更高的自然法標準是什麼呢？

每個人都希望自己的權利獲得保護，但你是在什麼情況下才會選擇這種方式，也就是投靠美國、捲入美國人權政治的方式來獲得個人的權利保護呢？這不是一個理論問題，而是一個實踐理性問題，這取決於遭遇到怎樣的不幸或者不公平待遇，才能做出如此的選擇。在這個問題上，仁者見仁，智者見智，每個人都會根據自己的倫理信念做出自己的選擇，做怎樣的一個人很大程度上自己的倫理選擇，就像漢代蘇武與李陵之間的那段經典對話，但是，一旦尋求美國人權機構的幫助，通過國際政治途徑獲得幫助，實際上意味着答應了一個隱含的條件，那就是當美國人在需要你的時候，就會安排類似的學術會議等公共場合，你就必須按照美國媒體和公共文化的既定模式來「揭露」中國的司法制度，這就是美國在全球展開人權政治的遊戲規則的一部分。無論你多麼清白，無論你多麼客觀，無論你多麼厭倦政治，你已經陷入了國際政治之中，而且在這個時候，你已經沒有選擇政治立場的機會。換句話說，你的權利可能獲得了保障，但往往不是以作為人的、有尊嚴的方式參加這種活動，而是作為一個木偶或者工具出席這樣的活動。這種權利的保護

是美國人的恩賜，因此你有責任按照美國人的要求行事，有義務出席這樣的學術討論會，而且必須按照美國人喜歡的方式，講述你在中國的痛苦經歷。而在美國，的確有來自世界各地的形形色色的人羣在吃這碗「人權飯」，而且每個人都已經自覺不自覺地按照美國人喜歡的模式來重新組織自己的經歷和故事。某種意義上，這些人可以說是以出賣自己的自由和作為中國人的尊嚴而獲得這些權利保護的。

在討論會的休息時間裏，所有的媒體記者都圍着這幾個中國人進行採訪，而真正被冷落到的反而是紐約大學法學院的一個個刑法學教授。他是最後一個發言，他講述了美國歷史上針對間諜罪調查以及監獄狀況等等，他認為中國目前的狀況和美國歷史上狀況很相像，這是一個普遍的問題，尤其是富人和窮人在監獄中的不同待遇在全世界差不多都是一樣的。他是一個真正的令人尊敬的學者。然而，正如他坐在最邊上，他的發言安排在最後，我相信他的發言內容也不會出現在媒體的報道中，他不過是被安排為這場政治活動中的學術點綴。

在這樣一個表面上客觀的學術討論場合，政治問題早已經滲透其中。一個人在不經意的時候選擇了這種獲得人權保護的方式，他在某種意義上必須承擔其對本國國民在倫理上的罪責。就像李陵一旦選擇背叛漢朝，就不可能再返回中原，不是因為他不能背叛第二次，而是因為他無法面對自己的愧疚和罪責。因為在同樣的處境中，甚至比李陵更悲慘的處境中，宋代楊家將用「滿門忠烈」這個詞做出了不同的選擇。楊令公頭撞李陵碑而死是不是事實並不重要，重要的是在宋代華夷之辨的背景下，選擇這個故事場景將這種悲劇衝突推向了極端。而一旦你生為中國人，就要對其他中國人承擔其倫理責任，這意味着在某些情況下，你必須超越個人的怨恨，甚至準備獨立承受某些苦難。這時，你不僅在承

受個人的苦難，而且要承受作為一個中國人所必須承受的苦難，有時是在承受整個民族、整個國家的罪責和苦難。只有我們每個人都勇敢地面對這種苦難，承受這種苦難，並與這種苦難的根源作鬥爭，而不是逃避這種苦難，不是希望在美國人那裏獲得庇護和救贖，我們才能真正作為主人將中國人從這種苦難中解放出來。印度的甘地如此，中國的毛澤東亦如此。否則，當你幫助甚至要求國際社會敵視中國、制裁中國的時候，不僅背叛了中國人，而且為了渺小的個人怨恨，將你的同胞投入到更大的苦難之中。

「世上沒有救世主」。中國人的苦難只有我們中國人自己來承受，中國的人權事業必須由中國人自己來推動。儘管你可能因此喪失了自由，甚至生命，但也只有在這個時候，你才能感受到生命中不僅有輕若鴻毛的個人自由，而且有比泰山還要重的作為中國人的自由，為人民解放而受苦受難，甚至流血犧牲的精神自由。只有我們不斷付出個人自由的代價，才能努力建立起一個健全的法治環境和健康的公共領域，我們才能將自己從這道倫理難題中解救出來。

沉默，誰才是「大多數」？ *

　　北大畢業，我來到草長鶯飛的昌平園，在那作了一年「高四」學生的班主任。曾經在那呆過的學長鼓勵我，在昌平園呆一年有好處，可以安安靜靜寫本書，發表幾篇論文，早點評上副教授、教授。這的確是忠厚的長者給年輕人的告誡，但我也告誡自己，一生決不能為了評教授之類的現實需要而胡亂寫東西。這倒不是說我準備在北大當「終生講師」，而是因為我意識到習慣對於一個人具有不易察覺的支配力量。如果今天為了評副教授亂寫東西，那明天肯定也會為了評教授寫更糟糕的東西，人生有無窮無盡的現實需要，一旦有了第一次，也就會慢慢習慣，學問的品格往往在這不知不覺中敗懷掉的。那些動輒寫作上百萬字的知名法學教授們，肯定已不會為評教授之類的現實要求寫作了，但這種寫作的壞習慣敗壞了他們對學術的品味，以至於他們樂此不疲地投入這樣的文字活動中。因此，趁自己還保持學生時代的單純，就提早給自己立下這個規矩。現在想起來，真是要感謝當時北大自由寬鬆的環境。現在，剛留校的博士生首先要遵守學校定下的「非升即走」規矩，

---

* 原文是 2005 年 3 月為《法律人的城邦》修訂撰寫的後記，後來由於種種原因未能修訂再版。

而且在各種量化考核評比的壓力下，已經顧不了那麼多了。

沒有評副教授的壓力，就可以自由地讀書、寫作。記得當時王小波剛辭世，他的散文和小說風靡校園，作為對一代才子的紀念。那時，我對他沒有好感，覺得這個人太刻薄，尤其是關於「傻大姐」的文章，雖屬於隱喻，但終究有失厚道。不過，他所說的「沉默的大多數」對我影響至深，想想法律媒體上各種似是而非的謬誤，很大程度上是因為沒有人替「沉默的大多數」說話。於是，自己就想在報紙上寫一些評論，試圖講出「沉默的大多數」沒有講出來的道理。本書的內容大都是我畢業之後幾年間在期刊和報紙寫的評論、訪談、隨筆等，其間一邊寫，一邊思考，從法律人共同體開始，想到了支撐法律人共同體的倫理品格和精神基礎，從法治開始，想到了支持法治的憲政秩序和國家的文明傳統，人與國家、法律與政制、制度與倫理、政治與教育就這樣交織起來，「法律人的城邦」就是順着這個思路延伸的，這些思考我都在第一版後記中交代過了。

最近一兩年，我很少寫這樣的東西了，寫了幾篇也多是應朋友的約稿。這不僅是因為現在比剛畢業時更忙了，更重要的是因為不知道如何把握這樣的東西。原來認為知識分子承擔着啟蒙的重任，要作為「社會良知」替「沉默的大多數」發言，可是，慢慢地深入社會，深入到那些真正的「沉默的大多數」，卻發現其實知識分子為自己虛擬了一個「沉默的大多數」（反正他們是「沉默」的，當然可以根據自己的喜好塑造了），這個「大多數」說到底還是知識分子自己。比如我說，我們法律人主張「為權利而鬥爭」，鼓勵子女為了撫養費狀告老父親，可是把這些道理講給母親聽，她說現在沒有世道了。在這個社會上，這兩種聲音，究竟哪一種才代表了「沉默的大多數」？修改《婚姻法》的時候，

在婚外情的問題上，法學家們主張應當保護妻子的利益，社會學家主張應當同樣保護「二奶」的利益，這兩個羣體，哪個是「沉默的」，哪個又是「大多數」呢？而在劉涌案中，刑法學家們眾口一詞主張刑訊逼供的證據不能採信，而網民卻發出了「該殺」的聲音，哪個聲音才是「大多數」？

正是在這個地方，我們發現知識分子在爭奪代表「沉默大多數」的話語權過程中，分裂成不同的羣體，不僅形成不同專業的、不同類型的，而且形成不同利益的。說到底，「知識分子」和「沉默的大多數」一樣，本身是一個抽象的概念，在不同的問題上，在不同情形中，他們所指的對象是不同的，由此，在近年來關於經濟改革、法制改革和大學改革等重大政治社會問題上，知識分子分裂為自由左派與自由右派、自由派與保守派等等。面對如此複雜紛亂的思想迷局中，自己往往不知道何去何從，因為這些評論往往不是給專業圈子裏的同行閱讀的，而是寫給社會大眾的，在儘可能通俗化的過程中，也把自己變得簡單化了，一個複雜的思想學術問題，往往變成簡單的分析判斷，以至於自己很容易被貼上各種不同的標籤，被歸入到某些派別中。

在今天的思想學術界，如果有幸被歸到某些派別中，仿佛是一種榮耀。本來，基於不同學科傳統、不同理論路徑、不同學術方法、不同問題意識之間的「百花齊放」，無疑在促進中國學術思想的繁榮。可是，在我們的學術界，卻似乎在不同學術派別之間形成了牢不可破的道德等級制，某些思想流派被天然地看作是正當的、道德的和高貴的，某些思想流派一開始就被看作是反動的、不道德的和可恥的。我們的思想學術界正在建立起一種自我審查機制，這種機制使得讀書人不關心哪個思想派別在多大的意義上揭示了學科的真理、促進了思想的發展，而是

關心哪些思想派別是正當的、高貴的。只要你被歸入某些高貴的知識血統中，即使只會寫網絡文章也能成為知名學者。這對於初入門道者來說，無疑是充滿誘惑的陷阱。

這種思想學術的自我審查，使得基於理性的面向真理的學術思考，變成了基於立場的面向利益的政治表白，思想學術由此被分成三六九等，引用洛克、哈耶克是一種效果，引用霍布斯、施米特則成了另一種效果。這種意識形態等級制使得學術界的眼光從思想學術轉向了學者的政治立場。最不堪的是，學者們的學術地位不是由學術思考的深度、廣度和貢獻決定的，而是由所謂的學人「人格」和「良知」決定的。記得和鄧正來先生在六郎莊讀書時候，他就反覆告誡，學術的使命在於「知識增量」，而不是比學者的「骨頭的密度和硬度」，由此我也理解了他倡導「學術自主性」的苦心所在。學者比「骨頭硬」和寫論文比「慢功」，無疑是非學術因素對學術思想本身的無情「敲詐」。正是因為面對這種無情的「敲詐」，韋伯才諄諄告誡學術思考遵循「價值自由」的重要性，學者最重要的德性就是「平實的知性誠實」。

因此，有必要對知識分子代表「社會良知」或代表「沉默大多數」的自我褒獎保持警惕。知識分子自己也要有反省意識，保持必要的「自我節制」，防止想當然地把自己的利益上升為社會利益。這就意味著要對不同的聲音保持傾聽、思考和尊敬，而不是採取意識形態的傲慢、自負和壓制。知識分子之所以被稱為「公共知識分子」，並不是說他們真的代表了「公共」的利益，而是因為他們在「公共領域」中發言，不同於在政治論壇、學術專業領域中發言。政治論壇中發言在於形成統一的政治意志，學術專業領域發言在於揭示學科內部的真理，而在「公共領域」中發言，首要目的在於維持「公共性」本身，維持多元共存的公共

格局。「公共」之所以能成立，就因為它是由完全不同的聲音構成的，就像一個大花園有各種鮮花構成一樣，這些不同聲音在公共領域中的地位是平等的，因此相互之間應當傾聽、對話和交流，乃至形成共識。如果公共領域如果被某種思想或意識形態所壟斷，就完全有可能墮落為私人領域。

成熟的「公共領域」無疑是建構良好社會的建構性力量，而尊重和傾聽他人，不斷反思自身，追求妥協基礎上的大多數共識，無疑是建構良好社會的德性基礎。如果「公共知識分子」不具備這樣的德性，把「公共領域」變成政治立場的角鬥場、意識形態的角鬥場、私人利益的角鬥場，這樣的「公共」無疑變成了利益爭奪場域的附庸，它在敗壞着整個社會的公民德性。如果說健康的社會奠基於優良的風習民情（mores），那麼，公共知識分子就是培育這種風習民情的教師，他們傳授的不應當僅僅是公民知識，而且應當是公民德性。一個敗壞了的公共領域對於良好社會的建構，無疑是一種破壞性力量，因為它在播撒着怨恨、仇恨、報復、征服和毀滅的種子。托克維爾痛惜大革命前夕法國的「文人政治」，就是因為法國知識分子傳統比起英美知識分子傳統更難以建立起有效的公共領域，更缺乏公共德性。如果說知識分子是「社會的良知」，那麼大家就要有意識地維護公共領域中的不同聲音的平衡，有意識地表達出那些在可能在公共領域中被遮蔽的聲音，以維護公共領域的健康發展。這實際上也是在培養知識分子自身的公共德性。若以「公共知識分子」之名，試圖藉助商業或輿論力量來壟斷公共領域的話語權，將個人的私欲和利益凌駕於公共利益之上，實際上在瓦解公共領域，敗壞公民德性，那麼「公共知識分子」也就必然墮落被公共空間所遺棄的「公知」。

　　對健康的公共領域的考慮，無疑是對言論的社會效果的考慮，在這個意義上，公共知識分子應當對自己的言論負起公共責任。在我看來，這才是「專業知識分子」和「公共知識分子」的區別所在，專業知識分子只對專業知識和真理負責，但是，公共知識分子除了要具備專業品質，而且要考慮言論在公共領域中的效果，要考慮針對的問題、說話的對象、說話的時機等，這些考慮都要服務於最終的效果。只有對這種手段與目標作了充分考慮之後，知識分子才能培養起承擔公共責任的能力。在這個意義上，公共知識分子不是那些只服務於內心真理的「自由漂泊的知識分子」，而是服務於他所立足生存的政治共同體，服務於他賴以生存的社會大眾，他不再是「沉默大多數」的代言人，而是他們中的一分子。

　　這樣的話說起來容易，可是做起來就難了。面對複雜的問題，有時候自己想要說的話，卻往往被誤解；有時候你想對這些人說話，可是卻被另外一些人看到了；你本來是他們的朋友，可是他們卻誤認為是敵人；至於你孜孜以求的效果其實更難以評估。想想黃仁宇說的「大歷史」觀，你想服務的那個「沉默的大多數」在歷史的長河裏究竟在哪兒，其實自己很難說清楚的。想到這些問題，你難免會有些沮喪。不過，正是這種持有懷疑的執著，有助於知識分子擺脫在公共領域中對虛榮的渴望，像演員一般貪慕的掌聲、喝彩和虛榮，是知識分子最大的敵人。因為這種虛榮擾亂他清醒的心智，使他忘記了自己在公共領域中應當承擔的責任，更忘記了如何堅守知識分子知性誠實的本心，對公共事務保持必要的距離感。在這方面，可能不是一個簡單的學問高低問題，而是人生智慧的問題。在我們今天的學術思想傳統中，「智慧」是一種陌生的概念，可在古典思想中，「智慧」是最高的德性和人生境界。也許對於

現代知識分子來說，我們習慣於關注單純的知識和真理，很容易忽略人生本身，更為錯誤的是，把「人生」簡單地理解為「自我的一生」。

《法律人的城邦》出版以來，引起了讀者的一些關注和評論。這些評論都是我的一面鏡子，讓我對自己的想法及其限度有一個清醒地認識。這些內容差不多都是圍繞「國家利益」這個主題展開的，這是被我們學術思想中長期忽略或遮蔽了的話題。如果公共領域中沒能公開、認真和誠實地討論「國家利益」問題，那麼這個公共領域肯定是畸形的、不健康的。我們在對此加以矯正的同時，也不禁要問：是不是我們的公共領域已經變成了某些階層或者某些思想的私人領地？在此，我要感謝不斷催稿的朋友們，他們都致力於營造健康的公共領域，是他們的耐心催促，才使我寫下這些文字。

問題思考與學術共同體的建構*

——《北京大學研究生學誌》訪談

一、如何研究問題:「學術共同體」

問:首先代表編輯部對強老師表示感謝,謝謝您百忙之中抽出時間來接受我們的採訪!第一個問題,也是我們北大研究生都很關心的問題,就是您是怎樣走上學術道路的?您覺得做學術對您自己有什麼樣的意義,在學術背後有着什麼樣的吸引您的精神?

強世功:這是一個老問題,也是一個最難回答的問題。做任何事情都有偶然性,做學問也是有偶然性的,你一步一步走過來不知不覺就走上這條路。如果說偶然性中有什麼必然性的話,我覺得除了自己的興趣之外,可能環境更重要,包括你成長的環境,你上大學的時候遇到的導師,你周邊遇到的同學,甚至是你這個時代整個的思想氛圍,對你從事學術都會有影響。

其實是否選擇做學問沒有確定的規律可循,也不是說一個人的

---

* 原載北京大學《研究生學誌》,2010 年第 2 期,標題為「學術研究的共同體與傳承性」。這裏刊出做了必要刪改,並增加了小標題。

選擇和經歷對其他人就必定有參考價值。如果說我的經歷有什麼參考價值的話，那就是一個人應該儘可能選擇做自己喜歡做的事，但這還不夠，還應該多想想幾個問題。不僅僅要想做不做學問、為什麼做學問，還要想想做什麼樣的學問。我覺得後面這個問題很大程度上跟你所處的整個學術共同體（或學人共同體）有關。你思考的問題不僅僅是來自你自己，很大程度上取決於你和什麼樣的人一起思考。隨着時間的推移，可能有個問題會變得特別重要：那就是你願意和誰一起思考。所以我覺得，最重要的是應該先想明白自己要做什麼樣的學問，也就是自己願意和誰一起想問題，這其實就是一個學人共同體建構的問題，它是一個「無形學院」。

問：學術共同體對一個人的學術成長確實是一個很重要的因素，剛好我們都知道您在北大念博士的時候參加過當時一些很有名的讀書會，作為親歷者，您能不能給我們介紹一下當年讀書會的情況和您對讀書會的看法？

強：現在網上有很多大家寫的回憶文章。北大的好處就是有各種讀書小組。比如我們法學院目前就有三個讀書小組，星期五小組、星期六小組和星期日小組。當然，你關注的肯定是我們北大當年的「福柯小組」，趙曉力用「無形學院」來概括我們在這些小組中獲得的教益。我對讀書小組的感受就是大家應該關注同代人的思考，這個很重要。我會特別關心我們一起讀書的人，大家現在開什麼樣的課，寫什麼樣的文章，想什麼樣的問題。現在大家在一起的時候和以前不大一樣了。以前聚會的時候就是談讀書學術，現在討論學術好像比以前少了一些，討論家庭、房子這類生計的時候多了一些。但這並不意味着你不關注對方的研究和思考。隨着時間的推移你會發現，有些人一直在堅持往前走，有

些人慢慢就停了下來，甚至再也不去想問題了。所以一定要去看同一代人在想什麼問題，因為他的問題和你的問題必然有關聯性，以至於我們的研究可能形成對話。

讀書小組首先是一個橫向的，大家在不同學科領域，但屬於同一個年齡段，從大家的共同討論中你會對這個時代共同的關切有一個總體上的把握。當然，我們不是只關注同代人的思考，也要關注上一代人的思考；每一代人的所思所想很大程度上受上一代人所思所想的影響，上一代人提出的學術問題，也給了你很大的機會去完善、去挑戰、甚至去顛覆——這也就是我們所說的學術傳統的問題，或者說怎樣在你自己與上一代人之間建立思想和學術上的傳承。

2001 年，我們在上海開了一個會。這個會很重要，一方面我們北京「福柯讀書小組」的朋友和上海的讀書小組建立了橫向聯繫，我們後來經常在一起開會，相互激勵，相互學習，這是一件非常愉快的事情。上海的朋友在人文方面見長，尤其思想史研究，而北京的以社會科學見長，這很大程度上和學科專業有關，剛好形成互補。另一個方面，我們在 90 年代成長起來的一代人和甘陽、劉小楓、張旭東等 80 年代這一代人的思考建立起了連續性。我記得當時大家對古今中西問題有非常密集的討論甚至辯論，這些辯論從大家的分歧開始，但又可以凝聚整體的學術共識。

然而，在對學術傳統有意識的接續上，我們做得很不夠。比方說，我們今天研究中國的任何一個問題，首先想的是西方是怎麼研究的，反而對我們自己上一代人的努力關注不夠。而我們對西學的研究更是如此，今天研究康德和海德格爾的學者肯定是直接與西方的研究對接，但卻很少關注李澤厚這一代人是如何理解康德的，而 80 年代諸多

中國學者是如何解讀海德格爾的。如果我們彼此不能相互關注，年輕一代不關注上一代人的研究，不研究上一代人的思考，我們就無法形成一個真正的學術共同體或學人共同體，中國的西學研究也就無法擺脫對西方的附庸地位，無法建立起中國自己的西學研究傳統。所以，我們在和西方對話、接軌之前，首先應當是與自己的研究傳統進行對話和接軌，我們最終要建構一個中國人的精神共同體，奠定中國人的思想和精神基礎，而不是跑到西方那裏，在英文世界中接軌並添磚加瓦。因此，劉小楓老師提出的「漢語學界」或「漢語學術共同體」就有特別的意義。記得當年劉小楓老師在《讀書》上寫文章對翻譯古希臘戲劇的羅念生大加褒揚，而對陳康有點微詞，卻引發陳康弟子們的反駁。我的理解，不是陳康的古希臘研究不夠好，而是這樣的古希臘研究對於「漢語學界」的貢獻可能比不上羅念生的翻譯。目前，我們西學研究中滿足於用英文發表文章，熱衷參與所謂「國際對話」，實際上就陷入了這個誤區，以至於國內研究古希臘的學者和研究海德格爾的學者都滿足於西方的這兩個研究領域的學者對話，但他們之間卻缺乏相互對話，這顯然不利於形成我們中國自己的西學傳統。事實上，我們只有真正形成中國傳統的「漢語西學」，才能對西方文明有真正的貢獻，就像目前「海外漢學」對我們的貢獻一樣。

說我們缺乏學術傳統，從大的方面說，這很大程度上和全球化背景下建構中國自己的思想精神共同體的困難有關。中國究竟應當有自己獨立的思考，還是依附於西方的思考，這是個根本性的問題。人類肯定有普適價值，因為全人類都要面對生老病死的問題，但這樣的普適價值可能很稀薄，而真正深入的思考這些問題，那麼不同的文明會有不同方式的思路。從小的方面說，這在很大程度上由於我們對自己老師、自己

老師的老師、自己的同學、同學的同學以及自己的學生在思想和知識上缺乏足夠的尊重。我們今天的學術研究和對話的對象很少是自己的同行，同行之間很容易陷入意識形態上的派系爭論，而很少有人在學術上去研究同代人的學術和思想，更沒有嚴肅認真思考當下中國在全球化格局中的處境。

有人認為，最近沸沸揚揚的「抄襲事件」是中國思想和學術的悲劇，甚至有人認為這比「文革」中「梁效」事件更為惡劣，因為「梁效」好歹還是思想上的針鋒相對，而現在學者們已經不屑用展開學術批評和思想論戰，而是動用公共輿論來詆毀對方。這就好比兩個武士要決鬥，勝負無所謂，都是武士所為，但一個武士卻偷偷給另一個武士下了毒藥，這個武士勝了，但勝得很可恥，不僅是個人的恥辱，而是整個武士階層的恥辱，武士精神的恥辱。中國的知識階層目前正面臨着這樣的恥辱，使思想、知識和學術無法保持起碼尊嚴的恥辱。因此，我想說的是，要尊重自己的同行，尊重自己思想上的對手，要在思想和學術上和對手論戰，而不是利用公共輿論等非學術的方式詆毀對手、甚至整對方。「文革」中知識界相互利用權力整對方，其實最終被權力所利用，今天依然如此，只不過用公共輿論的權力來整對方。90 年代時候，鄧正來老師創辦的《中國社會科學》（季刊）提出了「學術自尊、自主、自律」。現在看來，學術規範性的「自律」基本上做到了，學術研究凡是和理論路徑的「自主」差得很遠，而作為學者或者學人的「自尊」已經談不上了，差不多到了斯文掃地的地步，尤其在市場經濟的衝擊下，利益勝過了尊嚴。這其實是托克維爾意識到的斯文掃地問題，從晚清以來也一直是中國面臨的問題。今天這個問題不是變得更好，而是變得更糟糕，而且看不到有變好的跡象。

今天談東西方的問題，談上一代人與下一代人的問題，歸根結底依然是學術共同體形成的問題，但沒有彼此之間相互對話的共同學術研究，也就談不上學術共同體。我不認為今天的中國形成了這樣的共同體，而這恰恰應當成為我們一代又一代人努力的方向。舉個例子來說，如果你看美國的法學論文，大多數是研究美國自己的學者，比如研究波斯納、德沃金等著名學者的論文乃至著作非常多。然而，在中國有個很不好的習慣，很少研究目前健在的思想家或學者的研究，比如你很少看到研究蘇力法學思想的論文。在這方面，鄧正來老師的一項研究具有特別的意義。他用一本專著來系統研究梁治平、蘇力等人的學術研究，可以看得出他對同時代學術同行的「學術尊重」，努力建構學術對話的空間。這種狀況表明，我們並沒有真正重視我們前代人和同代人的工作。現在我們有大量關於三四十年代的也就是民國學術的研究文章，但研究四九年以後的學術思想比較少，仿佛五六十年代沒有思想一樣。事實並非如此，比方說在所謂「極左思潮」時期，當時北大有「梁效」，那麼他們在想什麼？還有張春橋為什麼要批「資產階級法權」？這其實都是學術思想問題。這些問題其實有一個很長的思想譜系和傳統，尤其面對中國在全球格局中的定位。然後就是八十年代這一代人的思考。我們回過頭來看看，對於我們這個民族精神的歷史，我們沒有給予足夠的關注。目前流行的大多是回憶性文章，從學術角度研究的比較少。

因此，我特別關注到王銘銘老師的研究。他的西方人類學訓練就不用說了，但他有意識地把自己的學術研究建立費孝通先生的傳統上，他研究費先生的文章寫的最好，而且有很大的發展。我以為恰恰是王銘銘，而不是西方人類學家，把費先生的學術貢獻提高到一個很高的

思想高度上。如果把費先生放在西方人類學傳統中，經典著作無疑是《江村經濟》，費先生的貢獻僅僅在於提供了一個獨特的樣本或個案，彌補了西方人類學理論範式中的一個研究空白，但也恰恰證明西方現代化理論（城市與鄉村的對立範式）的普適性。這其實也是西方人類學傳統中對費先生的定位。我們不少人把這個定位看作是了不得的事情，其實就是「接軌心理」或「承認心理」在作怪。但是，如果把費先生放在中國的學術傳統中，也許他對紳士問題的研究、後來對邊疆少數民族的研究才真正屬於費先生的經典之作。這些研究包含了費先生對中國特殊的政治社會結構的理解，甚至包含了費先生的一些哲學思想，包含了費先生對族羣、對人類共同生活乃至人本身的哲學思考。

如此看來，今天的學術研究中的「文化殖民地」現象比較嚴重，每個領域都忙着「國際接軌」，把自己的東西劃歸到西學的領域裏面，爭取獲得西方世界的承認。其結果就是把中國的學問搞得支離破碎。好比說歷史，做美國史的要把自己的研究納入到美國的史學共同體中去，做歐洲史的要把自己的東西放到歐洲人的史學共同體去。如果從中國的角度看，同一代人選擇做美國史或歐洲史肯定應該有共同的問題意識，但由於雙方都忙着「接軌」以後，大家彼此之間就缺乏對話和關聯。哲學如此，史學如此，法學也同樣如此，刑法民法與歐洲大陸法系國家對話，金融證券法與英美國家對話，甚至在民法內部，還有德國派、法國派、意大利派的分歧。在這個意義上，我們還沒有真正形成具有穩定核心問題意識和理論範式的中國哲學、中國史學乃至中國法學。

因此，希望大家要有意識地打破「和國際接軌」的迷思，關注同代人的思考和問題，有意識地繼續上一代人的理論思考並向前推進。正好《學誌》既是跨學科的，又是一代又一代熱愛學術的年青人辦下來

的，希望你們看看自己這一代人想的問題和上一代人想的問題，你們和我們的問題有什麼聯繫和不同，以至於以後做碩士博士論文的時候，把這些問題作為自己思考的出發點。比如學哲學的，就應該研究李澤厚等這些從 70 年代晚期到 90 年代一直有影響的人物，這是無論如何繞不過去的。要在西方，早就有大批的研究文獻了，可中國哲學界連像樣的論文都很少，更不要說專著了。

二、社會科學本土化：法學的範例

問：進入上世紀 90 年代以來，一方面，社會科學興起，逐漸取代了人文科學的話語權，伴隨着這個進程，專業化、規範化的呼籲在社會科學界內部越來越普遍；另一方面社會科學本土化的傾向也越來越明顯，我們想請您從法學的角度談談您對社會科學的規範化和本土化等問題的理解。

強世功：社會科學和人文學科之間主要的區別在於社會科學更接近於自然科學一些，從而需要借助類似自然科學的方法來研究。但是，無論人文科學還是社會科學，也都有自己的研究規範，只是這些規範有所不同。用我們法學院陳興良教授的話說，規範類似於一個「專業槽」，槽裏的東西只有你能進入才能吃，不是大家誰都可以隨便吃的，因此規範就對學術研究提出一個操作的專業規程。你要進入一個領域的話，也要知道這裏面的問題意識在哪裏，研究方法是什麼。好比說今天要談中國法學的問題，或者司法獨立的問題，如果你沒有進入這個領域的話，就不知道這裏面蘊含了一個漫長的探索過程，不知道思考這裏面的理論理路在什麼地方，這就是我對「規範化」的一個最簡單的理解，就

是你必須知道專業裏面的討論問題的套路。

那麼什麼是「本土化」呢？社會科學針對的是現代社會的問題，但這些問題往往是一些迫切的現實問題，不是一個抽象的形而上層面的、精神的問題，那你會發現不同國家不同地區面臨的問題是不一樣的，而且其思考和解決問題的方式也是不一樣的。比如我們大家今天都談「法治」，但是美國的法治問題和中國的法治面臨的問題完全不一樣，如果你是遵循一個社會科學的談法，科學地甚至實證地研究其法治問題，那最後的結果一定是「本土化」。比如在中國談法治，很難出現美國談法治要提到的「保守主義」和「自由主義」這樣的概念。相反，談得可能是司法獨立問題，調解和上訪問題，訴訟程序問題等等。我們之所以會談這些問題是因為這是你的社會現在面臨的問題，但這並不是美國的問題。美國法治關注的重心就是最高法院幾個大法官的司法判決解釋問題，然而中國沒有這樣的最高法院，我們的最高人民法院的建構與其完全不同。中國社會最核心的問題之一就是城鄉二元結構，由此出現「送法下鄉」的問題，但美國人面臨最大社會問題乃是种族問題和文化認同的問題。所以說，社會科學既然面臨着解釋現實問題這樣一個迫切的任務，必然會走上本土化。就中國看，從法學的角度來講，90 年代以來蘇力教授提出了「本土資源」的問題，在法學界興起了一場大討論，我認為其中有兩個問題比較重要。

第一個就是像剛才說的，中國和美國的問題不一樣，中國現在面臨的是大規模的社會轉型和人口流動，從鄉村社會邁向現代化這樣一個問題。美國沒有這樣的問題；它沒有我們這麼多人口，沒有大規模人口流動和龐大的鄉村，而美國面臨的是移民問題以及由此引發的族裔問題。如果說法律是社會治理的工具的話，在中國就尤其要關心怎樣治理

鄉村，治理城市可能是法治的一部份，但並非全部。但在美國的法律語境中，美國更關心的最高法院如何變成了一個公共政策的提供者，變成了政治法院。因此，美國法律語境中關心的是最高法院，而不是基層法院，是規則的制定者，而不是糾紛的解決者。因此，當你面對中國的鄉村問題時，你會發現你從西方學來的所有法律概念和實踐是脫節的。這個脫節也是我們八十年代司法改革的脫節，因為我們八十年代以來的重要目標是建立一套現代的法律體制。但是這套體制基本上是以城市作為標準的，到中國就必須面對廣大農村問題，包括訴訟制度和辯護模式的改革，對專業化和知識化的強調，最後都不能兌現目標。舉例來說，今天司法要考試，是因為以前的司法不夠專業化；但是我們要知道，今天大量的中西部地區是沒有正式法官的，而大學生通過司法考試的比率又低，他畢業後怎麼會選擇去鄉村地區作法官？這是一個很現實的問題，也意味着我們法院要吸納大量不符合知識化、專業化標準的法官，而且要讓他們辦案。這就是法律精英主義的改革面臨的現實困難。因此，社會科學研究的本土化不僅在問題意識上，而且在理論方法上，都要關注實際問題，反對本本主義，反對教條主義。

第二個問題就是，我們在八九十年代的司法改革中強調司法公正，司法公正的前提標準是判決要公正，於是我們就強調以判決為主，不強調調解，因為調解可能是不公正的，可能是相互妥協和壓力的結果。同樣，法官會喜歡判決，因為調解很累人，要做大量的工作，判決你可以一天判十幾個案子。但這就帶來很大問題就是，你判決這麼多，能不能執行？所以在我們 90 年代和美國的司法交流中，面臨的最大問題就是：你們美國怎麼沒有執行難的問題？這不僅是因為兩個的司法體制不同，而且由於兩國的經濟條件和社會文化條件不同。比如美國

法院可以發佈強制令，干預政府的政策，甚至強制要求政府制定它所要求的公共政策。例如在取消種族隔離問題上，法院可以判決要求政府撥出專項經費提供校車服務，運送小學生到種族融合的小學上學，因為美國的白人（富人）和黑人（窮人）是分開居住的，打破種族隔離，就帶來上學的困難，學校必須派小車。美國人也就老老實實執行了。但是，如果中國法院判決政府提供校車，把城裏的小孩送到城郊與農民的小孩一起上學，從而促進城鄉融合，我估計老百姓會把法院給砸了。

再比如，美國法院判決經濟糾紛的財產執行很容易，因為美國的金融體系和社會保險很發達，還不上錢就執行保險費，而沒有銀行信用和保險費在美國差不多無法從事正常的社會經濟活動。可在中國，金融監督體系不發達，大量的現金交易，法院和政府無法查清楚一個人究竟有多少錢。美國之所以能夠在全球反恐，最厲害的不是軍事，而是財政和金融，能查清並凍結恐怖組織的賬戶，切斷其財政來源。可中國連深圳與香港之間大規模的地下錢莊的兌換交易都查不了。可見，法院執行的強制來源於現代國家的建構，而中國在以鄉村社會為主的社會體制中，法院判決必須考慮自己的執行能力。如果法院給你一個不能兌現的判決，那判決的意義何在？所以中國司法改革強調判決，最後就導致大規模的上訪，甚至出現了一個專門概念，叫做「涉訴上訪」。從法院的角度看，法院可能會說我該做的都做了，上訪你找政府去；但是從國家的角度來看，這裏面就不僅僅有一個法律的問題，還牽扯一個國家權威和治理的問題。如果法院不能穩定社會，而是製造社會矛盾，那顯然是不合適的。正是面對這種難題，我們又要強調調解。調解可能並不公正，但它有效，能夠執行到底。你判給我 100 塊錢如果拿不到手，可能還不如調解給我 80 塊錢來得實惠一些，更公正一些。所以，我們自

80 年代開始，從「調解」到「判決」繞了個圈子，重新回到 90 年代中的「大調解」。

而解決這些問題，應當是社會科學的任務，我們的法律制度如何用來回應我們國家的現實問題，這對法學也構成一個很大的挑戰。在中國的法理學裏，有些概念到今天還沒有完全進入我們的理論視野，比如說「上訪」。我們有研究「上訪」的論文，更有大量的關於「上訪」問題的檔案資料，但是直到今天我們的法學教科書裏面沒有「上訪」這個概念，它在學術上是沒有被定義的，為什麼？因為它不符合「法治」的意識形態教條，也就是西方的法治概念。西方法治概念中有「訴訟」「調解」「審判」這些概念，這也是我們司法教科書裏的標準，以至於「上訪」始終未能作為一個標準的法學概念來對待。所以回到「規範化」和「本土化」的話題，也可以說社會科學在中國的「本土化」研究，使得今日中國迫切需要一些新的社會科學的理論範式和概念體系。這樣以後我們在研究中國問題的時候，就會慢慢形成自己的傳統。

三、問題意識：思考問題的三層境界

問：剛才您一直強調「問題意識」，其實這也是我們作為研究生都很關心的話題：如何培養自己的「問題意識」？我認為在此方面有兩點工作必須做：一是要有一個周密細緻的文獻綜述，在前人研究的基礎上尋找突破口；再一個就是直接面對生活世界的現象，從中找尋新問題。當然，這只是我自己的一點理解，還是想請您談一下這個問題。

強世功：問題意識首先是從書本上來的，因為你要把生活經驗中的問題轉變為學術問題是一個很困難的事情。比如說面對中國經濟改革

或社會變遷中發生的具體問題，你可能會有很多想法，很容易在報紙上寫文章抒發個人情感和自己的看法，但是要把這個問題轉換為一種長遠的學術問題思考很困難。因為學術問題是用一套專業的概念和理論來把握經濟和社會變遷，把握其內在的規律性。我們只有進入這個學術或理論的脈絡中，才知道如何在概念和理論的規範意義上來把握。換句話說，這個問題不是你一個人在想，你的想法早就有人想過了，而且比你想得全面、透徹和深入，我們只有在前人思考累積的基礎上可能才能更為全面、透徹和準確地理解。這也就是為什麼我們要去讀書、思考，研究具體問題要做文獻梳理這些技術性的工作。我們讀書不僅在掌握知識，也是在形成一些問題意識，實際上是順着別人的問題意識向前走，逐漸找到自己的問題意識。這其實是一個最簡單、最直接、也是最普遍的方法。這裏面當然有學科的問題，進入不同的專業就會思考不同的問題。比如我在法律專業自然就會思考法律文化、法律移植、法律多元之類的問題，你們在自己的專業中也會形成一些具體的問題意識。因為我們的閱讀和思考首先來自專業，看得多了也就照貓畫虎可以寫論文了。這實際上是問題意識最粗淺的層次。

但是，從這個專業層次，你可以不斷上升到第二層。在這個過程中，經典作家的重要性會自然而然凸現出來。因為你會發現許多具體的問題實際上都是在圍繞一些根本問題展開，而這些根本問題都是經典作家思考並奠定的。比如說思考法律移植、法律文化、法律現代化之類的具體問題，其根本的問題意識已經在盧梭、孟德斯鳩等啟蒙思想家以及馬克思、韋伯等社會理論家的著作中全面思考過了。這就意味着隨着閱讀的深入就要進入到對經典作家的閱讀中，甚至每一個學科的形成都是由於經典作家的思考而成為一個獨立的學科專業範疇。對於這些經典作

家，有兩種讀法。第一就是要理解他，要弄明白，他說了些什麼。我們現在的西學研究基本上都是這麼做的。好比說馬克斯·韋伯，可以寫一大本書介紹他的思想，把他和馬克思進行比較，把他放在西學的脈絡傳統裏研究他的思想貢獻，把他的思想放在德國的處境中研究其思想根源等等。這種研究就是專門的學術研究，就學問論學問。

但是，我們其實還有另一種讀法，那就是要琢磨他思考問題的出發點，他的問題意識，尤其是如果韋伯活在當下的中國，他會如何思考問題，他會看到什麼，他會不會面對當代中國的現實去修正自己的看法。這就意味着你帶着韋伯的問題意識來思考。在這個過程中恰恰是不斷修正自己對韋伯的理解，可能韋伯並不像你認為的那樣的，他的問題意識並非如此。這樣，我們一方面能夠藉助韋伯來思考中國問題，但另一方面更重要的是我們可以真正深入到韋伯的思考中，重新來理解研究韋伯。這樣，我們中國人對韋伯的研究就會提高一個層次，不是教科書式的對韋伯思想的簡單介紹和重複，而是在理解了韋伯之後對韋伯思想的再解讀。這樣在對韋伯的研究中就會看到我們中國人的獨特視角，就像美國的帕森斯（Talcott Parsons）對韋伯的理解和研究帶有很強的美國視角，將韋伯思想解讀為一種現代化理論。這個過程實際上是中國的經驗與韋伯理論的內在對話過程，不少人實際上是藉助韋伯理論來激活中國的經驗，也是藉助中國的經驗來激活韋伯的理論。比如我們可以思考中國經濟增長背後的精神動力是什麼？是什麼精神動力推動中國人外出打工，甚至飄洋過海去打拼？上世紀 80 年代不少人討論「亞洲四小龍」經濟崛起背後的儒教倫理問題。這個過程也是我們藉助韋伯學習怎麼把眼前現實的政治社會問題轉化成一個學術問題。以此我們也會逐漸明白，我們怎樣才能把今天中國面臨的現實問題轉化為學術思考。這樣

我們對經典作家的理解就會更深一步了，也就是我們經常所說的，把書讀明白了。書上的都是文字，但我們要「得意而忘言」，這個「意」，也就是他的問題意識。我們理解經典作家的問題意識並像他那樣思考問題，那就會超越學科專業中的具體問題，看到更為深遠、根本性的問題，這樣的思考實際上就到了第二個境界。

但隨着經典作家與經驗現實的互動中，我們的生活世界和經驗生活發揮的主體性越來越強，也就是你自己的主體性越來越強，你在把握現實的過程中會不斷地挑戰經典作家的理論，這樣我們的問題意識就會逐漸超出經典作家的框架，慢慢形成自己的思考。你自然會思考，今天中國現實如何在理論上進行把握，這個問題意識首先就會推動大家對經典作家的理論選擇，哪些作家的理論是有益於思考中國問題，哪些作家的理論對於中國思考不能提供幫助。同樣，中國的經驗現實也會挑戰這些經典作家的某些理論。在這個思考過程中，中國現實和中國學者自身的主體性越來越突顯出來，從而不斷思考今天中國到底面臨是什麼問題。在這些思考中，又會慢慢回到我前面所說的，「你究竟願意和什麼樣的人一起思考」這個問題。而這些思考往往有一些尺度，比如你是願意思考幾十年來不斷持續的問題，還是幾百年來甚至上千年來持續穩定的問題。正是如此，我們會發現學者們的問題意識往往有一個變化過程，早期、中年時期、晚年關注的問題可能不同，一方面時代在變化，另一方面思考問題的深度也在不斷深化。由此在理論和經驗互動的基礎上形成自己的獨立的問題意識，我們可以看作是學者的第三層次的境界，即自己究竟在思考什麼問題。

作為學生，當然可以從第三層次着眼，但必須從第一層做起，這就是專業和學術規範的訓練。否則，假如你想和馬克思一樣思考了人類

如何解放這种第三層次的問題，但你最多只能寫幾篇報刊問題，思考處在感想的層次上，無法從學術或者科學層面上來系統地把握這個問題。在這個意義上，我建議研究生不要一開始就想不着邊際的宏大問題，這些宏大問題屬於理想或雄心，最重要的是如何細化到具體的問題中，首先就在於能不能讀懂馬克思的某一個具體文本。但是，隨着專業研究的推進，需要向第二個層次上提升，關注和討論一些學科專業的核心理論問題。

然而，目前我們很多學者在研究中長期停留在第一個層次，某種意義上沒有自己的問題意識，滿足於將專業內要求的東西做好，寫了大量的論文、著作，甚至填補了重大空白，但實際上都是這種「專業」思維的習慣，按照專業的要求來思考和寫作，尤其是每天不斷根據時勢變化和國家政策變化，根據法條、司法解釋和判例的不斷變化，用固定的專業概念和理論範式來生產大量的論文，這就是工業化操作的套路，論文寫作就像工廠生產一樣。然而，這種寫作未能在更高的層次上思考為什麼這成為一個問題，成為一個我必須花精力寫論文和著作的問題。所以要做一個好的學者的話，就要在最短的時間裏完成從第一個階段到第二乃至第三個階段的邁進。這就是我所說的，你想和誰一起思考問題，在不同的層次上，大家思考的問題和思考問題的方式就有很大的區別。

我們今天很多學生做論文，就是找一個確定的，好寫的題目來做，做了一段時間發現能用的材料都用完了，然後就等着新的材料出來，再接着往下做，慢慢一輩子就吃定了這樣一個題目或者專業領域。他可能會成為一個專家，非常熟悉這個領域的問題，但無法在更高層上反思自己專業中的問題。這樣我們就會逐漸區分開「專家」「學者」和「思想家」的不同。我們可以把第一層次的思考稱之為「專家問題」，

是被專業規定或社會現象迫切顯示要求所規定的問題，甚至往往是政府提出的一些現實問題需要論證或者解答。「專業」就意味着必須儘可能掌握這個領域中的全部信息和資料，做出相應的診斷。而「學者」就意味着將這些專業問題上升到更高的層面上，在更為一般性的框架里把握這個專業問題以及與其他專業問題之間的內在關聯。這樣的學者也會談專業問題，但他會努力把專業問題放在一般的框架中來進行把握，從而對這些專業問題提供反思，甚至從根本上思考這些專業問題的方向，提供一種新的思考路徑和思考範式。當然，在第三層次上實際上就是「思想家」在思考，形成了一個獨立的問題意識，而這個問題是從經典作家那裏演化而來的，是在最一般的意義上與經典作家展開對話，從而提供了未來繼續思考的開放性和可能性。

四、從「社會」轉向「國家」：如何思考國家

問：從 90 年代開始，大家都會去看比較法，比較法主要就是中西視角之間的一個對比，但有時候僅把一些觀念上相似的東西放在一起。但我感覺您的博士論文《懲罰與法治》受福柯的影響蠻大的，無論是從文章切入還是佈局來看，都和《規訓與懲罰》特別相似，請問您是怎麼把握這種比較的？這種比較與原先的那種僅是通過觀念的相似來比較就不一樣了。比如說最流行的「國家與社會」的分析範式，哪怕現在比較優秀的一些學者，比如黃宗智老師在做這個公共空間的時候，發現我們中國的一些地方不完全是在「社會與國家」這個範式下運行的，而是在國家和社會之間有一些互動的「第三空間」。但無論怎麼樣，他也是通過這個範式去發現這個問題。您怎麼看待？您自己的博士論文中也

提到了「社會的興起」，這裏很明顯有一個概念的介入，您是怎麼處理這種問題的？

強世功：這其實也是社會科學在中國面臨的本土化的問題。我們在此以前沒有遇到這種社會科學的觀念。中國的人文歷史觀念從古到今地貫穿下來，社會科學是新的東西，一整套基於西方現代科學理念性所形成的觀察和思考問題的方式，由此形成一套整理論和概念範疇。所以你在研究任何中國社會科學問題時，不可能不引用西方的概念，這樣你才有一套概念來關照這個社會。但我覺得這有兩種對西方社會科學理論的運用。第一種就是用西方的某種理論模式在中國來找相應的經驗現實。比如說，我們講「國家與社會」，西方有這樣的模式，有「市民社會」，那我們就在中國來看看，就像拿把尺子一樣，過來中國這裏來量量。如果發現類似的東西，就可以寫一大堆文章討論中國的市民社會問題。而更為細緻的是量了以後，發現不完全符合，那就要找一些新的概念來描述，這就需要學術創新。比如黃宗智會去找「第三領域」這樣的概念。

第二種就像我讀福柯的時候，我的想法並不是說福柯提出一個「規訓」的概念，我就用這個概念在中國找一個對應物，來量量中國社會，看看中國的社會法律實踐中是如何「規訓」的，或者用中國的經驗材料來批評福柯的「規訓」概念，然後提出新的概念。我的做法是，讀福柯的過程中努力去把握福柯思考的問題，然後帶着福柯的問題意識來思考中國社會，思考中國的刑事司法制度。因此，我並不直接套用福柯的某個概念來描述中國，而是努力爭取「像福柯那樣思考」。當我用福柯的視角在去看中國的檔案材料時，中國的司法檔案材料一下子就「活了」，它們甚至可以自己站出來來說話，因此我的博士論文中大段地援

引這些司法檔案材料的內容，而不是援引福柯的經典論述或者某個概念。甚至我用「治理」這樣的概念的時候，已經跟福柯的使用不一樣了。我甚至都不關心福柯對「治理」概念的精確定義是什麼。這個問題可以交給福柯專家來研究，也就是我說的第一層次上的研究，認真研究福柯的「治理」思想。

因此，當我們讀經典作家的時候，要用心體會，把經典作家慢慢化到你的思想中。所以我在博士畢業論文中，都不知道我應該在哪一個註釋裏寫上福柯。由此，我的問題就會變得非常簡單，變成對福柯問題的回答，即如果說法律是一套治理技術話，那麼在中國談法治興起過程中這套特殊治理技術是如何起源，如何展現出其面貌的。可以說，我的博士論文受了福柯很大影響，但我思考的問題和福柯的問題意識並不完全一樣。福柯畢生關心的問題並不是我關心的問題，這也是我後來很快就把福柯放下的原因。我想，大家在研究過程中，在讀一個人的時候，不要太關心他的結論，但一定要像他一樣去思考問題。

福柯在他的一篇文章裏說的，影響他的作家有兩類。一類作家是他反覆引用的，另一類作家是從來不引用，但是反覆去讀的。我覺得這一點非常重要，尤其要注意後一類作家。我相信當年「福柯小組」在讀福柯的時候，我們並沒有想到要成為福柯專家，或者變成一個像福柯一樣的人。畢竟我們都要成長起來形成自己的思考，而且這是一代中國人的思考。但是，福柯的一些東西慢慢化成我們思考的一部分，我們也許從來不去引用他，甚至隨着思考的推移，也會慢慢和他說再見，但他的問題意識無疑會對我們的思考留下痕跡。正是在形成自己問題意識的過程中，我們也會自覺去找與你關心的問題相關聯的一些作家。這也就是為什麼後來大家會讀施特勞斯（Leo Strauss）、柏拉圖等人。但是，我

們閱讀不是為了形成某個思想流派，而是在這個閱讀思考不斷推進的過程中，逐漸形成一代人共同的學術問題。所以，對於初學者來說，大家可能會有一些模仿，肯定會有這樣的階段，但是要爭取很快就越過個模仿的階段。最怕的是你不再想問題，而是一輩子在模仿，甚至沒有意識到自己在模仿。

問：剛才你講了為什麼會告別福柯。我還有一個問題，你在《立法者的法理學》中提出法律人如何定位的問題，就是說要告別「法律人的法理學」，轉向「立法者的法理學」。在這樣一種思考過程中，如何實現這種轉向。像您剛才說的「告別福柯」，發現他的問題跟你關心的不一樣，肯定是有一些問題進來了，反射到你心裏，然後你才覺得這些問題不一樣。那後面這些問題是怎麼進來的。

強世功：我對自己的思考比較清晰，每個階段問題的轉向都會有所思考和交代。在《法制與治理》的前言和後記中，我已經交代了為什麼自己的研究會告別法律社會學，那是因為所謂法律現代轉型始終是一個政治問題，一個全球政治問題。由此，我才會有關於告別「法律人的法理學」，而主張「立法者的法理學」問題。如果我沒有這個對問題的進一步思考和深入，那麼可能就會停留在法律社會學領域，做大量的常規研究，無論是鄉村司法問題，還是法律移植。我原來寫博士論文的時候，計劃接着寫「嚴打」和社會治安綜合治理，從而形成法律治理的「三部曲」，這一系列的研究可能非常類似福柯。我不是說這樣的研究不好，我也非常羨慕集中在一個領域中開展扎扎實實的研究。但是，恰恰是自己的思考推動我研究新的問題。當然，從一種思想狀態提升到另一種思想狀態，需要機緣。就我自己而言，在學術共同體中朋友們之間的相互激勵非常重要，它會迫使你去想問題，並認真地回應朋友的思考

和轉變。此外，外界環境的變化也迫使你去想問題。比如我在美國遭遇到9‧11事件，後來又到香港工作等等。其實，一個人只要想問題，只要有健全的心智，肯定能夠不斷深入推進自己的思考。

　　問：有人說您對「國家」這個概念的重視和認識，構成了您的思想體系中最重要的部分之一。不知道您是否同意這種看法。我們想知道，您為什麼這麼重視「國家」這個觀念，包括這些年來您對「國家」這個概念的判斷和基本看法有了一些變化，從您的人生經歷來看，您去過美國訪問也去過香港工作，從您的閱讀對象來說，從福柯到施米特、施特勞斯等人，這樣一些人生和閱讀的經歷對您的研究是否會有一些影響？如果有，是什麼樣的影響？

　　強世功：隨着人生的這種推移，你的閱歷肯定會影響你的學術。因為此前你沒有想過的一些問題，隨着年齡的增長，你就會去想。以前沒有經歷過的一些事情，因為經歷了就需要去思考。在這個程中，閱讀也很關鍵，因為閱讀不僅刺激着思考，也會為思考提供理論的路徑。

　　在1990年代社會科學在中國興起的年代，我們面對的市場化的浪潮，很容易形成以「社會」為中心來想問題，但是近代以來中國全部的歷史，不可能離開國家去展開思考，而且要放在全球體系中來思考。而現代政治的基礎就是國家主權，然後形成國家與國家的關係以及國際秩序。雖然全球化推動了「社會」概念的全球網絡化，從而在削弱國家主權。但國家始終是思考全球問題以及中國自身問題最重要的入手點。離開國家這個概念或離開國家這個政治實體的話，所有的問題都是沒法談清楚的，無論是西方的現代政治，還是中國1840年以來的整個政治。

　　舉例來說，1980年代以來，中國法學的核心問題就是比較法、法律文化、法律現代化、法律移植等問題。可是，這樣的問題從來不是美

國法理學的核心問題,這樣的問題屬於美國二戰後在拉美、非洲推動法律改革的所討論的問題。之所以出現這種思想和學術差異,就是因為拉美和非洲屬於美國帝國的邊疆。如果離開了二戰後乃至近代以來的整個全球格局,我們無法理解美國的帝國法理學,也不明白我們思考的問題差不多屬於帝國邊疆行省思考的問題。這樣的問題意識迫使你去進一步思考法律在中國的命運乃是一個國家和民族的命運。所以,我在《立法者的法理學》中講過,要思考中國自身的「命運」,我們每個人自身的命運都與國家密切相關。

那麼,如何來理解國家?就我們現代的狀況而言,必須同時兼顧兩個方面。一方面現代民族國家理論傳統中對國家的理解,因為現代民族國家的建構有助於中國在全球格局中擺脫被支配的命運。在這種傳統中,馬克思主義對於中國很重要。按照馬克思主義的理解,國家就是政治法律機器,是暴力機器。這意味着什麼?國家不是政治,政治在國家之外。在馬克思主義裏,政治是階級之間的鬥爭,國家只不過是政治的載體。這種講法有兩種不同的邏輯結果,其一就是在全球化背景下,國家可以變得不重要,重要的是全球的受壓迫階級如何改變自己的命運,這其實是馬克思和西方左翼的理解。其二是在全球化背景下,國家變得更加重要,因為國家是一個民族凝聚政治力量,進而擺脫在帝國主義階段中被殖民命運的重要載體。這其實是列寧、毛澤東傳統的理解。近代中國的獨立解放就是在列寧所強調的帝國主義階段,中國人通過現代國家建構來實現反帝、反殖民的鬥爭才完成的。

另一方面就是傳統文明中對國家的理解。國家不是現代性的暴力機器,而是個人安身立命所在,國家基於「家國一體」所形成的情感倫理共同體,由此形成愛國主義的傳統,形成天下主義傳統。在這個意

義上，國家是一個精神的載體，是一種文明展現。「中國」不僅是一個
現代民族國家背景下的法律建構，而是一種文化思想和文明傳統的載
體。這兩個不同的角度已經體現在當下的兩句話中，前者強調「中國崛
起」，後者強調「文明復興」。我在《中國香港》一書中就力圖展現「中
國」作為民族國家建構與傳統文明載體之間的內在張力。

西方法學與當代中國[*]

　　上午聽了幾位老師對「文化：中國與世界」叢書編委會以及整個 1980 年代營造的思想氛圍的回憶、反思以及對未來中國學術的展望，很受觸動和啟發。1986 年進入大學以來，我就生活在這樣的文化氛圍中，我自己的成長和走向學術道路很大程度上源於這個氛圍的滋養和諸位老師的引導。回想起來其中的點點滴滴，就像發生在昨天一樣。我想藉此機會向諸位老師，尤其梁治平老師，表達我深深的敬意。我的本科畢業論文的指導老師就是梁老師，研究生期間，是梁老師組織的「法律文化研究中心」的學術活動將我領向學術道路。如果要說中國法學在過去三十年的成長，那麼最突出的問題就是西方法學與現代中國秩序建構之間的張力問題，因為法學意味着思考秩序的建構，因此法學研究始終應當具有一種政治意識和文化自覺。我把過去三十年分為三個階段，分別討論其中面臨的問題。

---

[*]　這是 2016 年 12 月在三聯書店組織的紀念「文化：中國與世界」叢書三十周年座談會上的一個發言。

一、西方法學理論在中國的兩條道路

目前，學術界經常把 1980 年代和 1990 年代區分開來。的確，無論從理論風格還是學科特點，兩個時代都有明顯的區分，1980 年代以人文學科為主，是一個思想自由浪漫的時代，而 1990 年代以社會科學為主，是一個追求學術嚴謹科學的時代。前者是一個創造文化藝術的時代，後者則是創造物質財富的時代。然而，就政治意識和文化自覺而言，這兩個時代又前後貫通，緊密聯繫在一起，因為這兩個時代都是在五四運動的基礎上，重啟中國與西方、傳統與現代的討論。從法學研究的脈絡看，無論 1980 年代主導的法律文化論範式，還是 1990 年代主導的法律社會學範式，在政治意識和文化自覺領域始終存在着兩種政治意識和兩種文化自覺，可以說這是法學領域中兩條思想和學術路線的區分。

其一就是繼續五四的傳統，將中西文化問題轉換為傳統與現代的問題，從而將西方作為現代性標準來批評傳統中國文化，這種思想傾向就是繼續「五四」的「啟蒙」，以至於當時有不少人將八十年代的看作是「新啟蒙」。這種思想傾向在法學領域中影響深遠，「法律文化」也是在這種背景下成為法學研究中主導性的理論範式。進入 90 年代之後，隨着市場經濟的發展和法律專業化的發展，社會科學的理論範式進入到法學理論，法律文化範式在衰退，然而形形色色的法律社會學範式，無論是市民社會範式、法律現代化範式，還是法律移植論、法制經濟論和人權保護論，實際上都是這種法律文化理論的「變種」，都把中西文化轉化成傳統與現代問題，從而推進中國法制建設和法學理論的現代化和西方化。在這個意義上，從 80 年代到 90 年代，主流中國法學

研究具有明確的政治意識和文化自覺,即繼續晚清法律改革的事業,否定中國禮法文化傳統和社會主義法制傳統,建立西方模式的政治法律制度和文化意識形態。這項任務首先就是解構新中國確立的政法法學傳統,確立基於資產階級法權的自由人權的法政傳統。

其二就是超越五四傳統,在中西文化比較中一方面對中國傳統文化懷有溫情和敬意,另一方面西方和現代持有一種深刻的反思和批判立場。這雖然並不否定中國的現代化道路,但更多秉持一個多元現代性的立場,探索中國道路的可能性。事實上,「文化:中國與世界」編委會對西方文化的介紹不是從西方啟蒙時代開始,恰恰是從西方 19 世紀反啟蒙、批判現代性、批判理性化的立場開始的。那個時候,我們熟悉的不是霍布斯、洛克這樣的啟蒙思想家,而是尼采、薩特、韋伯和福柯,是生命哲學、存在主義和闡釋學等後現代思潮。在這裏我依然要提到梁治平老師。如果說他在早期《新波斯人信札》和《法辯》中提出的「法律文化」概念依然具有法治啟蒙思想的痕跡,那麼在《尋求自然秩序的和諧》和《法律的文化解釋》等一系列作品中,他更多地把「法律文化」看作是一種基於哲學闡釋學的法律研究方法,從而將西方法律和中國法律平等地看作是一種「地方性知識」。可以說,在法學界,「法律文化」理論的倡導者絕大多數都是西方啟蒙派,而唯有梁治平老師有意識地完成了從繼續啟蒙到超越啟蒙的內在轉化。由此,「法律文化」這個概念在法學界慢慢衰退了,但梁治平老師通過「地方性知識」的這種轉化,變成了對西方啟蒙思想背後西方中心主義的批判,而後來蘇力提出的「本土資源」理論依然是藉助「地方性知識」的這種轉化,對西方法治模式構成批判。

總而言之,在法學研究領域過往三十多年中,始終交織着西方中

心主義和超越西方中心主義這兩種政治意識和文化取向的，而且這兩種學術努力都要藉助西方法學理論進行學術表述。隨着中國現實法律制度的大規模與國際接軌，前一種法學思想藉助在法律教育和法學研究日益體制化，牢牢地佔據着法學主流地位，比較而言後一種學術努力只能作為一種批判法律思想始終處於邊緣化的位置。

二、當前法學研究的兩種傾向

1990 年代大規模法律國際接軌運動必然導致法學研究的依附品格。然而，這種依附品格又導致中國法學內部分裂，因為不同的學科專業依附於西方不同的法律傳統。簡單說來，西方法律傳統有大陸法系和英美法系兩個傳統，我們在不同的歷史發展階段移植了西方不同的法律傳統，從而導致法學專業之間在學術傳統上互不相同。比如從晚清以來，我們移植的就是大陸法系傳統，從而形成在民法和刑法這兩個學科上借道台灣和日本，依附於德國、法國乃至意大利的刑法和民法理論。目前這兩個學科的核心理論基本上秉持德國、法國或意大利乃至日本的學術傳統，形成了一股非常強勁的法教義學思潮，雖然其版本各有不同。然而，在公司、證券、金融、房地產、知識產權等全球化領域的法律又是在 90 年代從美國引入的，美國的法學思想有很大的影響力，比如法律經濟學、規制理論就會出現在這些領域的研究中。而在國家憲法、行政法和訴訟法領域中，在制度構造上我們的制度與大陸法系國家比較類似，然而在法學思想上卻受到美國的影響，從而在「政」與「教」之間形成張力和衝突。由此，法學研究中形成兩種傾向，並導致兩種嚴重的缺陷。

其一，就是專業技術化傾向導致不同專業之間相互隔膜。法學領域在西方法律傳統進行接軌的過程中，首先就會基於職業化的需要，導致法學研究在部門法領域中進入到專業化、技術化和常規化的操作中，然而，不同的部門法對會根據法律移植的制度傳統而對應不同的西方國家，逐漸与這些領域中的西方學者展開對話，可以說在部門法中的西學研究與中國研究逐步融為一體，變成了專業化領域的常規研究。這樣就形成一個一個與不同國家法學研究接軌的分裂的專業小圈子。這種研究趨勢必然導致各部門法專業之間彼此不熟悉，無論在問題意識、制度傳統和理論資源上大不相同，哪怕不同的專業關注的是共同的中國問題，而採用建構問題和解決問題的思路往往來源於不同的西方法律理論，從而使得我們的法學研究在內部不同的專業之間很難展開對話和討論。比如在國際法領域，基本是清一色的海外留學生，都習慣於英文發表論文，他們往往和西方的國際法學界進行密切的學術活動和交流，相反與法學院的其他專業的中國同行基本上缺乏必要的學術交流。這當然有一個制度性因素，比如國際法的學術論文很難在中文法學期刊發表，這也進一步強化他們以外文發表論文，而他們的外文發表必然追逐西方國際法學界關注和討論的問題，以至於西方學者關注的問題，諸如國際人權問題，反恐戰爭的問題、國際刑法法庭的問題等等，也就自覺不自覺地成為中國學者關注的問題，反而中國現實面臨的國際法問題，諸如南海爭端問題、戰爭法問題、琉球的國際法地位、聯合國的諸多問題等等，缺乏深入研究。再比如在民法典的編纂中，作為藍本的不僅僅是傳統的法國、德國、日本的民法典，而且有埃塞俄比亞民法典和烏克蘭民法典等等，這樣在一個部門法內部就形成不同的理論版本。

這種「專業化」所形成的全球學術分工格局，導致中國的法學不

303

同專業之間無法展開真正的理論對話，我相信這不僅是法學領域的問題，也是每個學科都面臨的問題。這種專業化的技術操作也影響到法學理論的研究。目前，無論對西方法律思想史、中國法律思想史、法理學、法律社會學的研究，都變成了常規學術研究，一上來就選擇專業中的一個問題展開研究，而對專業本身以及法學理論本身缺乏共同問題意識。曾經引導整個法學研究的法律文化理論和法律社會學理論變成了對習慣法的研究和基層司法制度的研究或個別部門法問題和個案的研究，而這些研究都已經變成了專業化的常規學術概念操作，但卻喪失了對整個法學理論本身的思考，尤其是喪失了批判現代法律的理論鋒芒。在這種背景下，超越西方中心主義的努力就會變得越來越弱。

而這種專業化藉助體制化的力量越來越壁壘森嚴。法學研究處於各個專業內部自說自話的時代，導致中國法學整體上缺乏共同的學術意識，缺乏政治意識更缺乏整體的文化自覺。比如民法典的制定，本來是關乎國家根本社會秩序建構的法律，甚至民法典往往被看作是民事憲法，其中涉及到的民事交往、財產關係、家庭倫理等重大問題。但在這些根本性的問題上，包括要不要將民法憲法化，即通過民法典的人格權保護來推動憲法領域中的公民權利保護的問題上，重大爭論主要集中在民法學界，並沒有成為整個法學家討論的問題，而哲學界、社會學界、政治學界甚至根本不了解這種問題。中國社會學界討論家庭問題、喪葬問題基本上與法學界關注的婚姻法、土地法問題沒有對話和交流。同樣，執政黨提出的黨規與黨法問題，將社會主義核心價值觀入法入規的問題，中華法系的問題等等並沒有成為法學界共同關注的問題意識，也沒有引起中國哲學界和史學界的關注。

其二，這種專業化的努力表現出一種本能的「非政治化的政治」傾

向。表面上看，法學界之所以缺乏共同政治意識和文化自覺，可以歸咎為法學界主流的專業化和技術化的規範操作，從而導致法學從傳統的政法法學蛻變為規範法律科學主導、社科法學點綴的格局。然而，這種非政治化的規範性操作的前提恰恰是由於這些領域中已經完成了與西方法律接軌，從而非政治化的技術化努力恰恰是潛藏着以西方政治和西方文化作為前提假定，從而並不將西方法律規範和法學理論中的政治問題看作是需要認真對待的「政治」，而是看作一種普適的專業知識和職業規範而加以普遍化的理解。在這個意義上，與西方法律專業知識全面接軌的法律專業化、職業化恰恰已經在潛移默化中接受了西方的體制、制度乃至價值。比如「憲法司法化」原本是一個嚴肅的政治問題，然而這個政治問題被處理為一個普遍性法律制度問題，似乎與政治問題無關，而是一個法治概念的內在邏輯延伸，以至於「憲法司法化」在一些憲法教科書中敘述為一個全球通用的法律制度。如果說在其他部門法領域中，差不多已經實現了西方法學理論的接軌，而唯有在憲法和訴訟法這兩個領域中，依然看到西方法學理論與中國制度之間的衝突和緊張，從而集中反映了法學主導意識形態與國家憲制和核心價值觀之間的衝突。

需要注意是的從 1990 年代開始，中國法律教育試圖從歐洲模式轉向美國模式。而美國模式的法律教育與美國全球商業活動和三權分立、司法審查的政治體制緊密聯繫在一起，這種體制的力量導致美國的法律精英與商業精英和政治精英的高度統一。當美國法學教育模式進入中國以後，中國的法律精英自覺不自覺地以美國法律精英為榜樣，一方面非訴訟業務的法律精英與美國法律精英在商業領域高度整合，中國商業律師已迅速進入到跨國律師業的發展行列，但是另一方面中國訴訟法律精英卻始終希望按照美國模式來推動司法獨立、憲法司法化努力而成

為中國的政治精英，由此通過訴訟實現中國的司法改革，通過司法改革實現中國民主化改革，就成為中國法律精英的一項政治事業。中國的訴訟制度實際上按照歐洲大陸法傳統中官僚制模式建立起來的，圍繞訴訟展開的司法改革又以美國的普通法理念為基礎。法律人將洪荒之力投入到個案訴求，追求個案正義和程序正義，但卻忽略如何在國家公共政策上追求實質正義。

三、法學研究面向未來的兩個嚴重不足

由此，我們看到中國法學研究在制度移植的進程中基本上以「尾隨者」的心態來從事法學研究，將法律僅僅理解為一種普遍化的規則和技術，而忽略了法律對於秩序建構的重要意義，更缺乏對中國文明復興和中國現代秩序建構本身的理解和思考。由此，法學研究呈現出兩個嚴重不足。

其一，在全面接受西方法學理論的背景下，自覺不自覺地接受了「歷史終結」的意識形態，缺乏對當代中國面臨的國內政治秩序和國際政治秩序的思考。從某種意義上，當代中國在秩序建構的過程中出現了嚴重的知識供給的不足。在我們國內的秩序建構問題上，今天不僅有台灣問題和香港問題，而且有新疆、西藏的宗教和民族問題，如何處理多元一體的制度格局，如何建構國家的主權秩序乃至文明秩序，法學理論基本上未能提供前瞻性的理論思考。法學領域始終將「法治」問題理解為一個法律規則和法律規範的問題，而未能理解其背後的制度建構問題，而制度建構遠遠不是簡單的規則，而是一整套秩序的形構。而在國際秩序的建構問題上，我們對國際法的理解僅僅局限在主權框架下的國

際條約問題，而看不到全球化的制度建構早已突破主權的邊界而形成一些全球性的制度網絡，就像全球市場上的法律服務，已經早就突破了主權國家的邊界，而中國企業走出去的過程中，中國能不能提供全球化的法律服務體系，能不能參與相關的制度建構和規則體系的建設中，無疑應當成為法學理論關心的問題。比如能不能將香港建成全球仲裁中心，亞投行貸款引發的法律糾紛究竟應當使用哪個國家的法律？中國法律規則能不能走出國門產生域外效力？當年，美國要求接受世界銀行貸款的國家要採用美國的法律制度，由此形成美國法在全球適用用問題，並產生出法律現代化理論、法律與發展理論、法律多元理論等等。而在中國企業和中國經濟、金融走出去的過程中，中國法學研究裏足不前。中國企業大規模投資非洲，可我們對非洲的法律制度和法律文化沒有研究，「一帶一路」成為國家戰略，可我們的法學院始終滿足於和歐美法學院合作，而缺乏意願與這些國家法學院展開學術研究合作。一句話，我們對世界的理解和想像被局限在西方的教科書中，而缺乏在真實的現實生活中發現法律並制定出新的法律。

其二，法學研究的專業化和規則化，嚴重缺乏 1980 年代法律文化研究中的「文化」向度，法律研究缺乏相應的問題自覺、理論自覺和文化自覺。1980 年代法律文化的核心討論就是如何接受西方法律文化，而今天隨着大規模移植西方法律制度，這個問題似乎已經解決了，或者法律文化就伴隨着法律制度的專業化自動地生產出相應的法律文化。然而，我們恰恰發現，移植來法律制度在操作中恰恰在摧毀我們的社會文化，創造出一個文化虛無主義、道德淪喪的世界。今天中國社會風俗的敗壞和公共道德淪散，法律要承擔很大的責任。比如許霆案的判決後果對公共道德敗壞有目共睹。這就意味着我們需要重新思考法律文化的問

題，必須用中國的文化價值和來引導法律的發展，我們需要重新思考中國的法律究竟試圖推動建立怎樣的社會道德和社會風尚，法律究竟應當如何推進公共道德和善良風俗的形成，而不是以公共領域中不受節制的個人權利和巨大的個人責任來摧毀公共道德，從而以「個人權利」的名義來建構一個彼此冷漠的原子化的社會。

在這方面，法律學人乃至整個中國學人，應當正心誠意看待當下中國的現實和歷史傳統，應當將我們作為一個「正常國家」來尊重自己制度傳統、文化傳統和道德價值觀念，基於中國的歷史文化傳統來形成我們自己的制度和法律體系，而不是完全按照西方的理論、制度和文化來否定中國的現實和歷史。而文化價值觀念就需要相應的禮儀來展現，重建中國制度、重建中國文化也就必須重建中國的禮儀。過去幾十年，我們大規模學習西方的法律禮儀，從開庭儀式、法袍法槌到法院建築風格的設置，無一例外地模仿西方，結果搞得不倫不類。文化重建並不是抽象的話語討論，首先就要落實到國家的榮典制度上來。我們應建立怎樣的國家榮典體系，這些榮典體系應當以怎樣的儀式體現出來？目前，國家有大量的官方節日，這些官方節日應當如何慶祝？目前國家正在建立官員宣誓制度，那麼官員任職究竟應當向誰宣誓？怎麼設計就職典禮？如何紀念祖先和革命先烈？如何開追悼會？國家慶典和祭奠活動應在遵循怎樣的禮儀。道德文化的培養要從話語層面邏輯到具體的禮儀制度上來。而這個問題在法學領域中幾乎沒有人去關注、思考和研究。

總而言之，法學的未來研究必須在專業化的基礎上，共同圍繞中國未來的秩序建構和文化重建展開對話，不僅在法學內部各個專業之間進行對話，而且要在法學與其他學科之間形成對話。一方面中國特色社會主義制度的不斷完善和定型，法學研究需要共同面對如何建構中國特

色社會主義制度，推進國家治理的現代化，另一方面中國崛起正在邁入世界舞台的中央，法學思考需要超越經典的主權範式而思考全球秩序，而在這方面對大英帝國的憲政秩序、美國的帝國法律秩序建構、歐洲帝國秩序的建構這些問題的思考以及激活了中國古典關於天下問題的思考無疑應當成為法學關注的核心問題。而這種關於秩序的思考不可能離開文化價值問題，這就意味着中國法學研究的必須有一種問題自覺、制度自覺和文化自覺，一種打通中國古典傳統、現代社會主義傳統和西方現代傳統的文化意識。目前法學界年輕一代中有不少人在甘陽老師提出的「通三統」的思路下開展研究工作。我最近這些年一直在推動法律與公共政策、政黨與國家、帝國與全球法秩序的研究，其實就希望在這個領域有所關注和積累。

總而言之，在「文化：中國與世界」叢書三十周年之際，核心問題就是甘陽老師和小楓老師在前幾年在提出「重新閱讀西方」時所指出的，閱讀西方必須放棄過去那種尋找藥方的思路，而必須作為一個純粹的學術興趣，系統深入理解西方文明傳統。這恰恰是一個泱泱大國推動文明復興的應有心態，即消化世界上所有文明的成果為我所用。只有我們抱着一種對世界上各種知識的熱愛和興趣，我們才能真正進入西方，才能真正消化和吸收西方，從而重建中國文明傳統、政教傳統和禮法傳統。

北京大學「思想與社會」項目圖書推薦[*]

「思想與社會」不是一個交叉專業，也不是一個單純的課程項目，而是一個志同道合的共同體，凝聚把命運交付給歷史的年輕人，共同承擔起理解西方文明、重建中國文明的歷史使命。這裏推薦的幾本書，首先就是要關注 20 世紀的美國，因為這本書距離我們今天最近，而且和當下的中國息息相關。看看美國文明面臨的問題，可以對照審查我們自己的問題。然後我們再回溯 19 世紀的德國，看看 19 世紀歐洲文明面臨的問題，也可以對照思考今天中國面臨的問題。在這個基礎上，回望中國，才能把中國文明放在一個全球文明進程中理解其未來和意義。

一、布魯姆：《美國精神的封閉》
（馮克利譯，譯林出版社，2007 年）

「現在是世界史的美國時刻，我們會因為這個時刻而受到永恆的審判。在政治上，我們的政體為自由在全世界的命運承擔起了責任，同樣，哲學在世界上的命運也給交給了我們的大學，這兩者之間的關係是

---

* 2017 年 3 月為北京大學哲學系、社會學系合辦的「思想與社會」本科項目推薦的書單。

前所未有的。賦予我們的使命十分重大，未來將如何評判我們的勞作則充滿疑問。」這段話是《美國精神的封閉》一書的結尾。對「思想與社會」這個項目有興趣的同學一定要讀這本書，深切領會這段話的意含，理解大學將野蠻人培養為文明人的艱難使命。唯有在此基礎上，我們才能深入理解西方文明，理解西方現代文明的困境；進而真正理解中國文明，理解中國文明未來要承擔的使命。

二、迪昂：《為什麼美國人恨政治》
（趙曉力等譯，上海人民出版社，2010 年）

把這本書和《美國精神的封閉》放在一起參照着讀。這兩本書都從美國 1960 年代的文化革命開始講起，前者側重於政治，後者側重於哲學，二者結合起來看才能明白真正的哲學源於對政治生活（「洞穴」）的思考。對於熱愛哲學的同學們來說，不理解歷史，不理解政治，則不能真正理解哲學。理解政治則無疑要從當下的現實政治處境開始，由今溯古才能激活古典，理解古典對於當下的意義，這自然就會變成由西入中的讀書和思考路徑。

一開始就給同學們推薦這兩本當代的書，就是希望同學們對現代世界政治和哲學有一個輪廓性的把握，而這一切至少要從 1960 年代開始講起。唯有理解西方 1960 年代的文化革命，才能理解今天的美國政治，理解西方文明面臨的政治和哲學困境。而在全球化的時代，美國當年的一些問題和困境正在中國徐徐展開，逐步蔓延到我們的生活中。唯有對當下西方和中國面臨的問題有切身的把握和思考，才能在哲學的意義上思考中國文明的未來。

三、韋伯：《學術與政治》
（馮克利譯，北京三聯書店，2005 年）

《美國精神的封閉》與《為什麼美國人恨政治》講的是美國的學術
與政治。那麼推薦韋伯的《學術與政治》這兩篇經典演講可以在比較的
意義上思考在當年的德國處境中面臨的學術與政治。這本書當然有助於
把世界政治從 20 世紀的美國追溯 19 世紀的德國。如果說 20 世紀的重
心在美國，那麼 19 世紀最核心的是「德國問題」，唯有透過 19 世紀的
德國問題才可以追溯到 18 世紀歐洲的啟蒙運動，而英法則是那個時代
的歷史主角。當然，推薦這兩篇演講的最主要目的是希望同學們明白
「志業」對於人生、對於領悟歷史天命的意義，從而確立「以學術為志
業」或「以政治為志業」的人生志向。

四、尼采：《道德的譜系》
（梁錫江譯，華東師範大學出版社，2015 年）

年輕人要讀一些離經叛道的著作，這樣的書可能看起來「政治不
正確」，但往往因為抓住根本問題的深刻。在眾多尼采著作中之所以推
薦《道德的譜系》，是方便和韋伯的《學術與政治》對照起來讀（可以
進一步和施米特的《政治的概念》放在一起讀），一方面加深對 19 世
紀的德國問題的理解，另一方面，更重要的是理解以學術為業和以政治
為業可能意味着兩種生活方式，而這兩種生活方式可能意味着兩種道德
品質。由此同學們需要明白大學教育將野蠻人馴化為文明人，絕非為了
培養出「精緻的利己主義者」，而是讓年輕人的靈魂因博大、勇敢、自

足而變得高貴。在今天人類精神日趨萎靡、庸俗和麻木的時代，唯有朝氣蓬勃的飽滿生命才能為文明的復興注入正能量。

五、孔子：《論語》

最後一本推薦的不是柏拉圖的《理想國》（雖然我課堂上經常講的是《柏拉圖》），而是孔子的《論語》。《論語》要放在「四書」的脈絡中來理解，因此特別推薦楊立華老師在北大的通識教育核心課程《「四書」精讀》。和前面幾本著作不同，推薦《論語》並不是讓同學們為今天來閱讀的，而是為同學們進入中年和老年之後做準備的，這也不是作為學術研究的著作來推薦閱讀的，而是作為人生的聖經來讀，關鍵在於對照審查自己的日常生活，身體力行。

子曰：「十五有志於學，三十而立，四十不惑，五十知天命，六十耳順，七十隨心所欲不逾矩。」無論以學術為業，還是以政治為業，源於青少年時代的「立志」階段，但密涅瓦的貓頭鷹在黃昏時起飛。同學們縱然少年英才，青年得志，但唯有中年老年之後才可能真正擁有智慧。將《論語》作為案頭書時常翻閱有助於保持健全的心智，為智慧的來臨提前做好準備。更重要的是，這可以作為有效的解毒劑，防止年輕人因迷戀西學（尤其前面推薦的韋伯、尼采等德國學者的書）而不小心中了毒。某種意義上，《論語》中的教與學，可以看作是對 19 世紀德國問題和 20 世紀美國問題的一個回應，唯有超越年輕人的驕傲與虛無（或高貴的虛無主義），才能獲得智慧。

中國人怎麼想，中國人怎麼做[*]

　　「亞洲人會思考問題嗎？」上個世紀末，馬凱碩（Kishore Mahbubani）提出了這個問題試圖反駁西方文明的普世主義。他寫作的年代正是歷史發展晦暗不明的時段。一方面，1980 年代的「亞洲四小龍」取得了令人驕傲的發展業績，日本經濟發展甚至直逼美國，創造了「亞洲奇跡」，而中國改革開放也開始推動經濟的持續增長，「亞洲價值」這個概念一度引發相當的關注和討論。但另一方面，這個時代恰恰也是蘇聯社會主義陣營崩潰解體，西方資本主義取得了冷戰的全面勝利，美國以全球「新羅馬帝國」的姿態推動「歷史終結」。

　　在這樣的背景下，馬凱碩論述的重要性可能不在於對「亞洲價值」或「亞洲奇跡」的辯護，也不在於關於西方文明具有「致命缺陷」的論述以及對西方文明走向衰落的預言，而在於對整個亞洲思想界發出的挑戰：亞洲人會思考問題嗎？從這個角度看，這個問題直接挑戰隨着「亞洲奇跡」所誕生的、圍繞「亞洲價值」展開的討論。無論是「儒教倫理與資本主義精神」的論述，還是後來延續至今的儒家思想與西方自由主義、民主制度乃至普通法法治銜接的種種論述，這些論述表面上看起來

---

*　2017 年 12 月，為「動態中國」叢書寫的序言，章永樂閱讀並提出很好的修訂意見。

挑戰西方的普世主義，但可能恰恰是亞洲人不會思考的證明，因為這些論述始終在西方人的問題框架裏思考，從而使亞洲思想與實踐淪為一個普世主義視角下的「地方性知識」。從更長的歷史脈絡來看，近代日本「脫亞入歐」以降，亞洲人就自覺不自覺地將西方人思考的問題作為普遍的問題來思考，從而弱化了在普遍性層面自主思考問題的能力。

思想從來不是空洞的。思想上的普遍性思考需要來源於行動中普遍性實踐所產生的動力。沒有普遍性的政治實踐就很難催生普遍性的理論思考，而唯有具備完整的政治主體性才能推動政治行動的普遍性。從十九世紀晚期到二十世紀初，日本率先通過「脫亞入歐」完成現代化轉型，脫離東亞秩序而加入歐洲列強打造的維也納體系，作為西方世界的一部分參與到殖民奴役亞洲的歷史進程中。而此時，作為東亞秩序的中心，中國面對日本、朝鮮、東南亞被西方殖民肢解卻缺乏維持東亞秩序普遍性的政治能力。因此東亞普遍秩序的解體必然帶來中國秩序的解體，不僅是政治秩序的解體，而且是思想秩序的解體，是整個文明秩序的解體。沒有東亞普遍秩序想像的中國，必將隨着傳統秩序而解體，努力在西方列強建構的普遍秩序中成為獨立的主權國家，以至於晚清無論是君憲派，還是革命派，絕大多數中國人都以適應西方維也納體系、尋求加入列強俱樂部作為政治行動的唯一路線，而將其他的可能性投射到遙遠的未來。而在思想上，許多中國人看不到普遍性思考的可能性，向西方列強學習、模仿西方的歷史、制度與治理經驗甚至推動中國的西方化，就成為中國思想界最為迫切的知識活動。

因此，亞洲人任何試圖真正恢復普遍性思考的努力必然要從推動普遍性政治行動中的展開，這首先就要從建構政治的主體性和自主性開始。當西方列強建構的維也納體系在第一次世界大戰之中土崩瓦解，新

生的凡爾賽－華盛頓體系無法協調利益相互衝突的列強之際，從十月革命中誕生的俄國蘇維埃政權為被壓迫民族提出了一條新的發展道路，從而催生了一種全新的普遍性政治行動和普遍性思考的可能性。因此，中國共產黨從誕生的一刻起，就不僅以「天下的主人」的姿態成為建構普遍性政治秩序的行動力量，而且承擔起提供普遍性思考的思想力量。中國由此獲得了一種歷史機遇，不僅通過革命和建設重塑自身，而且積極參與國際體系的重建，重塑人類現代化發展的普遍性秩序，努力恢復亞洲人思考普遍性的可能性，即以後發達國家的身份超越西方發達國家，確立新的普遍性秩序與生活方式。

正是在這種政治實踐的普遍性和理論思考普遍性的壓力下，中國共產黨人立足於本國實際和世界格局，摸索出了一條與蘇俄不同的、依靠農民取得新民主主義與社會主義革命勝利的道路，從而在亞非拉廣大不發達地區產生了強烈的輻射效應。中國關於如何保持社會主義政權性質的探索與思考，在蘇共二十大的社會主義蛻變為修正主義之後，一度對歐美的進步力量產生了很大影響。這實際上是亞洲人在重新開始普遍性思考之後在政治行動和理論思考上做出的巨大貢獻。

在這個意義上，中國革命不僅打造出了一個獨立自主的新中國，而且在全球政治格局中為亞洲人提供了一個獨立思考普遍性的政治空間和思想空間。這恰恰是毛澤東提出「三個世界」的普遍性意義，即第三世界國家要獨立於其他世界，獲得學會思考自己普遍性的政治能力和思想能力，從而建構自身普遍性的秩序。在冷戰兩極對立格局中，中國是美蘇之外及其罕見的具有獨立自主行動能力和思考能力的國家，從而在全球格局中開闢新的普遍性的空間。正是這個普遍性的政治和思想空間，使得中國能夠在冷戰的地緣政治行動格局和普遍性思考的格局中游

刃有餘，最大限度地發揮普遍性空間的獨立性、自主性和靈活性。

從全球地緣格局中政治行動角度看，中國和蘇聯建立密切的政治關係就會成為連接大陸腹地與海洋世界的巨大基地，對西方海洋世界構成巨大壓力。相反，一旦中國與西方世界建立密切關係，就會成為包圍大陸世界的重要力量。而從普遍性思考的角度看，「馬克思主義中國化」為中國的普遍性思考提供了理論可能性，這意味着中國始終堅持從實際出發，以自身的亞洲身份和中國歷史傳統和現實來實事求是開展普遍性思考，既可以打破蘇聯版本的社會主義普遍性，也可以打破西方資本主義的普遍性，同時將蘇聯模式的社會主義和西方模式的資本主義變成一種「地方性知識」，轉化為構建中國道路普遍性的有益要素。

這種政治行動的普遍性和理論思考的普遍性構成了中華人民共和國成立以來的政治行動和理論思考的主軸，構成從毛澤東時代、鄧小平時代和習近平時代在與時俱進中保持的內在連續性。1950 年代中國聯蘇反美，在蘇聯技術支持下迅速建立起重工業體系。然而，隨着 1960 年代中蘇交惡，中美在 1970 年代開始改善關係，中國開始利用資本主義世界的資金、技術和全球市場來發展自己，從而將中國在建國初期建立起來的完整的重工業體系的能量釋放出來，迅速成為全球貿易大國、製造業大國，從而推動中國迅速崛起。從這個角度看，冷戰結束很大程度上要追溯到中國這個獨立的普遍性政治空間在地緣政治和發展道路選擇上所發揮的獨特作用。

正因為如此，「亞洲四小龍」的經濟奇跡根本無法提供普遍性政治行動的獨立空間，無論如何宣揚「亞洲奇跡」或「亞洲價值」，都無法催生真正的普遍性思考，只能產生類似儒家資本主義、儒家自由主義、儒家民主主義之類虛假的普遍性。因為「亞洲四小龍」不過是西

方世界支配的政治附庸，不具有政治主體的獨立性和普遍行動的可能性。在後冷戰的世界格局中，唯有具備文明傳統的政治大國才有可能參與到普遍性政治行動中，為思想提供普遍性思考的可能性。而在東亞世界中，日本帝國主義當年試圖建構「大東亞共榮圈」的政治行動失敗之後，京都學派代表的普遍性思考的思想衝動不僅在日本消失了，在中國思想界也沒有得到應有的回應。而今天，只有中國的復興才能為亞洲人提供重新學會思考普遍性問題的可能性。

因此，在馬凱碩提出「亞洲人會思考問題嗎」的十多年之後，中國思想家才開始回應這個問題，提出超越五四運動的「第二次思想啟蒙」，試圖把中國人從西方思想的桎梏中解放出來，學會從亞洲或中國的視角思考問題的普遍性。而在這個時候恰恰是中國崛起推動的普遍性政治行動已經遠遠走在了普遍性思考的前面，正在人類歷史上走出一條獨特的現代化道路。這種普遍性政治實踐迫使思想界思考：中國道路究竟能夠為這個急劇蛻變的世界帶來什麼樣新的可能性，具有何種世界歷史的普遍意義？在晚近引起中外思想者熱議的這個問題本身就預設了新的問題意識：不是將中國單純視為與普遍性相對的特殊性，而是認為中國實踐包含了對人類所面臨的普遍問題的回答，在其特殊性中蘊含了普遍性。回應這個問題恰恰可以看作是亞洲人重新學會思考問題的歷史性開端。

因此，要回答「亞洲人會思考問題嗎」這個問題，不僅要關注「中國人在想什麼」（「中國之思」），更要關注「中國人做什麼」（「中國之治」）。然而，正是面對理論與實踐的關係，理論思考的普遍性與實踐行動的歷史性的張力不僅表現為知（logos）與行（ergon）內在的張力，而且表現為知識分子羣體與政治家羣體的張力。伴隨着亞洲秩序

的解體和普遍性思考的喪失，中國知識分子的主流羣體逐漸變成了「自由漂泊的知識分子」而依附於西方的普遍性思考，而亞洲秩序解體後中國納入西方資本主義秩序也第一次在中國催生了一個伴隨全球資本自由流動而依附於西方資本主義的資本家羣體。當亞洲人試圖進行普遍性思考，並開展獨立的普遍性政治空間的建構過程中，亞洲內部必須面對本土政治家階層與這個知識階層和資本家階層的張力，從而在亞洲內部普遍產生兩條道路鬥爭。比如在日本就是「脫亞入歐」與「脫歐入亞」兩條路線的鬥爭，而在中國從中國革命開始，英美道路還是法俄道路，社會主義還是資本主義，蘇聯模式還是中國道路，與西方接軌還是探索中國模式，兩條道路的鬥爭從來沒有停息。

由於亞洲傳統秩序邊緣地帶的國家率先脫離亞洲秩序而被納入西方秩序，從而走了一條西方資本主義道路，這必然導致這些國家的知識分子階層和資本家階層聯合起來依附於西方世界，鎮壓並遏制了亞洲本土政治階層的成長和知識分子的普遍性思考，以至於馬凱碩所推崇的「亞洲價值」對西方普遍主義的批判只能變成一個類似李光耀、馬哈蒂爾（Mahathir Mohamad）等人零星的話語，而無法真正成為亞洲內在具有政治行動意義的普遍性理論思考。相反，在亞洲中心地帶的中國走了一條社會主義道路，尤其是中國共產黨從一開始就扎根於中國本土大地，扎根本土的人民羣眾，從人民羣眾中獲得了巨大的政治行動能力，從而對自由漂泊的知識分子和全球流動的資本家階層進行持久預防、教育、改造、團結的政治運動，並最終將其納入到以亞洲為中心的普遍性政治行動和思考當中，對亞非拉國家的民族獨立解放運動給予強大的支持並產生持久的影響。

在這場持續的建構中國乃至亞洲普遍性思考的政治行動中，中國

終於走出了一條超越英美資本主義模式和蘇聯社會主義模式的現代化道路，這就是「新時代中國特色社會主義道路」。最近召開的十九大報告明確宣佈新時代中國特色社會主義道路「拓展了發展中國家走向現代化的途徑，給世界上那些既希望加快發展又希望保持自身獨立性的國家和民族提供了全新選擇，為解決人類問題貢獻了中國智慧和中國方案」。在此，中國不再是某種特殊性的代表，中國的發展不僅僅是解決自己的問題，同時也在回應許多國家乃至整個人類所面臨着的普遍性問題。而中國的普遍性必然會推動整個亞洲的普遍性思考，並將這種思考轉化為亞洲重構自身歷史和文明普遍性的政治行動。無論是「一帶一路」的政治倡議，還是亞投行資本平台的搭建，無論是中國推動高鐵、互聯網金融來建構全球共享經濟體系，還是中國推動建構「共商共建共享」發展新理念和新秩序，都是中國推動亞洲從自身歷史和經驗出發思考普遍性的一部分。

正因為如此，中國的思想者們想了什麼，中國的實踐者們做了什麼，絕非無足輕重，而必須將其理解為人類精神普遍發展歷史階段中重要環節。這意味着中國問題的研究者需要擺脫在世界帝國霸權體系之下形成的向西方國家「求醫問藥」的心態，更加重視中國自身的實踐與思想辯論。這恰恰構成我們編輯「動態中國叢書」初衷，即從 2012 年中國進入「習近平時代」的開端，以一種年鑒的方式編輯「中國思想動態系列」「中國發展動態系列」和「中國法治動態系列」，力圖客觀忠實地記錄中國思想家對全球秩序、中國道路的思考、探索和辯論，記錄中國執政黨和政府在發展戰略、體制改革、公共政策、法治建設、國家治理等諸多領域中所做的點滴進展，尤其重視重大制度／政策創新與知識界的重要思想討論，並在記錄和分類整理的基礎上形成初步的年度報

告，以集中顯示「中國在想什麼」和「中國在做什麼」。

在亞洲體系解體的黑暗時代，中國知識界普遍轉向西方追尋普遍性發展道路的時候，唯有魯迅明確地指出：「世上本沒有路，走的人多了，也就成了路。」毛澤東說「我與魯迅的心是相同的。」這個「心」就是通過中國自身的實踐開闢自身歷史的普遍性。因此，中國道路並不是預先用理論建構好的，而是由實踐者一個又一個的腳印開拓並夯實的。為了理解中國道路，我們有必要從記錄一個又一個的腳印開始。為了顯示腳印和道路之間的關係，我們在正文中以編年體的記錄方式顯示這些腳印的先後順序，然後在年度報告中進行初步的思考：這些腳印究竟是如何串成中國的道路。

本叢書提供的編年體記錄，距離深思熟慮的歷史著作還有很長的距離，但它仍然有自身的獨特價值。個體乃至羣體的記憶都是選擇性的，遺忘與記憶相伴而行，主體當下的關切影響着對記憶和遺忘的內容的選擇。在一個信息爆炸的時代，雖然信息保存技術日益提升，但新的信息會不斷吸引研究者的關注，如果沒有及時地記錄，我們很快就會忘掉自己在上一個時段的關注點。本叢書是在一個研究羣體每月對上月重大事項加以記錄的基礎上加以整理、提煉和理論概括的結果，它不僅提供了一幅易於把握的全景，而且保留了記錄者在記錄時的關注興趣。因此，它提供的記錄，有可能比基於一年一回顧、五年一回顧乃至十年一回顧的歷史記錄，更能體現歷史經歷者的現場感。

既然我們認為記錄者當下的關切影響着對記憶和遺忘的內容的選擇，我們也將坦然承認，本叢書提供的記錄必然也會遺漏一些從其他角度看來重要的事情。這種遺漏不是精心選擇的結果，很多時候未能全面收集到相關的信息。就此而言，我們希望有更多的人嘗試類似的

工作，從各種專業領域的角度，以不同的敘事線索串起那些散落的珍珠。這些記錄工作之間存在相互補充的關係，為未來的讀者提供了一張張回到當下時代的導航地圖。我們相信，隨着時間的推移，這一記錄工作的意義也將與日俱增：當讀者回到未來，他們將能更清晰地看到中國道路是如何從此時此刻，延伸到他們的腳下，他們由此也能更好地理解在當代中國歷史的點滴思考和實踐中是如何獲得其普遍性。

學術創新與大學文化 [*]

這次會議的主題是「大學之道：大學文化的傳承與創新」。我想和大家分享的是關於學術創新和大學文化的內在關聯。

大學就像一個人，如果說大學校園如同其相貌，那麼大學文化則如同其氣質。因此，每個大學都有自己獨特的文化傳統，而這些文化傳統塑造着大學乃至大學所培養的學生精神氣質。那麼，北京大學的精神氣質是什麼呢？大家熟悉的無疑是愛國、民主、科學、進步這樣的文化理念，或者蔡元培先生所說的「兼容並包、思想自由」，這些文化理念無疑是北京大學的內在文化品格的一部分。但是，如果要用一個詞來概括的話，那我還是比較欣賞魯迅先生的一句經典概括：「北大是常為新的」。這就意味着「創新」乃是北京大學的大學文化中的核心理念，是北京大學之所以成為北京大學的靈魂所在。上面所說的各種文化理念，要麼是創新的前提條件，要麼是創新的結果。北京大學的創新理念來源於北京大學的誕生所賦予的歷史天命，即對中國傳統官方太學和民間書院的基礎上，學習西方現代大學模式，創立一所新式的學堂和大學，在中國文明傳統的基礎上，全面吸收西方文明傳統進行文化知識的革新和創造。可是說，

---

* 2021 年 10 月 30 日，在中國高等教育學會大學文化研究分會舉辦的年會論壇上的演講。

「創新」乃是北京大學天生的基因，是有別於其他中國大學的特質。

如果我們從「創新」角度來理解北京大學，就會發現北京大學始終致力於理論創新、學科創新和教育創新。就是我們今天討論的「大學之道」，也是北京大學在 1990 年代關於教育改革的大討論中重新提出來的。這場討論不僅推動了目前高校普遍採用的教授聘任制度，更重要的是推動了關於大學通識教育的討論。如果從更大的範圍來說，北京大學所推動的理論創新毫無疑問是「五四」新文化運動，它直接奠定了現代中國的學術思想的基礎，無論是後來主導中國思想界的自由主義與共產主義，還是科學、民主、愛國、求實這樣的文化理念，都是來源於北京大學所推動的這場運動所帶來的理論創新。今天，我們在學術研究領域無疑超越了五四一代，但這種超越依然在五四運動提供的哲學意義上的世界觀以及由此產生的基本理論範式上的基礎上展開了，依然未能在哲學觀和社會科學理論范式上超越五四。

若從創新角度看，之所以強調「新」實際上是從「舊」中發展出來的，如果完全拋開了「舊」，實際上就談不上什麼創新，那不過是選擇了不同的道路，這種道路的不同選擇算不上創新。就像我們說一個學文科的同學突然轉向了理科，我們不能說理科對於文科就是創新。因此，「創新」不是簡單的與過去的斷裂或者決裂，而是在舊的脈絡上的新發展。沒有思想文化的傳承脈絡，就不可能有創新。就像我們今天理解西方啟蒙哲學對於中世紀神學的顛覆性創新，也是在早期近代（early modern）漫長的思想發展中演化而來，而不是一場突如其來的突變。

五四新文化相對於中國古典的學術思想而言，無疑是一場顛覆性的創新，然而，嚴格說來，五四新文化運動並不是從中國古典思想中演化而來的，而是從西方思想中直接挪用過來的。如果將五四新文化運動放

在全球人類文化思想的發展史看，它實際上是在簡單地複製西方現代思想所奠定的哲學觀以及由此產生的各種理論範式、概念和研究方法。對於西方啟蒙思想而言，它不過是一些簡單的學習、模仿和複製。因此，從我們今天對西方思想啟蒙思想的角度看，當年一代人對西方的理解顯然有些單薄，甚至一些理解非常淺薄。可以說，五四新文化所推崇的新思想並不是在中國傳統思想脈絡中發展出來從而超越中國古典傳統，而是基於西方船堅炮利的打擊下，簡單粗暴地背棄了中國古典思想傳統，甚至差一點連語言文字都變成羅馬文字。在這個意義上，五四新文化運動首先是一個政治事件，而不是單純的文化事件，它所走的道路也不是在傳統基礎上的「創新」，而是徹底拋棄傳統走了另一條不同的道路。

如果說五四新文化運動有什麼真正的「創新」，那就是在五四運動將西方哲學和社會科學作為普遍主義真理引入中國的時候，中國人依然秉持自己樸素的文化自主意識和政治自主意識推動這些西方普遍主義真理在中國大地上與中國實踐和中國的文化精神相結合，從而努力將西方的哲學和社會科學化為中國人思想和行動的血脈中，真正變成我們中國文化的一部分，而這樣的創新才是真正在中國文化傳統發展脈絡中的創新。在這個意義上，無論是放在中國文化發展的脈絡中，還是放在全人類思想的發展，近代以來的中國人所推動的最大理論創新是在五四新文化運動的影響下，立足中國本土實踐，持續不斷地推動西方哲學與社會科學思想實現中國化的努力。其中最偉大的典範就是馬克思主義中國化，以至於它至今在全球現代思想中獨樹一幟，西方人之所以覺得難以理解，就在於其中的概念是西方的，理論範式看起來也是西方的，然而它所思考的問題以及思考問題的方式甚至思考所提供的答案往往是西方人所陌生的，因為它已經逐步脫離了西方的理論脈絡，進入中國的脈絡

中，代表了人類現代思想發展的一個新的方向。

理論的創新不是來源於理論，而是來源於實踐。思想和理論不過是人類生活實踐的抽象和總結。五四運動從西方引入簡單的思想觀念就能夠輕鬆地打垮幾千年中國文明的思想傳統，很大程度上是由於西方現代思想觀念背後的現代社會的興起，那就是我們所熟知的地理大發現以來西方崛起推動的全球人類文明前所未有的大變局。而今天中國的崛起也在推動推動全球文明進入前所未有的大變局，中國崛起不僅推動科技進步、經濟增長和制度創新，更重要的在於推動哲學社會科學的發展、傳統文化的創造性轉化和中華文明的復興。因此，新的生活、新的實踐必然要求我們的理論展開創新。如果說五四運動是中國邁向現代的一次重大理論創新時代，那麼今天的中國真面臨着第二次重大的理論創新時代，而這次創新不同於五四運動的地方就在於它不是對西方理論的簡單模仿，而是在對現代中國的實踐的理論總結，是基於中國古典文明傳統來理解現代中國的成長，從而推動中國文化傳統的「創造性轉化」，這無疑是一次真正的理論創新，這是一場在哲學觀乃至社會科學理論範式上真正展開的思想和理論的創新。它之所以是新的，很大程度上中國推動的人類現代社會的生活實踐是全新的，而且推動這種生活實踐的歷史文化經驗也是全新的。我們只有把這種新的生活和新的精神用思想和理論的方式記錄下來，展現出來，提出新的理論、新的概念，甚至形成新的學科，才能對全人類作出真正的思想理論的貢獻。我想，這不僅是北京大學的責任，而且是所有中國大學乃至華人大學的使命。

「理論是灰色的，生命之樹常青」。我們雖然關注理論和學術的創新，但更重要的是，我們的這種理論創新能夠有助於中華文明的參天大樹能夠根深葉茂，永葆長青。

我所經歷的學術時代 *

一、吾愛吾師：學校與老師

問：強老師，您好！您是我們這批採訪的中青年法學家裏比較年輕的一位。首先想問您，考大學時報考法律系的想法和感覺。

強世功：我 1986 年畢業於陝西橫山縣中學。當時，陝北是全國有名的貧困地區。明代的李自成就出自橫山縣，後來又出了高崗，他們都是因為貧困而造反的。當時填高考志願，沒有什麼可以參考的。首選的不是專業，而是城市。我們高中，往屆考得最好的也就是在西安上學。比如對於文科生來說，一類的西北大學和陝西師範大學、二類的西北政法學院就是最好的了。我自己唯有一個想法，就是不想上陝西的學校，但是去哪兒，也不清楚。

你們也知道，高考填志願就像一場冒險，如果第一志願太高不能錄取，往往無法錄取到第二志願，甚至可能就要直接落入第二類學校。比我高一屆的有位同學叫柳蔚，我和他不熟悉，但至今依然能記得

---

* 　原載何勤華主編：《中國法學家訪談錄》，第十卷，北京大學出版社 2014 年，採訪者為盧然和董能，收入本書略作修訂，並增加了小標題。

他的名字。他本可以穩穩當當考上西北大學，但估計成績高了點，第一志願報了中國人民大學，結果未能錄取，連西北大學也沒有上，去了西安一個二類學校。這對我們來來說，這無疑是一個教訓。但也因此我知道有中國人民大學這個學校。我是全校差不多最後一個填志願的，一直很猶豫，北大不敢報，報西安的學校又不甘心，於是就報了中國人民大學。其實我對人民大學也一無所知，只是由於學校傳說中的柳蔚教訓，讓我記住了這個學校，覺得這個學校至少比西安的學校要好。至於報什麼專業，也沒有想法。其實，當時人大最強的是經濟類專業，工業經濟、農業經濟、計劃系、統計系等都有，可我對這些專業毫無了解，甚至對經濟學這個概念都非常陌生。於是，我就報了法律專業，純粹是偶然。

高考報志願的這種創造性和偶然性，給我留下了深刻的印象。所謂人生，就是這樣大大小小的偶然冒險構成的，而這種開放性和創造性給人的自由留下了空間。但其實一個人並不能真正把握自由，因為這個自由背後可能是虛無，可能是一種我們說不清楚的力量所左右，這就是人們所謂的命運。我從小並不是學習最好的學生。可從小學到初中，我看着周圍那些學習最好的學生由於種種偶然的因素而中斷學業，而我自己也由於種種偶然跌跌撞撞走過來。因此，我常常想，在這種人生的偶然背後，究竟是怎樣的一種必然呢？這樣一種思考有助於我們建立一種真正的平等觀，即他人的生活本來也可能是你的生活。他的幸福和痛苦，也可能是你的幸福和痛苦，因為原本就沒有一個原本的「你」，現在的「你」是各種社會因素甚至偶然因素影響下形成的。

問：進人大法律系以後，您的第一感覺是什麼？

強世功：那時，我覺得進的是人民大學，而不是進了法律系。當

時整個國家的法律制度、法律職業和法律學科在社會上和校園中沒什麼影響，和現在的情形完全不同。法律究竟是幹什麼的，也不清楚，只知道有法官和律師。

當時，人民大學被看作是「第二黨校」，因為它的傳統是陝北公學校，馬克思主義和計劃經濟是其思想和學術基礎。這在 80 年代顯然無法適應新的時代要求，這恰恰與北大形成明顯對照。雖然人大距離北大不過幾公里，但思想意識卻完全不同，就像來自兩個不同的世界。我同寢室的一位同學來自雲南，他有一個高中同學考到了北大法律系。他常常到北大去玩。當時，北大的風潮就是出國留學，到處是托福班。可我們人大的大多數同學都不知道出國為何物，也沒有出國的意識，尤其我們班上大多數同學來自農村，少有出國意識。我的理解是，在北大，你覺得西方世界就在你眼前，可在當時的人大，你覺得西方世界距離你很遙遠。這種心態上的差距無疑影響着一個人的眼界和未來發展方向。由於受到了北大的感染，我的這位同學回到宿舍就多了一本托福單詞書，每天開始背單詞。我們甚至送了他一個外號。當然他和我們大多數同學一樣，並沒有參加托福考試。

今天，雖然人們越來越強調專業，而我仍然認為，對於本科生而言，第一重要的是學校，學校的傳統和風格往往奠定了一個人的人生品格和精神氣質。

問：您在本科時期，印象最深刻的老師是誰？

強世功：八十年代的氛圍比較活躍，大家熱衷於討論文化的話題，再加上當時法律類的書也很少，一沒法條，二沒理論，上課一點意思都沒有。因此我從大二開始就基本不去聽課了，一般就去圖書館看書，看的也自然不是法律書。後來趙曉力回憶起他的南大生活，把學生分成

「課堂派」和「圖書館派」，我們都屬於後一類。在高中時，我想像中的大學課堂，應該是老師抱一摞書在講台上，講到一個問題，就打開一本書，談這本書裏對這個問題的論述，然後再打開另一本書給我們講這本書上的不同理解。可是沒有想到，大學上課的主要模式竟然是老師讀自己寫好的講稿，學生記筆記，這些講稿的很多內容和教科書一樣，有些內容可能是自己增加的內容，與教科書不同。這讓我覺得在課堂上的收穫甚微。因此，就學術而言，當時人大法律系裏在課堂上對我影響大的老師，倒真的不多。直到快要畢業，我才認識了梁治平老師，當時也是讀了非法律刊物《讀書》之後才知道我們系有這樣一位老師。聽說他給經濟法班上西方法制史課程，我也就旁聽了一兩次。我後來的畢業論文就是他指導下寫成的，有兩萬多字，後來全文發表在《法律科學》上，而且放在第一篇，可見那個時候的學術風氣。不過在大一上課階段，有幾個老師給我的印象很深。

比如給我們講《中國革命史》的是一位黨史系的老太太，為了防止學生逃課，從第一堂開始，她就把我們的座位按照學號固定下來，「一個蘿蔔一個坑」，你就沒法逃課了。她上課就是念自己寫的講義，讓我們拚命記筆記。由於她念得很快，一節課下來手都寫酸了。不過從此之後，聽課做筆記的功夫練出來了。

再比如，給我們上刑法總論的是黃京平老師。他的板書寫得很詳細，很標準。他很嚴肅，下課後，一支接一支抽煙，我們基本上不敢問問題。他考試的辦法很絕，把課程內容分為 30 多道題，採取抽籤口試。有一個同學平時學習很好，可抽了一道偏僻的題，結果考試沒有及格。應該說，在整個法律專業課程中，我最用心的就是刑法，我甚至看了一些當時剛剛出版的刑法學術專著。

　　但是，就我走向學術道路而言，我一定要提到兩個老師。一個就是法理學的孫國華老師，他那個時候是我們法律系為數不多的幾個權威法學家。大概剛入學不久，有一次法律系安排他給我們新生做報告，講的內容可能就是那個時候法理學對法的階級性和社會性的討論，我對這些內容也不明白，也沒有什麼特別印象，只記得我們同學對他很不屑，罵他「老左」。那時，我們來自農村的學生不同於城裏的學生，對學術思想的左、右之分沒有任何概念。打動我們的往往是老師的人品，不像當時很多老師說話中流露出玩世不恭的樣子，他的講話非常有激情，對自己的研究和觀點主張充滿熱情，這對我們這些淳樸的農村孩子有着天然的感染力，激發了我對從事學術研究的想法。記得聽完這次講座之後，我就在給我父親的信中說我打算將來做學術研究。

　　另一個就是呂世倫老師。我在畢業準備考研究生的時候，讀到了他編寫的西方法律思想史的著作，看到他對西方當代法理學有所研究和介紹。我當時對這些最新的理論感興趣，覺得這些內容和我心目中對學術的理解比較一致，就想報考北大的沈宗靈先生或人大的呂老師。工作兩年後，我報考了呂老師的研究生，但遺憾的是最後未能被錄取。記得當時在晚上到家裏拜訪呂老師，他給了我很多鼓勵。最後他一定要送我下樓，陪我走了長長的一段路，讓我感受到母校和老師對學生的與厚愛。

二、八十年代與九十年代

問：您那時看了哪些書呢？

強世功：那時，大家看的書基本上一樣，西方哲學之類的東西居多。影響比較大的當然是《走向未來》叢書，出一本我看一本，也不管

和專業有沒有聯繫。當然，還有《讀書》雜誌以及甘陽和劉小楓在三聯書店主編的叢書，還有李澤厚的三本「史論」及其批評者劉曉波的著作等。記得當時《審美與人的自由》差不多一口氣讀完，書上劃了很多道道。法律類書籍也因為受到梁治平的影響，主要是一些法律史和比較法的書，我的本科論文就圍繞達維德的《當代法律主要體系》展開，討論比較法與文化的問題。

問：那您讀的這些書，是自己自發地產生興趣，還是受到社會潮流的影響？

強世功：這兩個因素本身是相互聯繫的。大學時代是求知欲最強烈的時候，因為你渴望自由閱讀，發揮自己的想像，而那個時代知識界討論的問題自然吸引你閱讀。但是，沒有人指導你讀書，你只能自己探索，當然也要付出很大的代價。我在圖書館裏讀書的過程中，慢慢發現一些和我一樣愛讀書的同學，就彼此交流經驗。

有一次，我遇到哲學系的研究生學生。讓他給我推薦一點哲學的書。他說康德的書是一定要讀的。於是，我就找來康德的書，從「第一批判」讀起。那時，我幾乎不去上課了，每天早上都在圖書館，一個上午也只能讀三兩頁，還不知道他說什麼，讀不懂就一個字一個字抄下來。這樣讀了很長時間，一無所獲。所以，後來我看到有老師給學生推薦的書單，把商務的漢譯名著統統寫上去，就知道這在蒙人。要麼自己本來就沒有讀，列出來只是顯示學問和品位；要麼根本不知道如何引導學生讀書。直到我後來在北大讀研究生參加法律文化研究中心的學術活動和讀書小組，並自己組織讀書小組，才模糊知道如何引導學生閱讀這樣的經典著作。

既然經典著作讀不懂，就採取新的方法讀書。如果偶然喜歡

一個作者，就會把他的書都找來看。比如，我差不多看完弗洛伊德（Sigmund Freud）和弗洛姆（Erich Fromm）全部中文譯著，直到讀厭了。這樣的亂讀，無疑是一種最大的消耗。既沒有系統的知識積累，也不懂思想家的問題意識。因此，直到博士時代，我才開始慢慢學習讀書。所以，我一直感到遺憾的是，自己從小就喜歡讀書，可是小學初中找不到書可讀，上了高中有書卻不敢讀，上了大學沒有人指導只能自己亂讀，從而白白耗費了大把的青春。所以，我一直覺得一個合格的老師，一門合格的課程，首先就應當指導學生如何正確地去讀書。

問：您就學於八十年代，那是一個我們現在的大學生十分嚮往的時代。您那時有哪些記憶深刻的事情？

強世功：80年代的文化思考對我們產生了很大的衝擊。經常在食堂門口看到有人站在桌子上朗誦自己的詩歌，一打聽是一個外地的無業人員。還有人在食堂門口掛出了布單，上面寫了很多的數學運算，說是挑戰陳景潤，一問是一個外地小學數學老師。「禮失，求諸野。」大學剛剛復興之後，中國知識的儲備其實在民間，直到今天，我們在互聯網上依然看到許多有思想深度的民間學者。

在這樣的文化思想氛圍中，自然產生了騷動不安，游行就成了家常便飯。比如86年剛入學那一年，大冬天剛剛下過雪，北京大學游行隊伍過來了，在人大門口喊了半天，只有少數人去了，大多數圍觀看看熱鬧。我跟着同班的一位同學一直走到白石橋，凍得實在不行了就回去了。從此，宿舍「臥談」的話題就是「醬缸文化」、馬克思主義、民主等。現在想來，我們其實什麼都不懂，不懂思想、不懂社會、不懂人生，只是爭論一些空洞的概念，消耗無盡的熱情。

其實，年輕學生需要老師的引導。可班主任的苦口婆心沒有用，

大家需要的不是父愛或母愛，而是精神導師。可知識界給我們的依然是
這種貧乏的、啟蒙式的空洞概念和口號，無法給我們的思想和靈魂提供
一個面向無限的深度。所以，當我後來讀到施特勞斯時，就明白他為什
麼將啟蒙理性主義看作是虛無主義的根源。應該說，80 年代的理性主
義背後就是精神無所着落的虛無主義，這種虛無主義一直持續到 90 年
代，變成了一股強勁的後現代思潮。

問：您現在回顧那時的文化思潮，是怎樣評價的呢？

強世功：年輕人總要有血氣。看過姜文的《陽光燦爛的日子》嗎？
就是講青春固有的血氣，有一點無知，有一份殘酷，但卻是一種生命最
自然的伸展方式。不同於對 80 年代以來對「文革」的理性主義反思和
批判，姜文對「文革」時代展現出人性中血氣的高貴充滿了懷念，這頗
有一點尼采的味道。可惜中國的文化評論沒有從哲學意義上討論姜文的
這部電影。

有人說，一個人年輕時如果不是馬克思主義者，要麼缺乏思想，
要麼缺乏道德。一個年輕人不能對社會的不公平無動於衷，不能對社會
的醜陋熟視無睹，不能缺乏反抗精神和獻身精神。學生就是學生，就像
在阿蘭‧布魯姆（Allan Bloom）的眼中，是一羣充滿血氣、精力旺盛、
思維單純、天真幼稚、對未來充滿玫瑰色幻想的「野蠻動物」。

問題恰恰在於教師如何去教育和馴化這羣「野蠻的動物」，使得他
們具有教養，具有理性，更理解政治和現實，思維更加細密和複雜，頭
腦更加冷靜和富有韌性。然而，80 年代的問題恰恰在於知識界的教師
羣體本身沒有經過思維的馴化，也處於「野蠻動物」階段。一個 40 歲
的知識分子和一個 20 歲大學生一樣，都處在一種青春期騷動中，於是
大學中缺乏思想上、知識上成熟的教師羣體來制約和平衡這種擁有「動

物本能」衝動的年輕臺體。這其實反映了當時知識界的在思想上和政治上的不成熟。通過這個時代，應當反思一下學術與政治的關係，學者不應當直接捲入政治鬥爭中，變成政治中的黨派分子。這其實也是我後來特別推崇韋伯的「學術與政治」一書的原因。

如果從學術或知識的角度看，八十年代中國知識界無論對西方，還是對中國的研究和理解都非常膚淺，知識的匱乏是缺乏理智的重要原因，以至於知識界被一種激情或情緒所左右。後來讀到柏拉圖《理想國》中關於心靈構成中理智與激情的討論，也就特別能理解「無知者無畏」。反過來說，「無畏者許多是無知者」，因為缺乏理性的引導，激情成為伸張欲望的幫兇。因此，《理想國》應當成為每個大學生的必讀書，這也許是馴化野蠻激情的有效工具，當然，前提是需要有真正愛智慧人引領學生來閱讀這本書。當然，這種狀況也和特定的歷史背景有關，八十年代的精神狀況是對「文化革命」的本能反彈，其實以另一種延續了「文化革命」的精神，更遠地說，這其實繼承了源於五四運動以來的革命態度。五四一代由於對中國局面的徹底失望導致了激烈的文化反彈，八十年代也是對革命政治的失望引發了新一輪文化情緒反彈。

到 1990 年代，這個情況發生了根本性的改變。其中一個重要的標誌就是汪暉、陳平原等推出《學人》刊物，提出的區分「思想」與「學術」，學術問題和知識問題被帶進來。後來，鄧正來推出《中國社會科學季刊》和《中國書評》強調學術化、知識化、專業化和本土化。這個時候，市場經濟的發展推動社會科學的興起，有助於用社會科學的知識傳統來馴化「野性的思維」。因此，80 年代和 90 年代在學科和精神氣質上完全不同。

問：那時，知識界的情緒好像和大學生差不多。有的思想也不成熟，有的被迫害了幾十年，突然有一種反抗的情緒。

強世功：我們現在回過頭會懷念八十年代，有的人也會懷念七十年代，認為那是一個感情最純真，最具有奉獻精神的時代。其實 90 年代比 80 年代更為豐滿、厚重、成熟和多樣化。比較之下，80 年代顯得有些單薄了。

問：八十年代有您所說的不成熟的一面，但是也有實踐的熱情。而進入 90 年代以後，這種熱情似乎被逐漸消解了。

強世功：這首先要理解知識和大學的功能。在歐洲歷史上，後羅馬帝國時代出現了一個權力多元中心的格局，大學和教會一樣，是一個獨立於政府的權力中心，也就是培根所謂的「知識就是權力」。大學的自由精神由此而來。但是，民族國家興起之後，大學越來越整合到現代國家的治理過程中，社會科學由此而興起。這樣，大學就在人文思想的社會批判與社會科學服務於社會治理之間徘徊。

在中國歷史上，無論春秋戰國的百家爭鳴，還是五四運動以來的近代思想繁榮，都是在政治權力嚴重削弱、政治秩序需要重建的時代才出現的。在這個意義上，「百家爭鳴」對知識界可能是好事，就政治和社會而言，可能不見得是好事情。羅馬帝國時代沒有產生多少學術和思想，可歐洲百姓享受了千年和平。啟蒙時代百家爭鳴，可恰恰是歐洲社會陷入大動亂、大變革的戰爭衝突時代，百姓不得安寧。

在知識與權力的這種變動關係中，我們看到 80 年代的差不多是一個知識挑戰權力的時代，一種直接的外部挑戰。但在 90 年代之後，知識與權力之間存在一種互動，一方面是相互抵制，另一方面又相互利用、相互促進。比如經濟學與市場改革、社會學與社會治理、法学與

司法改革和法律職業等等。這樣一個圖景當然簡單化了一些。但是，這涉及到了國家治理轉型的核心問題，即國家與社會的關係。在 80 年代，由於之前國家計劃體制對社會的全面控制，使得「社會」被烏托邦化了，以至於「市場」、「社會」被推上神壇，成為批評國家和政府的基礎。90 年代提出「國家與社會範式」總結並持續了這種批判，立足社會來批判國家甚至改造國家。但是，90 年代國家經歷了全面的治理轉型，隨着社會的興起，大家的「社會」本身有了更為真且的認識。比如，「市場」雖然一度受到推崇，但是隨着市場經濟的推進，就會發現「市場」本身的問題，比如不平等的問題，甚至壟斷問題，市場經濟的發展表明一種「經濟權力」的興起等等。法學界提出「市場經濟就是法治經濟」，實際上表明市場與國家不是對立的，而是一种合作關係。今天的國家的政治權力和這種經濟權力有着千絲萬縷的聯繫。除了「市場」，對「社會」的理解就是處於國家權力末端的基層社會。然而，在這樣一個社會中，恰恰存在強者的支配，諸如家族勢力、宗教勢力甚至「黑社會」等等。中國推動「基層民主」20 多年，最後連一直信奉基層民主的人士也產生了懷疑，基層民主讓這些家族勢力、宗教勢力甚至「黑社會」對其他人構成支配。因此，正是在因為「社會」面臨如此的問題，我們才能意識到「國家」恰恰包含了對「社會」的救治，即遏制強制、扶持弱者，從而實現公平。同樣，大家嚮往的「法治」呢，我並不持一種烏托邦化的理想想像，相反，我們必須認識到，法治不過是一種「現代治理術」。

　　1999 年我博士畢業時，寫了《懲罰與法治》的博士論文，論文放了十年之後，我基本沒有修改就直接出版了，反而在這個時候恰恰更有時代的針對性。寫作的時候，大家都懷著法治的理想主義，然而經過司

法改革的十年之後，我們更能看出「法治」的本來面目：一種隱蔽、迂迴的現代治理術。在這種背景下，如果說 80 年代的批判矛頭指向「國家」，那麼，90 年代以後，批判矛頭應該指向「社會」、「市場」等等。這種分歧構成了 90 年代之後「自由左派」與「自由右派」論戰的根源：即自由左派希望用「國家」這種每個公民公平參與的抽象權力來遏制和平衡來自市場和社會的強制；而自由右派則希望把市場和社會的強制力量上升為國家力量，或者用國家力量來保護市場和社會的強制。前者希望國家推動實現「公平」的目標，二者希望國家推動實現「自由」，那無疑是各個領域中強者的自由。

其實，早在 80 年代的文化批判中，就有一個內在的分歧。一種是表面上的政治意識形態批評，主張走資本主義道路，而另一種是視野更大的針對現代性本身的批評，劉小楓《詩化哲學》就代表了這樣的趨向。1980 年代的重提啟蒙現代思想的時候，也大量引入了歐洲 19 世紀及其後對現代思想的批判，比如叔本華、尼采、薩特、海德格爾，這些思想其實都針對資本主義展開批判。這種批判其實在 1990 年代之後才具有現實的針對性。然而，1990 年代反而喪失了這種批判精神。如果從這個意義上講，1990 年代雖然在知識上比 1980 年代豐富，但在精神上可能比 1980 年代貧瘠。當知識在馴化「野性的動物」時，要當心的是不小心閹割了動物的野性本能。同樣，80 年代試圖用啟蒙時代的自由主義思想來否定馬克思主義，而 90 年代之後，馬克思主義的生命力才真正展現出來。

問：您所謂的馬克思主義的批判，似乎更類似於西方的馬克思主義。而我們一直所謂的馬克思主義，更近似於列寧主義、斯大林主義。

強世功：也不能說得這麼絕對。列寧主義、斯大林主義本身也是西

方主導的全球政治下的產物。為什麼馬克思主義到了列寧主義有一個轉換？因為在應對西方主導的全球資本主義的時候，列寧做了一些根本性的轉換。現在的說法認為，列寧斯大林就不叫馬克思主義了，西方馬克思主義才屬於真正的馬克思主義。這樣的爭論在恩格斯和伯恩斯坦、列寧和考茨基之間就展開了。實際上，這兩種馬克思主義可以稱之為「歐洲馬克思主義」和「亞洲馬克思主義」的區別，歐洲馬克思主義始終是全球資本主義乃至帝國主義的一部分，而唯有亞洲馬克思主義從真正對資本主義乃至帝國主義展開批判和反抗。因此，二者的區別乃是帝國主義或殖民主義下的馬克思主義與反帝反殖民的馬克思主義。

三、「無形學院」與「學人共同體」

問：您還有大學時其他印象比較深的事情嗎？

強世功：除了游行，就是崔健的搖滾樂。代表了整個八十年代的一種風貌。還有就是大量的講座。基本就是這三部分。那時还没有市場的概念。大概 1988 年底就出現了「市場」。有的同學做起小生意，在樓道裏擺起小攤。我們班上有一個來自上海的同學，不讀書了，去做生意。我記得很清楚，他對我們說：你們學法律幹什麼？畢業了不就當個小法官、小律師嗎？有什麼意思？他乾脆在自己的宿舍門上釘了個某某公司的牌子，進進出出似乎在倒賣貨物。這對於我們從農村來的同學，似乎不可思議。當然，我們也捲入了市場經濟的大潮中，也都賣過高考複習題之類的東西。

問：您當時考上法理學專業，在北大這個氛圍中，有什麼新的感受？

強世功：我 93 年入校，真正思想發生轉變是在 94 年。之前我的思考依然是八十年代的慣性，關心法律文化、西方法哲學、自然法等問題。1994 年以後接觸到經濟學和社會學，尤其加入到梁治平老師主持的「法律文化研究中心」，受社會學、人類學的影響比較大。我後來碩士博士論文做的都是法律社會學方面的課題。

在本科時候，最有精力、最想讀書、甚至享受禁欲主義的苦行來安心讀書，但很遺憾，我沒有遇到能指導我思考和讀書的精神導師，自己摸索了半天還是不知所以。這讓我想起《神曲》的開始：「就在我們人生旅程的中途，我在一座昏暗的森林之中醒悟過來，因為我在裏面迷失了正確的道路⋯⋯踏進人生迷誤的森林去的青年不能走正確的路，除非有一個已經走過這條路的長輩指點給他看。」研究生的時候，非常幸運地遇到一批好的老師，彼此也比較平等。像蘇力、梁治平、賀衞方、鄧正來、季衞東、夏勇、高鴻鈞、張志銘等等。尤其是我參加了「法律文化研究中心」，大家形成一個小的學術共同體。大的氛圍是，90 年代引進了經濟學、社會學和人類學。經濟學差不多就是林毅夫、樊綱、張維迎等年輕學者帶進來的。還有一個就是社會學、人類學領域，比如孫立平、王銘銘等人，跨學科的交流對我影響非常大。

更幸運的是，博士開始和本系的趙曉力、鄭戈以及外系的李猛、應星、吳增定、渠敬東、吳飛、楊立華、張旭、舒煒等一批朋友組成了讀書小組，趙曉力稱之為「無形學院」，這其實是一個地地道道的「友愛共同體」，大家因為喜歡讀書而聚在一起。朋友之間的激勵和對話是相當重要的。我其實特別注意我們同一代人的思考。比如李猛在 1998年寫的「論抽象社會」一文，我精讀了數遍。後來每次講法律社會學課程，都作為學生的閱讀文獻，可是直到去年在給研究生上法律社會學課

時，我再次重讀這篇論文，才覺得似乎真正理解了李猛這篇文章的寫作意圖。理解一個朋友的思考，我差不多用了 10 年的時間，你們也就能明白為什麼趙曉力說「李猛是我們一代人的老師」。

問：您當時讀研的時候，就已經立志從事教學研究嗎？

強世功：那時不一定想得如此明確，但基本上按照這個方向走。吳增定有句話，大體是說，如果真的需要養家而不做學問，他就不做學問了。我覺得這才是真正的學問。如果蘇格拉底所言，哲學是一個生活方式。做一個能養家的好丈夫或好父親，也是在踐行一種哲學思想。後來的哲學家們把哲學變成了書齋學問，其實背離了哲學之道，古人講「知行合一」，批評不識大體的「陋儒」，很有道理。

問：您從那時到現在，在法理學界內有哪些基本的觀點？

強世功：梁治平老師有一句話對我非常有啟發。我進入「法律文化研究中心」之前，已經在《中國法學》上發表了文章。研究生一年級就在法學界最高期刊上發表文章，一定很開心吧。但梁治平對我說了一句話：你讀的東西，一定要比你的目標更高。換句話說，如果以《中國法學》為目標，肯定水平比上面的文章更差。所以，我加入「法律文化研究中心」以後，基本不再看當時的法學期刊。梁治平老師其實在說，做學術有各種各樣的，關鍵是要看自己的眼界和品味，這其實也和古人所說的「立志」有關。

剛好，這個時候鄧正來創辦了《中國社會科學季刊》和《中國書評》，包括當時其他一些刊物，成為我們閱讀和寫作的標杆。當然，今天的刊物已經和以前很不同了。知識精英已經從體制外進入了體制之中，連鄧正來也進入到復旦大學。因此，對於本科或研究生教育，最重要的是培養起思想和學術的眼界、品味和鑒賞力，要明白什麼是真正重

要的，真正好的，哪怕「雖不能至，心嚮往之」。因此，在讀書時代培養的閱讀品味雖然不能說決定了將來的水平，但至少影響了未來發展的趨向。

我在博士階段很少在法學刊物上發表文章，只在《比較法研究》上發過。當時我們認為，能夠超越傳統法學論文模式的最好刊物就是《比較法研究》，這是我唯一認真閱讀的法學刊物。在上面發表文章，也是為了感謝和紀念這本刊物。我當時的文章主要發表在公共刊物上，希望自己能把視野放到公共知識界，而不局限於法學領域中狹窄的專業技術討論。

四、中國法學：帝國邊陲的法理學

問：您認為，國內的法理學和國外研究水平的差距體現在哪裏？

強世功：很難做一個總體的判斷。應該說，法理學界，中國和西方面對的問題不一樣。歐洲情況我不熟悉，我比較了解的是美國的。美國法理學分為兩部分。一部分帝國核心地帶的法理學，就是美國本土的法理學，主要都圍繞着美國最高法院展開。所以我經常說，如果不了解美國憲法的辯論，就不了解德沃金在說什麼。說到底，美國法理學界討論的問題一方面是圍繞着最高法院保守派和自由派對於憲法的解釋而展開；另一方面也有此形成圍繞司法的職業主義或形式主義與回應社會的法律現實主義或法律社會學思想之間的「鐘擺」運動。美國法理學的第二部分就是帝國邊陲地帶的法理學，就是美國在第三世界搞的法律現代化理論，包括法律與發展理論，法律移植理論，法律多元理論等等。

我們中國的法理學從 80 年代以來，大體上從美國的帝國邊陲的法

理學問題開始的，比如法律現代化問題、法律移植問題、法律文化問題，法律多元和法律發展問題。所以，如果中國法理學與西方接軌的話，在這個領域是接軌的，這也證明中國其實處於美國這個世界帝國（現代性帝國）的邊陲地帶。所以，我那時對美國的 Law and Society Review 上所討論的問題一點都不陌生。我甚至認為，蘇力討論的法律多元和本土資源問題，比美國學者 Merry 等人的討論要更深入，因為蘇力是一個思想者，而後者大多數是美國法學院中的普通教授。

在博士畢業開始，我的研究有一個轉向，對美國憲法問題的研究。其實，也就是從帝國邊陲問題轉向了帝國的核心問題。我 2001 年在美國訪問的時候，和美國的法律社會學或人類學的學者有些交往，參加完 2002 年溫哥華的北美法律與社會協會年會之後，差不多就向這個領域告別了。從美國憲法我又慢慢轉向中國憲法問題，「憲法司法化」爭議和香港問題為我對中國憲法的思考提供了動力。有了這樣一個大致的輪廓，就可以看出，我們無法籠統比較國內法理學和國際法理學問題。

問：在法理學的領域中，出現過什麼大的爭論爭議沒有？您自己的意見是怎樣的？

強世功：法理學裏面有不少爭論，但我自己一般不大參與。

問：比如前兩年鄧正來寫的《中國法學向何處去》引起了很大爭議，您覺得他的批評是否中肯？

強世功：關於這本書已經組織了很多書評和討論，甚至好像出版了書評討論集，在學界這也算是體現法學繁榮的一件盛事。我對這本書的評價很高，這是中國學者最認真對待本土學者的一本書。水平比較高的中國學者往往會把目光放到西方。法理學界除了介紹美國學者，就是

歐洲學者。比如關於哈貝馬斯和德沃金的法律思想，已經出版了大量的學術論文甚至著作。可是，我們至今缺乏對梁治平、蘇力、夏勇、季衛東等人法理學思想的研究。這其實是很可惜的一件事情。好像他們做的研究只是對西方知識的消化，而沒有放在中國問題的脈絡中加以理解，由此在中國的學術脈絡上缺乏積累，無法形成自己的傳統。鄧正來這本書，不管是贊同他，還是批評他，至少他認真地處理了像蘇力、梁治平、張文顯等學者所提出的法學界最基本的理論範式。他至少是認真對待了自己的同行。就這一點而言，中國學者做的並不多。美國的碩士博士論文，很多都在大談他們的德沃金，為什麼我們的博士論文不能寫寫我們的法理學家的學術研究。

最近，我見到齊海濱教授，他手中有一套油印的北大法律系 80 年代法律社會學研究通訊的油印資料。我覺得太珍貴了，希望他捐給北大法學院。如果有學者注意到這些資料，寫一下法律社會學在中國的起源，這是絕好的博士論文題材。我當年在讀博士時，就注意到最早的《法律社會學》著作是山西出版社出版的，甚至連北大圖書館都沒有收藏。其中的論文體現了沈宗靈先生等一代學者對中國法理學擺脫蘇聯教科書模式，向法律社會學發展的總體思考。那時，齊海濱和季衛東是年輕學生一代中的領軍人物。

問：您在研究生期間與不同學科的老師都有過交往，那麼您研究所採用的方法主要是怎樣的呢？

強世功：我覺得，並不存在單純的法學研究方法，也不能用一個方法研究所有的研究。首先要明確，研究的問題是什麼。有了問題才能想方法解決。只有方法和問題結合在一起，方法才有意義。否則，為方法而方法，或者是掌握了一個方法，用這個方法研究萬事萬物，乃至形

成一個以方法為標誌的學派，那都偏離了學術正道，就像目前的「經濟學帝國主義」就是這樣。

五、法理學研究地圖：如何超越

問：您現在是中青年學者的代表性人物，那您認為現在的中青年學者處於一個怎樣的學術地位？

強世功：首先，學術本身是不斷超越的。如果後面的學者總覺得前面的學者難以超越，那麼關注的視野就會越來越窄，不是研究整體性問題，而變得領域越來越窄，就調解研究調解，就法制史研究法制史，而不考慮為什麼要研究這個學科，這些問題與一些根本性問題存在怎樣的關聯。我講的不僅僅是我們超越前代，後代超越我們，也是一樣的。

第二點，自己能不能超越自己。這一點非常重要。無論對於已經成名的學者，還是目前正在努力的學者，都是一樣的。有的人起點很高，但是過了二十年，發現他講的還是當年的東西。有的人可以成為你一輩子的導師，你可以跟着他，你在想，他也在不斷想，總是在不斷地推進問題思考和研究深度。我也經常問我自己，能不能超越自己。在思考問題的深度和廣度上，能不能超過自己。不過，現在我們看到的現狀是有不少人從成名的那一刻起，學術就差不多要停止了。

問：您認為現在學術規範執行的情況怎麼樣？

強世功：我認為執行得不錯。至少對於形式上的基本規範，執行得是可以的。所謂學術規範，就是一代人對規則的認可。學術規範同學者有關。沒有學者就沒有學術規範。有遵守規則的學者在，學術規範就自然執行好了。

問：那您認為，中青年學者是多發表成果好還是少發表成果好？

強世功：這個不能一概而論。有的人不愛發表，有的人喜歡發表，我覺得這都沒什麼問題，關鍵在於發表的論文本身要好。

問：您身處法理學界，法理學在哪些領域還能獲得突破？

強世功：雖然我自己身在法理學界，但我自己很難界定什麼是法理學。如果一定要做一個界定，那麼就等於認定，這個範圍就是法理學，範圍以外的就不能涉足了。

我自己研究的領域也有一些變化。我碩士博士階段主要研究法律社會學，但是博士以後我就基本不研究法律社會學，以後我就轉向到憲法學、政治哲學上的問題。在思考問題的過程中，會發現之前法律社會學的東西沒法滿足，因此不得不轉向思考一些政治哲學、憲政學的問題。當然也不是說從法理領域轉到了憲法領域。目前憲法學界討論的問題和我自己關心和討論的問題並不一樣。

至於法理學中新領域的開拓，其實根本沒有什麼領域是新領域。我給中國法理學畫一個簡單的研究地圖，一共包括四塊。第一塊是最主流的關於意識形態的討論，比如當年的「法制」與「法治」問題，「市場經濟是不是法制經濟」問題等等，不管是「科學發展觀」還是「和諧社會」，只要中央提出一個新的政策，馬上會有大量法理學論文生產出來。這一塊由來已久，而且是很重要的一塊。但是，這一塊研究的最大問題就是意識形態色彩太濃，話語同義反覆，缺乏相應的學理建構和學術闡釋，無法展現中央提出的戰略決策的學理邏輯和理論意涵。而且，很多學者就此不斷變換研究的主題，缺乏相應的理論研究和學術積累，最後雖然有很大名聲，但卻缺乏自己的理論建樹和學術著作。這一塊研究如果立足中國問題展開理論創新，或者法律與公共政策的研

究，本應該產出高質量的理論思考和扎實的經驗研究。

第二塊就是蘇力等人持續推動的法律經濟學和法律社會學研究，目前這個領域的人也最多，最有活力。然而，這一塊的研究目前也變成了缺乏思想動力的常規研究。比如調解研究，目前的研究除了文獻和案例材料有所改變以外，在問題意識上和我十年前做調解沒有什麼變化，甚至還不如那個時候。在這個領域，我曾經提出了一個法律社會學研究中「雙向運動」，即法理學者在深入部門法，而部門法在深入法理學領域。比如目前法律社會學研究中比較優秀的學者往往出自部門法，比如來自訴訟法的王亞新老師等，來自刑法的白建軍老師等，來自行政法的何海波以及來自公司法的鄧峰老師等，而法理學界的蘇力和凌斌等也不斷介入對部門法中具體案件的討論。但是，除了這些常規研究之外，如何思考中國的重大問題，比如說「中國崛起」問題。最近北大法學院組織了「和平崛起與中國法理學問題」的學術研討會，你會發現對這個問題的討論，我們的法律社會學基本上無能為力，這就意味着法理學必須超越法律社會學的思考。這意味着要進入到法哲學領域。

第三塊就是法哲學領域，然而在這個領域中，目前往往集中在西學研究上。比如鄧正來等人推動的美國法哲學研究，以及鄭永流和舒國瑩等推動的德國法哲學研究。然而，這個領域中最大的問題就是將法哲學或者法理學的研究與部門法的研究割裂開來，而事實上，要理解美國的法哲學首先就必須理解美國憲法、美國政治為前提，不研究美國憲法，尤其是美國憲法判例，根本不知道法律形式主義與法律現實主義、法律保守派和法律自由派、司法能動主義和司法節制、法律是否具有客觀性等法理學的抽象爭論究竟是為了什麼，也不理解為什麼德

沃金主張要「認真對待權利」，並將法官置於《法律帝國》的核心位置上。同樣對德國法哲學的理解，除了要理解德國哲學傳統和註釋法學傳統，還必須理解德國民法和歐洲哲學傳統和政治傳統。而注釋法學傳統以及由此衍生的法律教義學的理論根基依然是法律科學的理念。因此，歐洲的法哲學往往與其刑法和民法的研究結合起來，就像美國的法學者往往與其憲法問題結合起來。

由於美國法哲學和歐洲法哲學的研究往往針對的司法實踐中的法律解釋問題，這就導致語言哲學、分析哲學運用到法學理論中，並與法律教義學理論結合在一起。而在中國，隨着司法實踐的發展，法律解釋理論也越來越發達，這樣法理學者和部門法學者往往合作起來，共同分析法理學以及法律教義學的發展，甚至引發法律教義學和法科法學的辯論。這就是目前越來越成為主流的第四塊研究。

然而，無論對中國經驗的法律社會學研究，還是對法律司法實踐中的法律教義的闡釋，都需要回應一些核心的理論問題，即如何建構中國自己的法律制度體系，如何建構中國自己的法哲學乃至整個法學。這其實對法理學研究者提出了更高的要求。但更大的問題上，上述四個領域如何結合起來？對中國法律社會學研究中發掘出的問題，如何上升到法哲學的高度來思考。對中國法律條款的解釋，如何上升到中國的政治哲學理念或哲學理念上來。比如，如何在法哲學的意義上總結中國過去的司法改革以及目前的新發展？這無疑是未來需要思考的。

從目前的狀況看，學者們不大關注第二個領域，不太關注哲學問題，更傾向於關注中國經驗問題，或者法律社會學。這似乎說明一個問題，我們法理學界可能變得越來越保守了。有的人會說，像八十年代那樣關注西方，談西方太多了，現在應關注中國本土的東西。但事實

上，我們對中國問題的理解仍然需要藉助對整個世界的理解。比較之下，我們對西方的那一套，其實理解得很淺薄，反而越到今天，對西方的理解越簡單化了，以至於很容易對中國的理解也越來越簡單化。

六、「公共知識分子」與「讀書分子」

問：您理想的學術環境、學術氛圍，應該是怎樣一種狀態？

強世功：很簡單，就看兩個搞學問的人坐在一起聊什麼。這是一個標準，可以去衡量每一個院校的學術環境。如果兩個人坐在一起不討論學問，而完全陷入諸如房子、課題、學界逸事等等，可能就有問題。如果在校園中兩個人肆無忌憚地爭論一個學術問題，而周圍的老師和學生又不覺得奇怪，那這當然最理想了。就這一點而言，北大確實是最好的環境了。可惜，這樣的環境受到社會大氣候的影響，尤其法學院之間的競相用房子、票子、位子「挖」人，使得學者越來越變得像明星一樣了。這樣，非學術的社會標準（比如各種學術頭銜）慢慢取代了學院自身的學術標準，使得學術上的「優秀學者」與社會上的「知名學者」之間出現了分裂，甚至用「知名學者」的標準來取代「優秀學者」。因此，什麼時候大學、學院與社會之間豎立起一種知識上的相對隔離，就像司法應當與社會形成一定的隔離一樣，那麼我們的學術才能真正有所起色，就像我們的司法公正才能真正有所根基。

問：那您是不是把自己定位為公共知識分子？

強世功：「公共知識分子」這個提法本身很有問題。實際情況是，這是知識分子為了強化自己的特權而自封的。我希望自己是一個研究學問的學者，甚至是熱愛讀書的「讀書分子」。

當然，這並不是說大家不對公共問題發言，而僅僅局限在自己研究的專業領域。而是說我們對公共問題的討論不再是簡單的立場表態，而是看到更深的問題。在這個地方，尤其是要把大學的講堂與公共領域區分開來。大學講堂不是表達自己立場的地方，而是探討學問、傳播知識、引發思考、培育靈魂地方。我前面提到韋伯的「以學術為業」，其中對此講得非常清楚。由此，大學教師才具有神聖的地位，才能成為大學真正的主人。但是，從五四運動以來，我們過分強調大學的社會功能，尤其是思想傳播和社會批判功能，使得「知識分子」變成了一個流行的時尚概念。而在今天大學過分捲入市場和社會的過程中，學者變成了「知識分子」，尤其是「媒體知識分子」的興起使得這個概念快要變成淺薄、媚俗和虛榮的代名詞，成為利益階層，尤其是商業利益階層的代言人。

問：您的同事中，有喜歡對公共事件發表觀點的賀衛方老師，有上書全國人大法工委的鞏獻田老師，我覺得北大法學院的各位老師們彼此的觀點非常分歧，甚至可以說尖銳對立。

強世功：這恰恰是北大的自由所在。北大的老師都是很認真地堅持自己的觀點，並沒有表演做秀的成分在裏面。討論學術，立場和觀點有分歧，這很正常。但關鍵在於這些立場不同的人們，是否在真正認真研究同一個問題。

問：您能評價一下中國法學研究的現狀嗎？

強世功：法學我不敢講，尤其是部門法。就法理而言，應該說是情況不妙，我對自己也不滿意，對許多真正的問題沒有進行嚴肅的思考。就目前而言，能超過蘇力、梁治平這一代的人還沒有，四十歲還沒有超過五十歲的。相反，我發現部門法年輕人的水平非常高。這恐怕是越來越多有才華的學生都去學部門法了。

七、讀書與做人

問：最後的問題是有關我們這些年輕學子的。能向我們法科學生推薦一些書目嗎？

強世功：我前面說了，推薦書目是很負責任的。我可以把無法挑剔的經典書目開列一大堆，不能說我有什麼錯，但這樣推薦毫無意義。這也是我的讀書經驗告訴我的。推薦書就如同醫生看病，必須對症下藥，否則就是多運動、多吃蔬菜之類的保健訓導，誰都會這麼說。因此，推薦書一定是在課堂中，在具體的教學環境中，針對不同的學生和不同問題，去推薦閱讀。北京讀書的好處就在於有不同的讀書小組，認真閱讀經典，討論問題。

問：您從自身經驗出發，對現在的學生提出一點建議和期望吧。

強世功：做老師的也是一路從學生走過來的。如果能夠總結一點經驗的話，對學生有兩個建議。第一，一定要把讀書和做人聯繫在一起。我自己在 80 年代時，只顧讀書，其他一切都不管；在 90 年代受到後現代思潮的影響比較大，人生中多有一份虛無感和荒誕感，讀書、寫文章乃至做事情都吊兒郎當。直到前些年，才開始真正嚴肅認真地思考人生問題。這個問題才是根本的問題，讀書不過做人的一種方式而已。第二，要把思考和研究區別開來。做研究往往是職業所需要，但是思考不應當受到職業的限制。所以，一個坐機關、做文案的人，完全可以去閱讀和思考一些自己感興趣的、也可能是真正重要的事情。因此，不要把讀書看作是為了做學問，讀書應當為了有助於思考人生。即使對於做學問的而言，讀書也不同於研究。為了研究，可能要讀大量的資料，但是讀柏拉圖的書，讀孔子的書，不一定就是為了寫關於柏拉圖和孔子的論

文。現在學生們都太過功利，不太理解人生與職業的關係、讀書與人生的關係、思考與研究的關係。

問：我們現在這些學生，本科愁就業，研究生愁是否考博，即使有意從事學術，生存壓力比較大，覺得從事學術不太現實。

強世功：社會大環境如此。這一點，我們比你們的環境要好。但是，撇開社會大環境，其實做學術、做律師、做法官等等，不過是職業的方便、生活的便利選擇而言，無論哪一行，關鍵要做得好。你會發現，凡是能夠做得好的，都有一個共同的品質，那就是心無雜念、鎮定自若，隨遇而安。目標定了什麼都不在乎，把一切都放在一邊，把所有精力都放在目標上。

現在的學生，欲望太多，想要的太多，但又往往沒有明確的人生目標，四年本科什麼都想幹，又不知道真正想要什麼，結果搞得整天惶惶不可終日。想讀書，又怕找不到工作，想搞社會活動，有發現耽誤了讀書，到最後只能等待命運的安排，該去哪裏就去哪裏。其實，既然自己決定不了命運，何不乾脆踏踏實實讀幾年書再說呢？

目前，大學生最大的問題是不讀書，不想問題，熱衷於社團活動，內心裏空空蕩蕩。這也是我們這個時代的特徵，多少人忙忙碌碌，內心裏卻空空蕩蕩，內心的恐懼隨着財富和年齡的增加而增加。其實，大學的真正意義在於幫助年輕人思考一些人生的根本：我們生活在怎樣的時代和環境之中，我們為什麼要這麼活着？怎樣的生活才是有意義的？我們究竟如何才能有所貢獻？為什麼要作出這些貢獻？究竟什麼是幸福？死亡對於每一個人意味着什麼？究竟應當如何面對死亡？等等。

之所以說這些問題是人生的根本，是因為人不能依靠本能生活，

而必須依靠思想。這是人與動物的區別所在，也是一個受教育的和沒有受教育的區別所在。其實，大學生畢業之後，由於工作、家庭等等的世俗事務的迫切要求，反而被社會裏挾着走，顧不了思考這些根本問題。但恰恰在這時候，人們才真正面臨這樣的問題：工作、失業、疾病、官司、死亡等等，人生的種種痛苦接踵而來，大學最美麗的時光已經不再。而面對這些問題，往往要依賴在大學時代的思考提供解決的思路，奠定生活的基本品質。因此，大學時候思考這些根本問題似乎對於畢業找工作沒有幫助，但恰恰是「晴天備傘」，會受益終生。因此，大學對一個人的幫助不僅是畢業找一份工作，而是幫助他奠定對人生基本問題的思考，奠定一個人最基本的倫理品質。

就拿我們法律職業來說，大家都說談到目前法律職業倫理的匱乏，但是，如果一個人不去思考人生的根本問題，不能理解生命的意義，對人生沒有基本的信仰或信念，職業倫理培養最終也是一句空話。法律職業需要職業倫理的支撐，職業倫理需要人生信念或信仰的支撐，而人生信念或信仰需要大學教育來幫助探索和確立。如果大學教育要奠定人生的信仰和信念，就需要把一個人的思考和生命融入到延綿不絕的歷史長河中，這恰恰是大學通識教育或者經典閱讀的意義所在。而我們今天的法學教育已經越來越職業化，越來越單薄，與大學的名稱越來越不相匹配。

我的《讀書》時代[*]

一、前《讀書》時代

回想童年，有兩種體驗讓我至今難以忘懷。一種是飢餓的痛苦，另一種是讀書的幸福。我們這個年齡都經歷了國家困難時期。我家裏生活條件不算最差，但一日兩餐，早上吃過飯去上學，下午放學又累又餓，還要走幾里山路回家。回到家還沒飯吃，因為母親是小學老師，放學之後要留下來批改作業、備課，還經常要在大隊開會。她回家時，我們往往把飯做好了。也因為父母都是小學老師，我最幸運的就是比別的孩子更容易接觸到知識。我依然記得小時候父親用小木棍在地上寫的繁體「馬」字的樣子，栩栩如生，非常可愛。然而，在貧困偏僻的山村，除了課本，很難找到能讀的書。每次到公社集市，我就會對着供銷社玻璃櫃下的「小兒書」（連環畫）發呆。有時往往要節省下來幾天上學的乾糧從同學那裏換來「小兒書」看。童年的許多故事都是和找書、讀

* 本文於 2018 年 9 月應約為紀念《讀書》雜志復刊四十周年所作，刊載於《讀書》編輯部（編）：《我與＜讀書＞》，北京：三聯書店，2020 年，刊出時有所刪節，這裏是全文。

書、還書甚至偷書的故事聯繫在一起。不知道哪一天，從父親的舊書箱中翻出被撕得沒頭沒尾、繁體豎排的《水滸傳》，就這樣每天抱着讀，連繁體字都慢慢猜出來了。

童年的故事書真的很奇妙，就像《愛麗絲漫遊仙境》中的那個兔子洞，一旦掉進去就進入豐富多彩的美妙世界，游走在不同的生活世界中，遇見了各種各樣的人，經歷了不同時代的人與事，從此與主人公的命運糾纏在一起，和他們一同歡樂和痛苦，為他們加油，為他們自豪，為他們難過，為他們歎息。有時，甚至認為書中的生活世界才是真實的，放下書回到現實中有些不真實的恍惚。自己就在這個世界中不斷獲得滋養，不斷成長。我雖然不能像博爾赫斯那樣，將天堂想像為一座巨大的圖書館，但對讀書的熱愛變成了對艱難歲月所經歷的生活傷痛的療治。讀書讓我忘記飢餓和傷痛，讓我忘記痛苦和憂煩，遇到難過的事情只要有書讀就很快讓自己重新變得明亮快樂起來，覺得自己的痛苦和故事中主人公的經歷比起來根本渺小得不值一提。讀書也讓我變得性格沉靜，心靈敏感，讓我對古今中外的大千世界有了更多的想像。現在能回想起來很多童年的故事，不是和吃有關，就是和書有關。後來看到李澤厚先生講「吃飯哲學」和「樂感文化」，就猜想這是不是和我們經歷的那個獨特時代有關？

在那個渴望讀書的童年裏，找書讀的故事甚至多過讀書中故事。父母雖然是老師，但都忙於生計，管不了我們，最多督促課本學習，從來沒有關注我的讀書興趣，更沒有給我找書來讀。直到後來父親調到離家很遠的殿市中學，在一個集鎮上，自然比原來的鄉村小學繁華很多。我隨他在那裏讀初中，才有機會在一個同學家裏找到了大量的書來讀，從豎版繁體的古書到「小兒書」再到剛剛流行的評書。記得有一段

時間，我每天都沉靜在《楊家將》《呼家將》《說岳全傳》這樣的傳統評書世界中，這些忠義故事的悲慘局面往往不敢往下看，可又禁不住。有的故事讀了很多遍，爛熟於心，可還是不由自主地再去讀，每次都是淚流滿面。後來讀到柏拉圖的《理想國》，才理解他對教育的論述。我就在這些書籍打開的古典生活世界中獲得滋養並漸漸成長，這些書籍成為我最好的老師。這些故事也潛移默化地融入我的血脈，讓我認定大丈夫應頂天立地、在家盡孝、為國盡忠這個簡單的做人道理。然而，等到我成為父親再給孩子們挑選童年讀物時，卻發現目前流行的兒童讀物雖然多到看不過來，卻很難再見到如此忠義感人的英雄故事。

　　童年時代是我渴望讀書、可因為缺書而到處尋覓書來讀的時代。上了高中，來到縣城，自然有很多書。然而，我卻老老實實準備高考，不敢多讀小說。那時候，金庸的武俠小說已經開始出現了，但我硬是忍住沒有看。實在禁不住就看一會兒毛宗崗父子點評的《三國演義》。這套書可以說伴我度過高中歲月，成為緊張學習中最好的放鬆。這樣的書不需要從頭開始，隨便打開就進入了美妙的世界，這樣的閱讀體驗只有上大學讀金庸武俠小說才有。儘管如此，不知道為什麼蜀國滅亡之後的故事怎麼都讀不下去，到現在都沒有讀這些最後的章回。和目前流行的教育理念中強調批判性閱讀不同，我讀《三國演義》對歷史思考、文學寫作沒有什麼幫助，我也從來沒有這樣想過，就像童年讀《楊家將》一樣，完全沉浸在那個世界中，讓我成為那個世界的一部分，從而更深地體會每個人在歷史舞台上的角色，並由此獲得反觀自己身處當下世界的視角。我們今天生活的現實世界在別人看來或者後人看來，不就是歷史小說或歷史這個偉大的作家撰寫的小說？我們每天的生活不就像小說中的主人公那樣面臨各種人生的不堪？書的世界和我們的生活世

界原本就是一個世界，我們的生活原本就是各種世界疊加在一起創造的拓撲空間。後來，這套《三國演義》我一直帶到身邊，成為父親留給我最好的紀念。

今天沒有人覺得吃飯重要，可對物質欲望的貪婪卻永無止境，這或許是一代人經歷了飢餓的痛苦之後在潛意識中形成了物質匱乏帶來的不安全感，貪婪恰恰變成對貧困的本能報復。今天的社會非常重視讀書，可讀書並非為了進入美妙世界中追求幸福的向上階梯，而是成為上個好大學、找份好工作的工具。因此，正是個物質豐腴的時代卻造就了精神貧瘠、心靈痛苦脆弱的一代，生活被無盡的貪婪、奢望、恐懼、怨念和逃避所折磨。然而，我相信很多人在經歷過了生活磨難之後，反而更有底氣來面對生活的各種考驗，能有什麼樣的生活比我們經歷過的無書可讀的飢餓年代更可怕、更艱難？讀書明理，讀書開智，恰恰在於從書中看慣了滄海桑田、文明興衰和命運沉浮，理解人不過是被偶然拋到生活這個舞台上，不知道趕上的是悲劇的開端，還是喜劇的結尾。今天，我們幸運地生活在歷史上最好的時代，那是千千萬萬的無名者共同支撐起來，如果擔心我們的後代將要面對不幸，那更應該讓他們通過讀書來培育出承受災難、扛起不幸的承擔和勇氣，去開闢更美好的明天。

二、《讀書》的第一個時代：中西文化比較時代

進入大學剛好趕上「文化熱」和讀書熱，我的讀書世界一下子打開了。不僅有充足的時間讀書，而且有讀不完的書。面對圖書館成排的書架，往往不免發呆。不像某些有志青年產生想讀完所有書的雄心，而是困惑這麼多的好書怎麼能讀得完，讀書從哪兒開始呢。那時候，我見到

有學識的學長、老師，都會問怎麼讀書，讀那些書。後來慢慢明白，指導讀書固然重要，重要的是誰指導你讀書。若沒有好的老師指導，時代就變成了最好的老師，年輕人不可能抵制最淺薄流行的讀物，反而是這些淺薄流行讀物的虔誠信徒，因為它能即刻打動你，許諾你最美好的東西。當然，這個年齡，那個時代，流行的不是文學小說，而是各種各樣時髦的理論。每個人都不由自主地被捲入到「文化熱」的漩渦中，開始毫無規劃地雜讀。柏楊的「醬缸文化」到金觀濤的「超穩定結構」，從李澤厚的「三論」到「文壇黑馬」高揚審美與人的自由，從「走向未來叢書」到「文化：中國與世界」，從尼采到弗洛伊德。那時，讀書對每個大學生而言，都有一種迷狂的感覺。

原來掉進不同的樹洞，會進入完全不同的世界。這可不是美妙的童話世界，而是殘酷競爭的叢林世界，所有的概念、觀點、價值都以戰勝別人的姿態出現。我們就像一個雜食動物，需要一副好脾胃，在不斷蠕動中消化這些未經咀嚼而又相互矛盾的東西。宿舍臥談也就變成了反駁，試圖用各種理論概念來戰勝室友。由此，我們似乎變成了這些理論的奴隸，在宿舍、課堂、社團活動以及更大範圍的活動中展開爭奪和論戰。讀書不再是逃避現實生活的療治或放鬆，相反似乎讓自己變得異常強大，具有了戰勝別人的力量，甚至具有改變世界和創造歷史的力量。由此，讀書反而讓人以一種全新的姿態進入現實世界。童年閱讀中我與書中世界之間那種親密無間的幸福感分離了，讀書讓你的大腦有每天不斷擴充的成就感，但不見得有原來那種心靈充盈的幸福感。讀書漸漸成為獲得理論工具的渠道，書籍就是工具，概念、理論不僅是解釋世界的武器，而且是改造世界的武器。直到後來，才知道我們當時信奉的「知識就是力量」被福柯概括為「權力／知識」。

　　直到大三，我認識了梁治平老師，並專門請教讀書問題，他推薦我讀比較法的書並指導我的本科畢業論文，順便也把《讀書》推薦給我。說來非常慚愧，在那個時代，一個自認為熱愛讀書的學生直到大三才知道這本雜誌，可見讀書有完全不同的道路。當我看到《讀書》，就立刻動心。當時對三聯書店的歷史一無所知，僅僅看到這個名字就猜想創辦刊物的人肯定有強烈的讀書渴望，於是就辦一本簡簡單單的雜誌，滿足「讀書分子」的熱望——這不就是我童年時代夢寐以求的嗎？《讀書》的裝幀設計古樸大方。我對紙張的印象非常深，就和我小時候讀過的《水滸傳》一樣，是陳舊發暗的那種，質樸土氣甚至顯得有點粗糙，聞到的不是墨香，而是陳紙的味道。這似乎與那個明媚的時代有點不協調。

　　我就這樣掉進了新的樹洞。在那個躁動時代，《讀書》讓人慢下來，沉靜下來，讀書不再是為了獲得概念工具去辯論、去征服、去行動，而是成為一種生活方式，在書中體會古今中外的世界。梁老師關於法律文化的文章娓娓道來，與當時流行的主張改造傳統法律文化和國民性、接受西方法治的吶喊在文風上就有根本差異。金克木的文章看不懂，但慢慢看下來也增長不少古典知識。錢理羣他們三人關於文學的對話也就看個熱鬧，並不明白他們究竟要幹什麼。甘陽那篇「傳統、時間與現代性」的文章有一種魔力，讓你在似懂非懂之間不得不反覆閱讀。自己雖然懵懵懂懂，但還是喜歡這樣的文章。許多當時讀來醍醐灌頂的文章，現在看來根本就沒有讀懂，但誰能否定今天看來沒有讀懂恰恰是由於當年自認為讀懂呢。

　　正是順着《讀書》上相關文章推薦，才順藤摸瓜去閱讀相關著作。那時心理學非常流行，我自然就會順着弗洛伊德讀到榮格（Carl Jung）、馬爾庫塞（Herbert Marcuse）和弗洛姆的著作。其中馬爾庫塞

的《愛欲與文明》就是先看到趙越勝在《讀書》上的介紹文章才開始閱讀的。他的文章有一種詩人的靈性，不由地喜歡。印象最深刻的是，文章是他在父親住院期間寫成的，似乎文章一開頭就從陪父親住院開始。這種真實的、生活化、情景化的寫作是那個時代《讀書》的風格，《讀書》不僅是為了獲得知識、理論，而且是日常生活的一部分。一個陪父親住院並思考生命意義的讀書人形象一下子出現在我的腦海中，想像中的這一幕生活場景深深地打動了我。可後來在學術界一直找不到他的蹤影，只是在和梁治平、甘陽等人的閑聊中才了解到關於他的片段信息。前兩年，突然看到他的《燃燈者》，便迫不及待買來一口氣讀完。雖然是回憶導師周輔成先生，但讓我對他和他的那個時代有了更深切的理解。《讀書》的這些作者，對於我們後來的讀書人而言，哪一位不是這樣的「燃燈者」呢？

那個時代，知識界形成各種各樣的叢書編委會，推出各種各樣的書籍。我們往往是通過叢書編委會名單尋找相關的著作或作者去讀，也通過聽講座、上課等途徑認識一些「編委」。我那時參加了一個學生社團，參與組織了一些學術活動，包括邀請金觀濤、陳越光等人做講座，邀請夏俊、王魯湘參加沙龍討論等。但「文化：中國與世界」叢書編委會的名單中，直到大學畢業，我只認識梁治平老師，也是在他那裏見過周國平老師。後來我上了研究生，和同宿舍的趙曉力聊起大學生活。他1989年進大學，比我晚了三年。讓我震驚的是，他進大學的第一件事就是從頭到尾系統地讀了一遍創刊以來的所有《讀書》雜誌，為的是「補上八十年代那一課」。在他看來，八十年代文化思想的精華就在體現在《讀書》中，而我卻差點與《讀書》失之交臂，直到大三才見到《讀書》，而且也不是每期都讀。在那個「知識就是力量」的年代，

我們更關注的是如何改造世界，將精力消耗那「陽光燦爛的日子」。

　　大學畢業之後，我回到家乡榆林司法局工作，伴隨我的除了自己熱愛的一些學術著作，也就是《讀書》了。和現在大學生在校園生活中練就精明能幹的職業品格不同，那個時代的大學生活將我塑造成吊兒郎當、不修邊幅的讀書人摸樣。單位領導和同事善意地提醒我要儘快適應行政工作，家裏親人們也擔心我這樣下去會變成一個有害無益的「書呆子」。長輩們為了旁敲側擊提醒我，就給我講起民國初年榆林城裏家喻戶曉「李魔鬼」的故事。一位從日本回來的留學生，每天坐在街邊的凳子上讀書，連冬天下雪天也都出來，和誰也不說話，大家都覺得他是一個瘋子，只知道他姓李便稱呼他「李魔鬼」。塞外古城榆林歷史上一直是蒙漢交接地帶，左宗棠在平定新疆回亂路過此地經營了古老的榆陽書院，後來成為陝西省率先革新的現代學堂——榆林中學。清末民初之際大批榆林子弟接受了新思想，榆林中學也傳播新學的北方重鎮。謝子長、劉志丹、高崗等創建陝北革命根據地的領袖們都畢業於榆林中學，國民黨高級將領杜聿明也畢業於榆林中學。留學日本的「李魔鬼」應該和他們是同時代人。那個時代的留學生，哪個不是在歷史舞台上的風雲人物？然而和這些名聲顯赫的同學們相比，他又是怎樣的一個讀書人呢？在榆林這三年寂寞憂煩的日子裏，我的腦子裏常常閃現出他的身影。黑色的呢子大衣，再加上禮帽和圍巾，而且拄着枴杖，像歐洲紳士一般，每天都出現在街邊小公園裏的長凳上，靜靜地讀書，甚至雪花飄在身上也不在意，路人好奇而同情的目光所能遇到的是他鏡片後面冷漠空洞呆滯的眼神。究竟什麼樣的書能讓一個留學生如此癡迷以至於將自己與現實生活世界隔絕起來？讀書究竟有益於人生，還是有害於人生呢？

　　這些問題有時也讓我對讀書變得困惑起來。我一度也試圖融入上

班無所事事、下班抽煙喝酒打麻將的現實生活。然而，書籍真的就像魔鬼一樣，不斷誘惑你，讓你像吸食鴉片一樣上癮，它讓我喪失了融入現實生活的能力，但卻創造了一個虛幻美好世界，承諾把你從這種沉淪的現實生活中拯救出來。好在和「李魔鬼」相比，時代不同了。那時剛好有一羣因畢業分配不如意而回榆林工作的年輕人，大家都懷着理想抱團取暖。有的很快就去深圳等沿海城市闖天下了，剩下我們幾個就準備考研究生。其中不少是《讀書》的愛好者，我們相互交換保留的過往各期《讀書》雜誌。反而在這個時期，我才瀏覽了以前沒有讀過的《讀書》。《讀書》就是這樣，當時看起來陳舊不入時，但恰恰因此永不過期。時代不同，閱讀的書籍或許有不同，但讀書人的心性永遠是相同的，經典的魅力更是永恆的。於是，我似乎又回到了高中最單純的日子，躲開世事紛擾，自然也成了「星元圖書樓」的常客。這是榆林籍香港企業家胡星元捐資興建的，在當時榆林城裏是一座標誌性建築，它取代了「李魔鬼」時代公園裏的椅子，成為讀書人經常光顧的地方。有段時間我對面經常坐着一個小夥子，每次都在讀庫薩的尼古拉（Nicholas of Cusa）的《論有學識的無知》。這種深奧的書我根本不敢去碰，我猜想他肯定是哪個名牌大學畢業生。後來才知道畢業於一所普通的大學，在榆林某個銀行工作，也沒有考研究生的打算，我們還專門見面聊過一次。看來，讀書與畢業學校無關，與工作單位無關，而與心靈秉性有關。今天在高校專職讀書寫作的又有多少在心靈秉性上屬於讀書人呢？

那時，新出版的《讀書》差不多每期都讀，喜歡的文章自然不少，但印象最深的是汪暉的《「火湖」在前》。現在依然記得，他是在細雨濛濛的秦嶺大山中回憶他的導師唐弢先生。這是一篇情感真摯又極具思想魅力的文章，傾注了思想者因為共同的思考而相互激發出的深厚情

感。這是我第一次記住汪暉這個名字。在我的印象中，他的名字似乎沒有出現在八十年代最流行的各種編委會名單中。於是，我對這位在秦嶺大山中的讀書人多了一份關注和想像，他怎麼會在秦嶺大山中呢？直到今年暑假我邀請他在我們組織的「帝國、革命與憲制」暑期班上講課，閑聊中才得知那時他剛好被派到漢中地區從事社會主義教育運動。汪老師談到他在這次「社教」運動中第一次理解「社會主義」不是一個抽象概念，在村民們心目中可以具象化為一系列公共政策和倫理準則，比如要公私分明、不能侵吞集體財產、不能破壞集體水利林木、人不能不務正業、也不能自私自利等。不知道為什麼，聽他漫不經心講起這些故事，我的腦海中一下子就出現了細雨濛濛的秦嶺大山和《「火湖」在前》。就像讀到《燃燈者》，讓我對當年在《讀書》上讀到趙越勝文章後對他產生的人生懸念終於有了答案，聽他講社會主義教育的故事，當年讀到《「火湖」在前》所產生的類似懸念在二十多年之後的一瞬間也找到了答案。那時，我也剛好在陝北定邊縣的一個村莊從事社會主義教育運動，在這個村子呆了整整半年。我當時對「社會主義」這個概念沒有什麼體會，只記得我們連夜去抓捕因計劃生育超生逃跑的一家夫婦。我們這些從地區來的年輕人們看來，嚴重違反國家政策無疑要嚴懲，而縣鄉村上的幹部大都馬馬虎虎，應付交差了事。這可能是我第一次經歷後來在法理學上討論的國家法與民間法的關係問題，也讓我對國家治理有了直接的體驗。

三、《讀書》的第二個時代：思考全球秩序的時代

1993 年我回到北京讀研究生。這時知識界的氛圍與八十年代有巨

大區別。今天，人們普遍都將八十年代和 90 年代對峙起來，並由各種學術論文和回憶文章來討論這種差異。這個區別或許從《讀書》的裝幀設計就看得出來。這個時候的《讀書》不再是原來讀書人的質樸率性，代之以一種商業時代特有的精緻細膩。和八十年代偏重文化思想不同，90 年代初汪暉率先提出「學術」與「思想」的區別問題，並推出了《學人》集刊，而後來鄧正來也把「為了中國學術」作為創辦期刊的宗旨。「學術」必然有自己的規範，而社會學科似乎為那個時代提供了最佳的學術規範，經濟學、社會學、人類學、法學等不僅因為市場改革的商業化時代，而且因為學術研究的規範化時代而逐漸成為顯學。

在社會科學中，法學的學術傳統和基礎最為薄弱，加之法學領域隨着法治發展而很快陷入「專業槽」中，越來越技術化以至於法學內部不同專業之間也往往無法相互對話。儘管如此，法治在社會中越來越取得意識形態上的正當性，法律問題成為公眾關心的話題。於是，法學領域很快成為產出技術專家的地方，成為生產意見領袖的樂園，但很難成為學者思想家的沃土。具有學術修養、真正理解法律技術背后理論意義的學者非常少，以至於法學界能進入的公共學術領域的也往往是從事法學理論或法史研究。比如早期的梁治平和後來的喻中都是從法律史入手成為《讀書》的作者。然而，隨着法學的發展，法律問題在公共話語中的越來越重要，法學界的知識結構也在不斷提升，給《讀書》供稿的作者也越來越多。蘇力的法學寫作就是要摘掉「法學幼稚」這頂帽子，從而徘徊在法學界與公共知識界之間，推動法律技術與公共理論問題的對話。而馮象的志趣一開始就不是法律，法律技術不過是謀生手段，反而讓他更具有理論洞察來看透法律技術。他們也都陸續成為《讀書》的作者。

在八十年代，《讀書》是一個年輕學者跨出專業領域獲得公共知識界認可的核心平台。進入 90 年代之後，學科專業化越來越發達，類似鄧正來創辦的《中國書評》這種規範化、學術化的學術書評在學界的影響越來越大，《讀書》在公共知識界的地位開始下降。儘管如此，它始終是公共知識界對話討論的一個重要平台。在 90 年代，新制度經濟學思想在社會科學界一度非常流行，甚至有「經濟學帝國主義」的說法，法學領域中受到的影響更大。我因為看了一則新聞，就按照新制度經濟學的思路寫了篇「契約自由與壟斷」的小文直接寄給《讀書》編輯部，沒有想到竟然被《讀書》錄用了。這對於一個研究生而言，無疑是一個巨大的激勵。這足以看出《讀書》編輯部的風格，始終鼓勵年輕後進。後來我又在《讀書》上發表《科斯定理與陝北故事》，也是受到法律經濟學的影響，尤其是受到趙曉力的影響。我也因此慢慢從《讀書》的讀者轉向讀者兼作者。有一次偶然和汪暉聊起中國為加入 WTO 而幾年內多次修改知識產權法的問題。在我們法學專業領域中，與國際接軌而變法修律似乎再正常不過了。然而，他敏銳地意識到這個問題的思想意義，便邀請我協助《讀書》雜誌組織一次討論會。後來我看到《讀書》上刊出的討論，細讀他的發言，才意識到我們專業內部的習以為常的問題只有放在全球政治經濟格局的大背景下才能理解，而這恰恰是學科知識化、專業化和規範化很容易遮蔽的整全性問題，而《讀書》在這個時代恰恰試圖用這種全球性整體問題意識來推動各學科專業之間的交流對話。

這個時候也是汪暉和黃平主持《讀書》的時代，《讀書》也因此經歷了繼八十年代之後的重大轉型。如果說八十年代不同專業之間有一個共同的關於中西文化比較的問題意識，那麼面對學科專業化所樹立起的

專業壁壘，究竟什麼才能成為中國知識界、思想界共同關心的理論和現實問題呢？那無非是中國崛起必須面對全球化時代的重大政治經濟問題，而思考這個問題必須要具有重新理解全球秩序的理論資源、外部刺激和想像。由此，《讀書》要想承擔起知識的公共性，自然要與時俱進，在總體風格上進行重大調整，從文化比較問題轉向全球政治經濟問題，從單純的閱讀志趣轉向問題思考和理論批判。於是，《讀書》的文人調調少了，而學術研究和思想者的氣質日趨明顯。有不少《讀書》老讀者報怨《讀書》上的文章讀不懂，有太多的學術概念和術語，也有人認為《讀書》的理論傾向轉向了「新左派」。這場轉型引發「老《讀書》」與「新《讀書》」之間的爭論一時間鬧得沸沸揚揚。然而，無論是文章風格的變化，還是關注問題的整體性變化，都表明面對中國崛起和全球秩序變革的大時代，中國學人應當拋棄歷史終結論下的末人意識，主動承擔起思考未來的思想責任。

那時，我正在深圳和香港工作，對《讀書》的關注有所下降。偶爾見到《讀書》，也大體上翻一翻。在香港工作中自然會思考香港問題，了解多了就想利用工作之餘系統寫一本關於香港問題的學術著作，其主旨大約想在帝國治理的思路下潛在地比較大英帝國對香港的治理和中央政府對香港的治理，由此試圖重新思考法學界流行的主權國家理論。一邊思考，一邊寫，斷斷續續寫了很多章節，已經有十幾萬字。2007 年香港回歸十周年之際，總覺得應該寫點文章紀念這件大事。於是，我就把未能安排在正式章節中的兩個問題，也就是圍繞 1967「反英抗議運動」的兩篇文章發給了《讀書》編輯部。這兩篇文章想提出從中國的全球視野來重新審視這場運動，以批判主流學界乃至政界從大英帝國或西方的角度對這場運動的看法。這在學界就表現為用「行政吸納政治」這個概念

來抹殺這場運動中的政治主體性之爭，用非政治化的表述方式肯定大英帝國在香港的殖民統治，在政界就是在保持不變和高度自治的意識形態下始終不敢在政治上正面肯定這場運動的歷史意義，儘管中央治港強調主權政治，但忽略主權的根基在於文化領導權。香港人習慣於糾纏「主權回歸」與「人心回歸」這兩個概念，而其分水嶺就源於 1967 年的這場運動，這原本就涉及到全球化時代文化政治的主導權問題。而這個問題始終未能得到認真對待，以至於後來愈演愈烈，發展出「佔中」和「港獨」問題。

　　文章給《讀書》編輯部之後，一段時間沒有回音，我甚至懷疑是不是雜誌上留的電子郵箱出了問題。有一天突然收到賈寶蘭的郵件，說文章很快要在《讀書》上連載刊出，讓我寫一個系列，這可能是我在郵件中說自己準備了很多內容云云。於是，我也就在她的鼓勵下，將原來書稿中的內容進行大幅刪改，形成了《讀書》雜誌上「香江邊上的思考」這個系列。後來，我也放棄再出版學術著作的想法，在此基礎上簡單擴充變成後來結集出版的《中國香港》，而很多相關內容就變成廢料殘存在電腦硬盤中，懶得再整理發表或出版。也是在這個時候，汪暉的大作《現代中國思想的興起》出版了，其中一卷的標題就是「帝國與國家」，我對香港問題的思考與他在這方面的思考不謀而合，帝國問題也由此成為我後來思考的一個重要主題。說實話，我非常感謝《讀書》編輯部提供的這次機會，因為我的讀書和寫作往往隨興趣轉移，每進入一個新領域就沒有興趣再整理發表以前的研究成果。如果不是《讀書》連載的硬性要求，我不可能集中精力修改整理這些文字，或許它們就永遠躺在我的電腦硬盤中，就像曾經對美國憲法的研究和香港問題的研究有大量文稿至今躺在電腦硬盤中一樣。

四、後《讀書》時代

2008 年從香港回到北京，我慢慢將工作重心從研究轉向教學。閱讀也隨之從發表論文的需要轉向教學的需要，由此逐漸回歸到對經典的閱讀。回想自己當年走過的讀書彎路，越發意識到引導學生讀書比發表專業論文更重要。經過這個轉變重新回來看讀書，才意識到讀書和研究其實是兩回事情。為了做研究，你必須讀很多資料、檔案，包括讀一些很差的書籍和文章，因為這是資料文獻研究的需要，否則你不是一個稱職的研究者。然而，讀書恰恰可以選擇讀自己最喜歡的、最開心的書，這樣的閱讀與研究和寫作無關。讀書可以完全憑藉個人喜好和興趣，而研究必須有職業倫理的擔保。讀書可是一種生活方式，而研究則是一項職業（當然也可以是志業）。讀書可以是非常個人化的體驗和享受，以非常個體化的方式服務於自己的生活，而研究則必須進入一個共同的思想傳統和學術脈絡中，在學術規範的要求下進，有時甚至個人化的思考根本不重要，更重要的是讓你的思考進入到學術思想的思考脈絡和傳統中，從而構成學術思想內在的思考和對話的一部分。小一點是說一個學術共同體的思考，大一點說是成為一種民族乃至一個文明的共同思考。每個學者不過是文明流淌大河中的水滴，甚至一些偉大的學者或思想家也不過是一朵浪花而已。在這個意義上，一個人要成為學者就要有對人類文明經典的謙卑和敬畏之心，而這恰恰要從認真閱讀經典作品開始。這或許是一個學者與所謂自詡的「大家」的區別，後者以一種信仰姿態將自己置身於真理的巔峰，而對人類文明經典缺乏起碼的謙卑和尊重。在這個意義上，能不能具有一點謙卑，能不能放下自我，由此進入這個文明傳統，哪怕成為文明大河中的一滴小水珠，這或許就是「火

湖」在前的考驗。

回過頭來看，八十年代以來在大學中培養起來的那種讀書研究心態，恰恰強調以一種自我的傲慢來對待書籍，強調將自我意志凌駕於書本之上，強調在讀書和寫作中打上自己的烙印，從而突出「我的」觀點、理論和思想，並以此作為理論創新的動力。在這樣的讀書、寫作體驗中，一方面書本、理論、思想都成為是服務於「我的」工具，成為說服他人、戰勝他人的工具，但另一方面「我」也就變成了書本、理論、教條的奴隸。讀書由此真正變成了「與魔鬼的交易」：你在利用「魔鬼」（諸如理論、教條、方法）讓自己變得越來越強大，但你也同時陷入「魔鬼」準備好的套圈中，成為「魔鬼」的奴隸。在這種「與魔共舞」中，讀書、理論、思想不僅成為戰勝他人的工具，而且成為一個人陶醉其中而無法自省的展現「自我」的表演。於是，讀書和寫作就像日益流行的裝置藝術，新書越來越多，理論概念越來越時髦，項目越做越大，思考卻愈益狹隘，品性也越發醜陋。而讀書一旦不能完成「與魔鬼的交易」，不能讓一個人出人頭地，完成在公共舞台上戰勝他人、展現自我的這項艱巨任務，那就要加倍償還「魔鬼」的債務，讓你無法融入到日常的現實生活中，成為日常生活中的「魔鬼」。

正是面對當下愈演愈烈的這種流行讀書思考風潮，我才慢慢理解了「李魔鬼」這個故事中的真正喻意。當我們抱着讀書出人頭地的功名之心、抱着讀書成為人上人的傲慢之心、抱着讀書獲得理論並最終戰勝他人改造他人的野心，我們不就在「與魔鬼達成交易」嗎？這不就是「知識越多越反動」嗎？我們所謂的「現代」不就是為了達成「與魔鬼的交易」而陷入到「鐵牢籠」之中嗎？正是嚴肅地審視讀書生活，我才越來越深地領悟到施特勞斯對現代性的批判，理解柏拉圖筆下的「智

者」形象，也更加理解孔子所強調的「為己之學」。今天所謂的「現代」，所謂的「古今之爭」，其實和時間沒有關係，說到底和人的生活方式有關，和人對讀書的不同理解有關。「學而時習之，不亦樂乎」，讀書可以讓我們明智，讓我們意識到人性中的卑劣，讓我們意識到人之為人的困難，從而在庸常生活中不斷磨練自己的心性、提升自己的覺悟、涵養自己的德性，從而獲得心靈的快樂，這樣「知識就是美德」。然而，在「知識就是力量」的引導下，讀書也可以讓我們變得強大，從而超越他人，戰勝他人，並征服世界改造世界。讀書究竟聽從天使的召喚，還是與魔鬼在交易，其實就在這心上的一念之間。然而，人生不是霍布斯所理解的「競賽」，與「知識／權力」帶來的征服相比，人類有更重要的東西，而人類文明之所以源遠流長恰恰就在於關注這些更重要的東西。中國文明的現代復興固然要依賴經濟政治上的全球競爭，但絕不可忽略對這些根本性問題的思考。面對歷史上不同文明傳統對這些根本性問題的思考差異，未來的中國人究竟如何回答這些根本性問題呢？而轉向閱讀經典，轉向推動通識教育，恰恰是讓青年一代從一開始就思考這些人類文明最根本的問題，從而不是把書籍、理論變成征服世界的工具，不是把自己塑造成一種「雄峰型人格」的「智者」，而是讓自己獲得心靈快樂，成為啟迪智慧、不斷覺悟而向上攀登的階梯。

　　這些年自己在《讀書》上發表的文章少了，但始終關注《讀書》的變化。《讀書》風格依舊，不斷培養出年輕一代的作者，而且推薦的新書差不多與西方學術界的出版和研究保持同步。記得有一次我和課上的呂舒婷同學聊起教育，她說自己選擇報考北京大學而不是去香港大學，是受到《讀書》中我寫的香港系列中《九龍城寨與香港大學》的影響。我立刻體會到時代發展的巨大差異，我在大學時代都覺得高不可攀

的《讀書》如今已成為高中生的課外讀物，中國學術思想的進步由此可見一斑。「十年樹木，百年樹人」。教育是一代一代不斷積澱涵養的過程，需要我們足夠的耐心慢慢培育和呵護。今天的「智者們」動不動就愛拿「錢學森之問」說話，迫使大學忙於和國際一流大學在形式上對標，不斷推出各種急功近利的教育改革方案。這種不斷折騰已經傷害到了教育。如果教育不去培育對宇宙自然的敬畏之心，不去養成對思想的由衷熱愛，不去鼓勵對美好生活的思考、覺悟和追求，怎麼可能產生精神創造呢？隨着社會環境和家庭條件的改變，中國教育已經發生了根本性的質變，只是需要我們耐心等待，防止社會上各種流行意見不斷捶打已脆弱不堪的校園。

這些年來，大學教育中推動的通識教育從根本上改善了大學中的讀書環境，甚至開始推動通識教育模式向高中延伸。而《讀書》無疑能夠成為給熱愛讀書的中學生打開想像空間的最好讀物。從此，《讀書》不僅是我給大學生的推薦讀物，也成為給優秀高中生的推薦讀物。在這個意義上，《讀書》的未來或許不需要像過去那樣具有明確的中西文化比較意識，也無需承擔起思考全球秩序建構的使命，相反恰恰要返樸歸真，變得簡簡單單，回歸到讀書本身，保持對閱讀和思考的熱愛，保持對新鮮事物的好奇，保持對變化世界的敏銳，打開閱讀和思考的邊界，成為每個讀書人通向不同未來的共同階梯，為中國文明未來的精神創造提供滋養、刺激和想像，這或許就是《讀書》在「後《讀書》時代」的使命。

後　記

　　本書為「法律人三部曲」的第三部《法律人的精神家園：法學傳統和無形學院》，收錄了圍繞法學研究傳統撰寫的回憶、評論、訪談、書序和會議發言等。如果說第一部《法律人的城邦》關注的是「政治」，第二部《法律人的守護神》關注的是「教育」，那麼第三部關注的是「學術」。「政－教－學」結合在一起，構成文明秩序的根本。法學院是培養職業法律人的地方，但法學院之所以嵌套在大學中，是因為大學能夠提供一套理性、科學的方法來探索普遍真理，探索法的真諦並因此形成「法學」。

　　儘管如此，何為「法學」始終存在着爭論。一場的經典的爭論就是我們熟悉的法律形式主義與法律現實主義的爭論。美國的朗德爾（Christopher Langdell）致力於將美國的法學院從職業訓練場提升為探索法律真理的地方，從而與歐洲大學的法學系相媲美。在他看來，法律是一門科學。「如果法律不是一門科學，那麼大學屈尊大架來傳授法律就是對大學尊嚴的侮辱。如果法律不是一門科學，那就是一門手藝，要學習這門手藝，最好當法律實際操作者的徒弟。如果法律是一門科學，那一定是一門最偉大、最深奧的科學，要學習這門科學就

需要用智慧的學問之光來照亮這門科學。」而在大學裏，一切真理都是通過書本獲得的。「如果書籍是所有法律知識的最終源泉，也就是說，如果每個學生要把法律作為科學來掌握就必須求助於書籍這些最終的源泉，並且如果學生如此掌握法律的唯一幫助就是也通過書籍獲得法律知識的老師，那麼，大學，也只有大學，才能為學習和講授法律提供可能的便利。」

然而，在霍姆斯大法官看來，朗德爾是他那個時代健在的最偉大的「法律神學家」，是「一個帶着面具的黑格爾分子」。因為，「法律的生命從來不是邏輯，而一直就是經驗。推動法律領域中每一次生長的種子，從來都是一種人們能夠感覺到的必然要求。法律保持連續性的形式一直由法律推理所保持着，這種推理旨在將所有的事物化約為一種邏輯次序。但是，這種連續性的形式不過是一件晚禮服，新來者穿上這件晚禮服讓它按照約定成俗的要求展示出來。真正重要現象不是這件衣服，而是衣服下面的人，不是判決要與從前所持的觀點保持一致，而是判決要公正和合理。一個人要不是習慣於考慮法律之外的塑造法律的力量，那麼，他從來不可能真正在哲學上掌握了法律。而且，他必須記住：法律就反映在一個民族在許多個世紀中緩慢發展的故事之中，因此，法律的哲學不在於自我保持一致，只要法律是不斷成長的，這種自我一致就不可能實現，法律的哲學就在於歷史之中，和人類需要法律這樣的自然本性之中。作為人類學的一個分支，法律是科學的對象，立法理論就是一種科學研究，但是，將現存法律制度的具體細節僅僅化約為一系列簡單命題的邏輯次序，就有一種邁向非科學的危險，一種對問題和材料的性質產生錯誤理解的危險。」

　　之所以在這裏引述這段經典的爭論，不僅在於看到自然科學與社會科學、理論科學與實踐科學的差異，而且看到理性與經驗、科學與歷史、邏輯推理與現實感受、職業訓練與學術研究、律學與法學的不同思路，如何交織在法律教育和法學研究中。法學無疑搭建起人類這兩種能力之間互動的平台。然而，如果經驗是當下的操作，那麼它要麼還未展開，要麼已經完成。若已經完成，那必將會被整理為理論保存在書籍中，若還未完成，那只能藉助邏輯推理才能把握。因此，科學邏輯和法學理論並非一件可以隨時拋棄的晚禮服。法律規則和法學研究之於法律實踐，如同形式之於質料，為後者賦予生命和意義。無論怎樣的法律實踐和法律經驗，最終都必須在法學理論的意義上進行把握，就像人類的生存經驗和豐富歷史最終都要在書籍中來把握。大學之所以成為探索真理的地方，就因為大學裏有書籍，有圖書館，有專業的讀書人。法治建設、法治實踐、法律教育最終要融入到源遠流長的法學傳統中才能獲得文化支撐，並具有普遍意義。法律人只有將「律學」技藝融入到更為廣闊豐厚的「法學」傳統中，從能獲得精神層面的滋養。這正是本書取名《法律人的精神家園》的意義所在。

　　本書的副標題為「法學傳統與無形學院」，意在表明法學傳統是在師生之間、同事之間、同道之間討論交流、切磋對話、相互批評的「無形學院」中建構起來的。我要感謝建構「無形學院」的每個人，本書可以說是這種交流對話的產物，追溯法學傳統理應關注「無形學院」。最後，要特別提到的是幾篇回憶性質的文章，回憶我的導師沈宗靈先生，回憶鄧正來先生，回憶自己求學歷程中獲得的教益。「無形學院」就是在這求學與傳道的對話和精神傳承中建立起來的「學人共同體」，大家

共同推動學術傳統的形成，建構起提供精神意義的人文世界，進而推動現代中國文明的重建。對所有啟發我思考的老師，包括同學、同行和同道，永遠心懷感念。這個世界終歸是回憶。閱讀和寫作其實也是一種回憶。這是一項讓一切逝去的美好、一切關於「正」與「不正」的思考在我們的心中、在我們的生活中、在我們每個人的身上重新發出光亮的技藝。

2023 年 1 月 29 日於陝北上郡府仁和居
2023 年 5 月 16 日於北京大學法學院陳明樓

法律人的精神家園：
法學傳統與無形學院

強世功　著

責任編輯　李茜娜
裝幀設計　譚一清
排　　版　黎　浪
印　　務　周展棚

出版　　開明書店
　　　　香港北角英皇道 499 號北角工業大廈一樓 B
　　　　電話：（852）2137 2338　傳真：（852）2713 8202
　　　　電子郵件：info@chunghwabook.com.hk
　　　　網址：http://www.chunghwabook.com.hk

發行　　香港聯合書刊物流有限公司
　　　　香港新界荃灣德士古道 220-248 號
　　　　荃灣工業中心 16 樓
　　　　電話：（852）2150 2100　傳真：（852）2407 3062
　　　　電子郵件：info@suplogistics.com.hk

版次　　2024 年 1 月初版
　　　　© 2024 開明書店

規格　　16 開（230mm×160mm）

ISBN　　978-962-459-332-7